济南市教师发展系列优秀案例集「第一辑」

济南市教育局 编

教师篇

问道

山东城市出版传媒集团·济南出版社

图书在版编目（CIP）数据

问道. 教师篇 / 济南市教育局编. -- 济南：济南出版社, 2023.7（2023.9重印）
（济南市教师发展系列优秀案例集. 第一辑）
ISBN 978-7-5488-5794-5

Ⅰ.①问… Ⅱ.①济… Ⅲ.①师资培养—案例—济南 Ⅳ.①G451.2

中国国家版本馆CIP数据核字（2023）第139499号

问道：教师篇　　WENDAO JIAOSHIPIAN
济南市教育局　编

出 版 人	田俊林
选题策划	徐先领　李建议
责任编辑	雷　蕾　陈文婕　林　颖
封面设计	王　焱

出版发行	济南出版社
地　　址	济南市二环南路1号（250002）
总 编 室	（0531）86131715
印　　刷	山东联志智能印刷有限公司
版　　次	2023年7月第1版
印　　次	2023年9月第2次印刷
成品尺寸	170mm×240mm　16开
印　　张	21
字　　数	300千
定　　价	65.00元

（如有印装质量问题，请与出版社出版部联系调换，联系电话：0531-86131716）

编委会

主　　编　王　纮

副 主 编　方　辉

执行主编　马晓天　石宝华

编　　辑　钟红军　耿文波　刘笑天

　　　　　彭其斌　高　帅

博学闻道　笃行不息

教师是兴教之源，立教之本。正如习近平总书记所讲："有高质量的教师，才会有高质量的教育。"近年来，济南市教育局坚持把教师作为教育发展的第一资源，始终把教师队伍建设摆在教育工作的突出位置。经过济南教育人多年的接续努力，一支乐教、适教、善教的高素质教师队伍正逐渐打造起来，优秀教师人人尽展其才、好教师不断涌现的良好局面正在形成。

为讲好济南教师故事，系统展示泉城优秀教育工作者在教育实践中创造的好经验、好做法，我们策划推出了"问道"济南市教师发展系列丛书，分别为《问道：教师篇》《问道：班主任篇》《问道：校长篇》。三本书源自三尺讲台，散发笔墨芬芳，其中不仅有最鲜活的教育故事，更有故事里最真实和最可爱的人。他们都是可亲可敬的教育榜样，都是济南教育发展值得信赖和必须倚重的关键力量。

我十分有幸成为丛书的第一批读者。一段段有力量的文字，一个个真实感人的故事，一张张幸福的面孔，且读且歌，且思且赞，心生崇然，心向往之，深深地被一股暖流偎拥……我也愿做一个最忠实的荐书人。在丛书的编写过程中，泉城优秀教育工作者们尽情抒发教育情怀，充分凝练教育智慧，倾注了大量的教育心血，他们用最朴实的教育故事表达出了最深沉的教育真爱。相信这本书一定会丰富您的精神世界，增强您的精神力量，一定会激发出人人尊师重教、优秀人才争相从教的美好情感，一定会激励更多的教师以"四有"好老师为目标，做学生为学、为事、为人的"大先生"。

教育者星空灿烂，教育必定姹紫嫣红。出版丛书的直接目的是激发教师成长动力，全面加强新时代教师队伍建设，根本指向还是为了办更好、人民更满意的教育。让我们博学闻道，笃行不息，坚定理想信念，涵养道德情操，提升扎实学识，常修仁爱之心，一门心思扎根杏坛，心无旁骛钻研教育，把"最真的爱"留在"三尺讲台"，把"最真的情"洒在"半亩方田"，为推动教育高质量发展、办人民满意的教育做出更大的贡献！

中共济南市委教育工委常务副书记
济南市教育局党组书记、局长

二〇二三年七月

目 录

给学生上"有意义"的数学课　潘洪艳　/ 1

以其昭昭　使人昭昭　李　敏　/ 7

让学生感受到成长的快乐　黄玉兵　/ 16

一个普通教师可能的世界　李春红　/ 25

教师成长协奏曲　时均琪　/ 33

一路追问　一路风景　钟红军　/ 41

当个好老师　教群好学生　韩　东　/ 52

教育　让人遇见更美的自己　白　芳　/ 62

践行勤志文化　培育创新英才　高月锋　/ 71

乐见你眼中那一抹光　杨维国　/ 82

秉持教育初心　培养学生匠心　朱玉超　/ 90

躬身职教岗位　志在育人强国　姜治臻　/ 97

甘做一块磨砺人才的砥石　孙　亮　/ 104

做坚守匠心的职教人　张玉华　/ 112

不忘初心　做中职教育的追梦人　鹿学俊　/ 120

"蓝工装"铸牢制造业强国基石　田恩胜　/ 128

满腔赤诚献职教　一片丹心铸师魂　江长爱　/ 136

破茧成蝶　勇于创新　张君健　/ 144

深耕半亩方塘　引来一溪活水　于　斌　/ 152

不嗇微芒　造炬成阳　胡星鹏　/ 161

永葆初心　做温暖的点灯人　张　青　/ 169

名师引领促成长　扬帆起航正当时　杨丽娟　/ 178

逐梦语文　一路芬芳　陈万太　/ 185

在追问中前行　褚爱华　/ 195

做一个被学生"请"下讲台的老师　李妮妮　/ 204

做激发学生内驱力的唤醒者　刘福强　/ 213

隐性的左手　李寿岸　/ 223

青春献乡村教育　丹心铸红专师魂　杨　军　/ 231

一路追问　踔厉前行　梁　丽　/ 240

课　还可以这样上　丁　莉　/ 249

用音乐开启全方位育人之路　朱玉红　/ 257

读—研—写　成就教师专业人生　徐　欣　/ 264

用最美的初心做好为师的事　胥庆兰　/ 274

不断追求教学的高境界　李香菊　/ 284

苔花学做牡丹开　徐希红　/ 291

做一名幼儿园教师　真好！　宋　玲　/ 299

倾一腔热血　育万朵春花　王　倩　/ 309

守望童年　自然成长　于　芳　/ 318

后　记　/ 327

给学生上"有意义"的数学课

潘洪艳

人物扫描

潘洪艳,全国优秀教师,苏步青数学教育奖获得者,山东省先进工作者,齐鲁名师,山东省教学能手,山东省三八红旗手,山东省省级学科工作坊主持人,山东师范大学、济南大学校外研究生指导教师。主持多项科研课题,在全国中文核心期刊发表论文多篇,出版专著《高中数学教与研的实践与思考》。

"做影响学生一生发展的数学教育"是每位数学老师的愿景。1996年,我怀着对教育的梦想,踏上了神圣的教育讲台,27年来,我一直在想,我的数学教学要带给学生什么?

从"教什么"到"怎么教"

大学毕业时,一位教授说,"年轻教师面临的最大问题是学科视野的局限性",初入教坛的我虽深以为然,但还是认为以自己优秀的学业水平教好课是没有问题的。但是当我把准备了十几遍的第一节课"一口气"讲下来的时候,自己也觉得不对劲了——我的课堂只是老师自己的课堂,学生在哪?这时,我的导师邵丽云老师问我:"你的数学课要带给学生什么?"继而给我提了三项要求:在专业阅读中思考、在相互听课中学习、在团队活动中积淀。

阅读教育教学著作、专业期刊让我有了更多的思考,让我在对照中不断反思自己的教学行为;老教师的课堂让我看到了怎样顺应学生思维捕捉教学契机;团队活动让我感受到思维的碰撞,思想的积淀。

这个过程中,我慢慢明白了我不仅要思考把什么东西给学生,还要思考以什么方式给学生,更要思考不教给学生什么,让学生体会到数学是什么。

数学要带给学生"知"与"识",数学教学要让学生经历发现数学、感知数学、建立数学、运用数学、理解数学的过程。

如学习椭圆及其标准方程时,学生会发现学习有很多选择,可以通过生活场景学习,可以通过应用场景学习,可以通过历史背景学习。教师可以在多个方面引导学生理解椭圆为何产生及椭圆的产生过程,还可以借助Dandelin双球实验、"画"椭圆、"折"椭圆,在"做数学"中理解数学。

继而我思考不同课型该怎么教。根据教学内容和形式,数学课型可分为新授课(概念课、规则课),复习课,讲评课,探究课,建模课等。新授课关注为什么、是什么、如何想的、从哪里想的、还有什么,教学中重视情境构建,把握本质,关注迁移;复习课重视学生系统构建能力的培养,教学中重点引导学生深化理解，整体构建，关注思维生长；讲评课则由例及类，深度促思；数学探究课关注数学"再发现""再创造"；数学建模课教学重点在"过程""实践""活动"。

从"怎么教"到"为什么教"

一次期末考试，学生的成绩差异很大，一些学生反映试题难度大，部分题目不熟悉。问题出在哪里？仔细分析试题发现：整套试题对数学能力的考查很全面，部分题目背景新颖，体现了数学与其他学科的融合、数学文化的渗透，这对学生的数学思维、数学阅读、知识迁移、数学建模等都提出了较高要求。学生的成绩反映出"教"与"学"都需要改进。

这让我再次思考：我的数学课要教给学生什么？我的数学教学要培育学生什么？从"教什么"到"怎么教"，需要明确"为什么而教""为什么这样教"。数学教学不能止于知识的传承，要关注内容的本源，学习深刻的数学，要基于数学的逻辑，引导学生掌握发现问题、研究问题的方法。

如函数概念的教学，函数是学生在高中数学学习过程中遇到的第一个一般意义上的抽象概念。教学中我选择两个立足点：初中定义和丰富实例，并通过活动设计引导学生在主动实践中抽象出集合对应下的函数概念，体会初中定义的"动"与高中定义的"静"，让学生明白为什么学——采用"集合—对应"说的必要性，学什么——概念与研究过程（路径），怎么学——研究方法，让数学教学的"明"线更明，"暗"线不暗。

学生的课堂反馈也给我信心。在交流课堂感悟时，就有学生表示"我感觉到数学抽象的力量""我学习的数学走向抽象化和符号化""我学到了如何去研究一个概念""我觉得变量说与集合对应说是从不同角度和立场去认识函数"，甚至还有学生说出了他是怎样进行数学抽象的。

我发现，当学生在学习的过程中为自己加上"研究者"这一身份时，他们就会积极调动自身的主动性，基于数学逻辑实现自主学习。在讲授函数奇偶性的课堂上，我问："几个函数图像除了显示单调性是否还有其他特征？"学生不仅告诉我"对称性"，还能说出："类比单调性的研究方法，要定量描述对称性。"再比如教数列时，我提出："研究一个新的数学概念，需要经历一个怎样的研究过程？"学生们尝试运用建构学习新概念的一般学习方法为目的去研究数列，遇到新的问题也会积极探究迎难而上。

数学概念的发展史本质上是一个不断抽象的过程，根据历史相似性原则，我带着学生从学科发展历史的视角进行研究。如函数概念，让学生查阅史料，从格列高里、牛顿、莱布尼兹、欧拉、柯西、戴德金、布尔巴基学派等数学家及团体的贡献分析函数概念的各阶段，体会其发展与演变。再如对数的教学，课上关注整体性，以追溯运算的发展历程为对数的生成找到支点，帮助学生理解对数的存在意义。课下指导学生梳理史料，从早期简化运算的思想到纳皮尔、别尔基创立对数，再到对数符号的发明以及我国数学家对对数的研究，去追溯对数的发展，理解对数的本源。立足于概念发展的本源去研究概念，意在让学生深刻理解数学知识的同时，体会数学的科学价值，感悟数学的科学精神。

当然，教学没有固定的模式，"道虽迩，不行不至；事虽小，不为不成"。只有跳出因循守旧的教学"舒适区"，在继承优良传统、借鉴先进经验的基础上大胆创新，才有可能创造、发展更多的可能性。

从"我教学生"到"师生共进"

教学是师生相互促进、结伴成长的历程。学生在教师用心创造的环境中，展现和发展他们的才智和潜能，同时教师不断被学生新的探索所激励，鼓起超越自己进一步前行的勇气，为自己和学生找到新的目标。

在多年教学探索中，我逐渐认识到，教师是学生内在生长力量的"唤起者"，我只有拥有更大的能量，才能激发学生的更多潜在能量。于是通过梳理多年的教学与教研实践，我进一步完善课堂教学观——高中数学"生""动"

思维课堂——生即生成、生动；动即动态、主动、互动。

教学是生成的，课堂是动态的，这个过程充满着师生共同思考中相互激发的力量。

有一次在推导椭圆标准方程时，有学生发现定义坐标化、移项平方后的等式有这样的几何特征：椭圆上点到一个定点与到一条定直线的距离之比为焦距与长轴的比，他提出："满足这个条件的点的轨迹是椭圆吗？"由此引发学生对方程的研究兴趣，接着又有学生提出椭圆的标准方程变形后有几何特征："椭圆上异于长轴端点的任意一点与长轴两端点连线斜率之积为一个定值，那么满足这个条件的点的轨迹是椭圆吗？"学生接二连三的提问激发了我，于是我调整教学方案，转而由"数"到"形"，以椭圆为例展现解析几何的特征，让学生完整理解坐标法。而后我提出让学生"继续研究椭圆标准方程及其推导过程"，想看看是否能有新的发现。于是通过学生自己的思考与探讨，一篇篇关于如何得到椭圆、解析几何初识等数学小论文形成了。

而后，我又把视线聚焦于课程，课程的品质决定着育人的品质，面对高中数学课程标准提出的"人人都能获得良好的数学教育，不同的人在数学上得到不同的发展"的目标，我和同事们对本校的数学课程进行了整合，打造出数学博学课程、数学空间课程、数学登攀课程三大课程群组。博学课程重在夯基，即数学基础学业课程；空间课程重在拓展，旨在促进学生"学会探究，学会实践，学会创新"；登攀课程重在提升，旨在培养个性化人才。立足三大课程群的学习内容与目标，以及对学生的知识基础、思维能力、发展需要的数据分析，构建了"博学课程——问题引导""空间课程——课题引申""登攀课程——项目引领"的"三引"教学体系。分层与精准相结合的教与学体系，既为全体同学提供扎实的基础，也为学生不同的志趣和发展提供了个性化成长的空间。

多年来，我和学生一起享受着师生共进的快乐。有位同学说，数学课原来是"玄之又玄"，现在是"众妙之门"。一位原本很不喜欢数学的女生悄悄告诉我："老师，我才发现数学世界也可以这样缤纷、美丽！"其实我也想对我的学生们说:"谢谢你们,这个过程是我们用彼此的智慧和激情共同完成的,它让我在课堂上体验到生命的增值与律动!"

"数学教学的探索永无止境,但我们有一颗滚烫的敬业乐业之心,钟情于数学教学,踏踏实实,不懈追求,必然在数学教学的征途上留下一串串闪光的脚印,年龄随着时光而老去,但教育的心永远是年轻的。"这是我的导师邵丽云老师曾说过的一段话,它时刻鞭策我永葆初心,在数学教学的探索征途中驰而不息,努力为学生上一堂又一堂"有意义"的数学课。

以其昭昭　使人昭昭

——在培训和研修中成长

李　敏

▍人物扫描

李敏，山东师范大学附属中学英语教研组长。齐鲁名师，山东省教学能手，济南名师，济南市优秀班主任，济南市教书育人楷模。曾获济南市新课程教学能力大赛一等奖，市、省、全国英语优质课展评一等奖。获"第九届全国中小学外语教师园丁奖"。兼任山东省远程研修工作坊主持人，山师大外院教育硕士导师。

三年前，有幸成为齐鲁名师建设工程人选，带着"仰之弥高，钻之弥坚"的教学理解，我叩开了齐鲁名师之堂的大门。在山东省教师培训的最高平台，聆听前沿的学术讲座，获取专业的理论指导。专业导师的悉心指教，优秀同伴的引领带动，翔实高效的培训内容，促使我认真踏实地学习，不断进步。

通过"齐鲁名师人选"平台的培训学习，我进一步明确了自己的教学思想：治学以为教学，教学以为促学，促学以为育才。作为一名英语教师，我以自己的学术素养带动学生的学科核心素养，以语言能力为桥梁，以思维品质、文化意识为途径，以学习能力为导向，助力学生的成长与发展。为学生的未来提供更广阔的平台，培养具有国际视野和世界公民意识的高素质人才。

三年间，导师们耳提面命，悉心耐心，不厌其烦，为我们的专业发展竭尽辛劳。三年间，培训项目多而不乱，培训活动精而不杂，培训内容准而不碎，上级领导的良苦用心令人动容。三年间，我以"学习意识、责任意识、规划意识、担当意识"为准则，致力于专业发展和职业素养提升，以学科建设为纲，立本逐源，兢兢业业，收获满满；立足本职，成己达人，聚焦教学团队建设，为基础教育教师队伍发展尽绵薄之力。

学而时习，花香满衣——培训篇

2019年8月，我参加了山东省第三期齐鲁名校长和第四期齐鲁名师建设工程人选培养工作启动会暨第一次集中培训，这注定是一段难忘的旅程。

参会领导在培训中鼓励我们，"争做坚定理想信念的传播者，争做高尚道德情操的示范者，争做具备扎实学识的领跑者，争做拥有仁爱之心的践行者"。

专家讲座令我醍醐灌顶。李政涛教授勉励我们"要做时代的引领者，而不是一个跟随者"。张绪培教授进一步阐释了教育现代化的根本在于教师队伍的现代化，深化课程改革，落实立德树人，是每个人在教学中要时刻牢记的根本任务。

毕诗文主任带领我们梳理了本期名校长、名师的培养方案。他对专家型教师的定义，对于名校长、名师的内在特质的解读，对于培养方案策略的解释，都为我们指明了前进的方向。

华东师范大学王建军教授的讲座注重实效，他提出教师要尽快地建立自己的理论话语系统，要基于教学实践做教育研究。

通过课题研究的培训引领，我从实践问题中关注切身体验，关注教育热点问题并将热点问题校本化、学段化、特色化和特质化。结合我的教学实践，我将研究课题定为"指向语言能力培养的课堂教学研究"。《普通高中英语课程标准（2017）》将"发展英语学科核心素养"作为高中英语课程的基本理念之一，明确界定了英语学科核心素养概念，并确立英语学科核心素养框架，其中语言能力确定为英语核心素养四个组成部分之一，并明晰其为"英语学科核心素养的基础要素"。鉴于以上阐述，探究如何在高中英语课堂教学过程中培养学生的英语语言能力便具有了理论价值，同时也具备相当的实践意义。

他山之石，也启迪了我前行的方向。从不同学段的优秀同仁那里，我深深地感受到了自己的不足，我始终在心里思考这样一个问题：在人的培养过程中，英语教学应该承担什么样的责任？怎样让英语教育有利于学生过程性的健康成长，有利于价值观的建构？

"纸上得来终觉浅，绝知此事要躬行"，距离专家的水平与成就，我还差得远。但是"仰之弥高，钻之弥坚"，我愿"博观约取，厚积薄发"，"进学致和，行方思远"。

学而悟道，行以致远——求学篇

通过个人申请、市级择优推荐、省级遴选、南洋理工大学审核，我有幸成为第一批远赴新加坡南洋理工大学攻读教育管理硕士的成员之一。

南洋理工大学是和平化、国际化、多元化的文化共融校，我们很快进行了角色的转换，由繁忙的工作者迅速转化成繁忙的学习者，抓住单一、纯粹、难得的学习时光自修、自研、自律、自强，取得迅速的进步成长。

教育管理硕士课程 (MEA)的学习时间是2020年1月2日至2020年10月9日，分三个阶段完成。第一阶段：2020年1月2日至4月3日，在新加坡完成三门必修课程《管理教育变革》《教育政策经济学》《教育科学研究的基本方法》的学习，并确定论文题目。第二阶段：2020年4月6日至6月26日，在齐鲁师范学院完成六门选修课程的学习，分别是《课程开发与设计》《人力资源管理》《教育政策与法规》《教育质量与保证》《学生评价的理论与实践》《教师与教学评价》，期间撰写、修改论文。第三阶段：2020年6月29日至10月9日，在新加坡完成三门必修课程《系统思维》《教育政策的制定》《教育领导学》的学习以及提交论文。后因疫情的原因，我们只在新加坡完成了第一阶段的学习，回国后通过线上学习的方式完成了六门选修课程和三门必修课程。累计12门课的学习，我完成了超过60000字的课程作业和超过70000字的毕业论文，在课上的发言不计其数。小组合作学习的模式也让我收获了教育盟友、志同道合的密友和钦佩不已的教育前辈。

回国后的线上课程学习是既紧张又烧脑，自2020年5月开始，每个周末的三个晚上都要进行线上学习、小组讨论、论文写作，而平时我们还有正常的教育教学工作。那段时间真是喜忧参半，喜的是得以聆听大师的讲座，苦的是工作、学习、家庭的担子一股脑儿地涌上来，真是有点吃不消。虽然是选修课程，老师们的要求却一点都不含糊，每一门课程的评价都以课堂表现、小组发言、个人发言、论文作业等多个维度来进行，从而评定成绩。而后面的三门必修课程和论文写作，更是重中之重。

过程虽然艰难无比，但是结果却也甘甜令人回味。经过大半年的努力，我终于完成了《高中英语教学中学生批判性思维的培养》的毕业论文，以校本研究与实践为途径，为教师和学校管理者提供有关高中生批判性思维培养的基本理论认识与实践参照，便于拓宽学生的国际视野，增强其思维品质，提升学生的综合素养，促进其全面发展。

虽然早有耳闻新加坡"花园之国"的美誉，但直到来到这里，亲眼所见和亲身感受，才更体会到新加坡文化和教育的融合与多元化。山东省教育厅为我们提供了这样难得的机会，与各国、各地的教育者互相交流，开拓了视野。整洁有序的都市风貌、和谐共生的多元文化、大气恢弘的南大校园、高端浓厚的学术氛围无不冲击着我内心深处。以学生的身份再次重回课堂，幸运之至，无以言表。这段经历让我怀着对教育的敬畏之心，行走在教育改革的道路上！用创新的思维探索根植本土、情系祖国、服务世界的教育之路！

进学致和，行方思远——课题篇

齐鲁名师建设工程针对名师人选，以课题研究为抓手，从选题、开题到中期指导，都做到了目标明确。以讲座为依托，提供个性化的指导，开展小组交流，从同伴中汲取力量。

进入培养期以来，我以学科课题"核心素养背景下的高中英语以读促写实践研究"为蓝图的聚焦"读写"能力培养的课题，"指向语用能力培养的高中英语课堂教学效益研究"被立项为济南市"十三五"规划重点课题，并于2021年5月顺利结题。

2021年10月，借着课题培训的东风，我以"基于学科素养的高中英语课堂形成性评价研究"为题申报了省级课题，并于11月成功立项。

本课题研究主要目标为基于形成性评价的研究理念、特点以及操作要领，针对高中生在英语学习中的学习习惯和方法不系统、英语基础薄弱、缺乏文化意识和高阶思维活动等问题，尝试以形成性评价为抓手，改革高中英语课堂教学。

我通过研究，破解将形成性评价融入高中英语教学的实施路径，指向学科核心素养，推动高中英语课堂教学的改革。基于形成性评价的研究理念、特点以及操作要领，通过教学实践研究，构建符合山东师大附中学情的英语教学形成性评价方案，保持评价目标与学科核心素养、学业质量标准的一致。

更新观念，提高效能——国培篇

我在 2020 年 10 月 25 日至 12 月 11 日参加了"国培计划（2020）——高中英语国家级骨干教师高级研修项目"。培训以"单元大观念"为主题，贯穿始终。听取了十几位专家教授的讲座，以小组为单位进行了课题研究和课例研讨。

本次高研班以教师行动为出发点设计研修任务，加深教师对深度学习和单元教学的理解，引导教师在岗位上实施、实践，促进学科教学和专业成长，引导教师认识到不能局限于学科本位，要有跨学科的主题学习意识，要建立起学科与社会、学科与自然的连接。

本次国培主要以"大观念视域下的单元整体教学"为抓手，通过讲座、课堂实践、教学实操、小组汇报等形式实施。我将所学到的理论知识在自己的教学实践中进行尝试、研讨与改进，同时结合课题研究方向与小组成员合作开展课题研究。

通过本次高研班学习，我顺利地修习获得了 180 个学分，代表小组进行了三次关键汇报，分别是：线上说课、课例展示与课题研究。我以人教版必修二第三单元 Internet 中 Reading and Thinking 部分内容为基础形成的教学设计与视频资源，被收录至国培资源库。

博观约取，厚积薄发——学科建设

我自 2003 年起开始担任山东师大附中英语组教研组长。英语学科是山东师范大学附属中学的优势学科，学科组年龄结构合理、专业素质扎实、团结向上，多次获评校"优秀教研组"、山东师范大学"三八红旗集体"、济南市学科教学"示范教研组"。依托教研组设置的教工第三党支部获评"五好三强优秀党支部""党员先锋出彩集体岗""先进基层党组织"等荣誉称号。

我带领英语组通过以下举措进行学科建设：

建设基础型、拓展型、精深型、层进式课程体系。根据学校教情、学情，依据《普通高中英语课程标准（2017年版）》，建设山东师范大学附属中学课程体系。以必修、选择性必修、选修课程为基本分类，以拓展型、精深型校本课程为补充，以《思客英语》等校本资料为抓手，以英语学科核心素养为导向，为学生的英语学习提供平台、构建体系、拓展资源。

开发实施多元主体教学模式。根据"单元大观念"的教学理念，以人教版《普通高中英语教科书（英语）》为蓝图，通过主题引领、语篇载体、活动途径将必修、选择性必修课程的教学资源进行深度整合，开发面向全体学生的单元整体教学模式。通过名著、时文、影视资源等多模态语篇，开发面向部分学生的整体阅读或鉴赏类课程，促进学生学习能力的提升和思维发展。

开展主题序列化、学习联动化特色活动。聚焦学生的语言运用能力，依据学段，依托主题，开展特色教学活动。通过普适性活动与精英类活动，激发学生学习兴趣与动机。

构建基于学科素养的高中英语课堂形成性评价体系。依托形成性评价聚焦学生的语言学习过程，多主体、多维度、多方面地评价教学，体现过程性、层次性和灵活性。以语言运用为目的，以核心素养为目标，以教—学—评一体化为原则实施教学。

学科组承担多项课题，通过课题研究促进团队成员提高教学专业素质和教育科研水平。通过完成济南市"十二五"规划课题"新课程理念下高中英语课堂教学中形成性评价体系研究"、中国教育学会外语教育专业委员会"十二五"规划课题"中小学英语整体教学的研究与实验"、济南市"十三五"规划重点课题"指向语言能力培养的高中英语课堂教学效益研究"，助力成员进行专业成长。

学科组借助多模式学习资源，培养学生英语素养。通过多模式的英语教学，强化课堂的生成与落实。通过形成性评价与终结性评价相结合的方式对学生的学习情况进行及时的反馈。围绕主题，创设语境，充分挖掘主题承载的文化信息和意义，结合语言知识和语言技能的学习与发展，鼓励学生运用语言，开展对语言、意义和文化内涵的探究。学生作为课堂活动的主体，积极参与英语学习活动，学习语言知识，发展语言技能，汲取文化营养，促进多元思维，塑造良好品格，优化学习策略，提高学习效率。

英语学科组在 2020—2021 年间，被济南市认定为学科教学示范教研组，学校凭借英语学科入选济南市首批普通高中特色学科基地，山东省首批普通高中特色学科基地。

明德立行，成己达人——示范引领

师者，应"传道授业解惑"，师者，应"以其昭昭，使人昭昭"。我依托工作室、教研组，充分发挥名校名师在教学改革中的引领和示范作用。

我积极承担公开课、讲座，组织区域校际联合教研。与济南一中、济南中学、济钢高中、历城二中等学校进行联合主题教研活动。

每学期我都开设市级公开课、讲座。2019 年 12 月在临沂承担省级公开课，2019 年 10 月对湖北教师进行培训，2019 年 11 月在济南市开展"面对面"培训讲座，2019 年 12 月对东北教师进行培训。2020 年 12 月赴江苏苏州南师大附中、苏州实验高中进行专题讲座。2021 年 7 月—9 月赴潍坊等地进行新教材教学实施培训讲座，并多次举办线上公益讲座，聚焦核心素养、学科发展等问题，对一线英语教师进行指导。

依托山东师范大学外国语学院、济南市教研院，我带领英语教研组积极研究新高考，立足山东师大附中学情，录制了《山东师大附中英语学科指南》课程，在三个年级统一了对英语学科的认识、定位和教学目标。自 2019 年 5 月以来，无论是团队还是教师个体在各级各类比赛中都斩获多项奖项。以备课组为单位，积极探索 2019 年英语新教材的使用。组织编写了与新教材配备的《思客英语》同步导学案，在全校使用。

作为山东师范大学外国语学院硕士导师，我连续多年承担山东师大教育硕士实习生进校协调安排培养工作，举办实习生汇报课活动，邀请山东师大教授深入一线课堂，指导教学。我被聘为外研社全国基础外语教育研究培训中心山东分中心常务理事。作为成员，参与项目"'双高'联合育人外语教师（多语种）共同体模式研究与创新实践"，获评省级基础教育教学成果二等奖。

作为山东省英文名著阅读示范校负责人，我以"名著阅读"为契机，带领学校英语组教师积极参与"拖斗计划"，提升高中学生的英文素养，致力于名著阅读活动的推进与实践。我参与的"基于坚定文化自信的高中嵌入式英文名著阅读课程创新实践"，获评省级基础教育教学成果一等奖。

我积极参与学校"未来之星"青年教师专业发展项目，每学期开设专题讲座。借助学科群、工作坊、齐鲁名师个人工作室，发起活动，助力全省学科教学。

英语学习活动即为最好的载体与桥梁。通过两类学生活动：竞赛类和普适类，提升学生语言能力，培养文化意识，提升思维品质。竞赛类活动为绩优学生的发展提供了较好的平台，普适类活动依托于备课组，针对不同学段进行设计，如"英语书写比赛""词汇过关大赛""英语课本剧表演""名著阅读"等。

以学习活动辅助课堂教学，以学习活动助力学生成长。个人被评为创新英语大赛优秀教师，特级辅导教师，全国中学生英语能力竞赛优秀辅导教师，IPA优秀指导教师。组织部分老师录制了初高中语法引桥课程，对学生开放，实现资源共享，帮助学生进步。我每年为入校新生开设的"走进英语学科"学法指导讲座，针对所教班级录制的微课和假期学习指南，都能够解决学生的实际问题。在学校开设校本课程"走进美国大学"，针对英语面试等问题，开设专题讲座。

一年之计，莫如树谷；十年之计，莫如树木；终身之计，莫如树人。学科教学的终极目标，即为"立德树人"。我将始终坚守我的教育初心，修养自己，成全他人，在这条教育的大道上坚定地走下去。

让学生感受到成长的快乐

黄玉兵

人物扫描

黄玉兵，山东省教育科学研究院高中语文教研员，继续教育研究中心副主任，齐鲁名师。山东省基础教育省级教学成果奖特等奖主持人，山东省"互联网＋教师专业发展"工程省级工作坊专家团队组长，山东师范大学教育硕士导师，人教社统编高中语文教材培训专家。

唐代诗人罗隐有一首题为《蜂》的诗："不论平地与山尖，无限风光尽被占。采得百花成蜜后，为谁辛苦为谁甜。"我化用这首诗的后两句，表达我当班主任的心声：赢得桃李成才后，为生辛苦为生甜。

在许多教师成长过程中，班主任工作是极为重要的一环。班主任是离学生最近的"护花使者"，在这个岗位上更能调查教育的本质，触摸学生的脉搏。

时光荏苒，班主任工作说起来不过是一届又一届学生的迎来送往，而逝去的却是一个人一辈子最好的青春韶华。如果有人问我当班主任的个中滋味，那么我想说：如鱼饮水，冷暖自知，实在不足为外人道也。在这个分享教师专业成长心得的平台上，我想把我的班主任工作经历以及关于班级管理的一些肤浅思考，梳理出来，抛砖引玉，与大家交流。

不畏浮云遮望眼，只缘身在最高层

班主任工作既要"务实"，更要"务虚"，思考的高度和深度决定了班级管理的效度和力度。我把我的思考概括为"三观"：学生观、管理观、成绩观。

班主任有什么样的"学生观"，就会有什么样的"教育观"。

首先，"目"中要有"人"。我这里说的"人"不仅是有血有肉的生命体，而且是肉体和灵魂统一的完整的人。这意味着学生的情感、人格需要得到班主任的呵护和尊重。和谐师生关系前提下的情感交流和精神沟通是班主任管理好班级的必备条件。

其次，"心"中要有"不断发展的人"。人的成长、成熟不就是一个不断"试误"的过程吗？成年人都免不了做错事，何况学生还是身心发育并不健全的未成年人呢？我刚当班主任那会儿，最大的教训就是没有把学生当作需要完善的人来教育，对学生缺乏忍耐和包容之心。我做事心切，凡有任务立即布置，要求学生立马完成。不能容忍学生犯错，犯了错非刨根究底让学生纠正过来不可。不允许学生犯错，就如同不让学生成长一样荒唐可笑。教育本来就是"慢慢来，急不得"的事，可当时的我还没有意识到这一点。

再次,"脑"中要有"不同个性发展的人"。当你看到长着"翅膀"的孩子时,千万不要拿着剪刀粗暴地去修理你认为的"另类",他也许是"天使",是上天派到人间来考验人类教育智慧的。好的教育是让每个孩子因为你的培养而获得他在这个阶段对他来说最好的发展。我们学校实施多元化办学策略,社团建设蔚然成风,这就是建立在了解、尊重并发展学生个性教育的基础之上。教育的理想是把人当人看,尊重人,成长人,完善人,而不是用统一的标准去"塑造"人。学校不是军队,过于追求整齐划一、步调一致的管理不可能是理想的教育。

"学生"需要班主任的"管理"。那么"班级管理"是什么呢?我本人对这俩字含义的理解就是"管人理事",也就是"把人管好,把事办好"。由此可见管理之关键在于"人事",也就是"人和事"。基于此,物色好的班委人选,组建得力管理团队,是班级管理的第一步。班主任新接手一届学生,最重要的就是先"找人",有了"人","事"才能办。

但在实际工作中,存在着两种割裂"管"与"理"的不良倾向:"只管不理"或"只理不管"。"只管不理"是指只把人牢牢地管住,至于学生做什么则不过问,以不出事为最终目的。班主任像防贼一样盯学生,会造成师生关系出现隔阂甚至是对立。这样的管理是低效的,你一不盯,班里就会闹腾。如此反复,班主任心力交瘁。"只理不管"则是指踏踏实实埋头做事,班主任成了保姆,没有调动学生尤其是班委团队参与到班级管理中来。这样班主任整天忙忙碌碌,身陷各种事务性工作之中而不能自拔,哪还有精力思考怎么更高效地开展工作呢?结果就是疲于奔命。

有了恰当而科学的管理,学生在老师教育下才有可能取得好成绩。没有谁敢漠视成绩的存在,班主任协调科任教师竭尽全力想方设法带领全班学生追求最好的学业成绩,是教育的应有之义必然之举。对学生而言,"成绩"是通往大学的"门票",没有它学生迈不过门槛;对家长而言,让孩子考上理想的大学是全家人的希望之所在;对社会而言,一个学校之所以令人尊重就是以优异的办学成绩回馈无数家庭的期望。

除此之外,我们是不是还应该关注一下成绩背后的学生的"成人"教育呢?

一个班级仅仅追求单纯的学业成绩，不一定就能得到好成绩。我想，除了这种显性的学习智力上的"硬成绩"之外，我们还应更加关注学生的品德修养、身心健康等人际交往方面的"软成绩"。如果说"硬成绩"影响着学生考上大学进一步深造的话，那么"软成绩"则决定了一个人能走多稳走多快走多远。从长远看，我们的教育培养的人应该是有责任有担当有抱负的社会栋梁，而不是精明而市侩的"精致的利己主义者"。作为班主任，三年的付出换来的应该是学生一生的"成人"而不是一时的"成才"。

春风化雨润无声，轻舟过水了无痕

在"三观"认识指导下，我认为班级管理不能光靠学校和年级部的规章制度等宏观的共性的刚性管理，各班还应结合班情、学情进行班级文化建设，努力打造出各具特色的班级文化。

班级文化是班级全体成员共有的信念、价值观和态度的综合体现，对全班同学的思想、言行起到潜移默化的熏陶感染作用。这种柔性的管理举措如春风化雨润物无声，时间长了就会内化成学生心中人人遵守的准则和不用提醒的自觉。如此，班级的向心力和凝聚力大增，班级团队建设会取得明显成效。

回顾所带的班级，我主要从以下方面进行了班级文化建设的探索与实践。

（一）打造班风学风和"班级公约"

每带一届学生我都要事先思考：高中三年，你将要把这班孩子们培育成什么样的人？你三年的辛苦付出将会为他们的人生打下什么样的底子、烙下什么样的印记？思考的结果就是班级需要一个制度上的规矩和发展上的愿景，而载体就是"班级公约"和班风学风。

"班级公约"之所以叫"公约"而不是"规定"，就是想体现出这是全班同学的"民意"，是一种经过人人参与广泛讨论而最终确定的同学们都得自觉遵守的公共约定。起初是在2009级制定的"班级公约"，整体上分为"修身守纪""学习考试""劳动卫生""学习请假"四个方面的内容。目的就是把学生培养成具有"好品德、好形象、好习惯"的遵规守纪的文明高中生，使之成人成才。而后我又根据每届学生的不同特点，结合新的班情不断修改完善，一直沿用到现在。

如果说"班级公约"是对班级学生日常学习生活行为具体规范的"文"，那么"班风学风"则是用精当简明的语言概括出来的"词"。这些词对建设班风学风起到指向和引领作用，寄托了全班师生共同的理想和追求。良好班风学风的形成绝非一朝一夕，建班伊始班主任老师就要为全班规划好努力方向和发展前景。我在仔细观察我班学生后，为2017级02班拟定了"宁静致远，行胜于言"的班风和"乐思善问，唯勤唯学"的学风，并把它们写在"班级公约"上。"班级公约"写在纸上，贴到墙上，更得落到地上，付诸行动，否则就真成纸上谈兵，贻笑大方。班主任老师辛苦付出，长期培育，经过一段时间的发展，班级就会形成有别于其他班级的个性和风格。带两个班课的老师可能都有这种体验：一个班课堂气氛活而不乱，师生关系融洽；而另一个班死气沉沉，任你如何启发就是沉默如金，或者按下葫芦瓢起来，连基本的课堂秩序都难以维持。为何会这样呢？这就是班风学风在起作用。

（二）征集班名、班徽和班歌

每一届学生所在班级都有一个规定好的名字，比如某某级某某班。这种叫法在填写档案表格或正式场合时用得到，虽然规范严谨，但说起来总感觉冷冰冰的缺少生气，彰显不出班级师生应有的气质和追求的愿景。为何不给自己的班级起个温暖而有意味的名字呢？我所带2009级5班、2012级11班、2015级21班的班名分别叫"博远""驰翔""弘毅"，分别寓意着"学博志远""驰于地翔于天""任重道远君子弘毅"。这些班名给学生留下了怎样的记忆呢？由于文理分科，2009级5班我只带了高一。该班小钱同学在一篇文章中说："铭记'老黄'，铭记他曾带领的'博远'5班，更要将我们师生57个人之间难舍难分的感情珍藏在心底。"这些有意蕴的名字早已烙印在学生脑海中，成为众多班级中独一无二的标志。

名字叫响了，还得有标识让同学们看在眼里，班徽也是班级文化建设的一个组成部分。学校已有校徽，再请学生绘制班徽是不是多此一举呢？我觉着这种活动能调动学生尤其是那些具有绘画设计能力的学生参与班级活动的积极性，增强学生对班集体的认同感和主人翁精神，有利于高一刚入校的学生迅速融入新集体。2009级文科11班同学在学校征集校徽的活动中热情很高，小程同学共设计了三幅作品，参与评选获得一等奖。2015级"弘毅"21班开学伊始，我就动员学生为班级绘制含有班级名字的班徽。小王同学在妈妈的协助下，接连创作了多幅作品。

有了班名、班徽，再有一个能够唱响的班歌是不是更好了呢？于是我在2015级21班不揣浅陋为班级写了一首《"弘毅"之歌》，然后委托音乐教研室刘明老师请她大学声乐系专门作曲的同学谱曲，形成了21班独有的班歌。

学生唱上了自己班级的歌，这不能不说是一道独特的风景。每当课间从电脑中流溢出优美的旋律时，同学们都会和着节拍轻轻哼上几句。班歌入心入脑，不知不觉我是"弘毅"班的学生的自豪感便油然而生了。

（三）创建师生沟通交流的平台

高中生活非常紧张，学生普遍面临着学业的压力、心理的烦恼和青春期交往的困惑等问题。班主任老师该如何引导学生适当宣泄一下以放松紧绷的神经呢？为此，我在班里创建了"说吧"引导学生匿名发言，在临毕业时鼓励学生拿起笔为班主任写留言等。

我把学校发给老师的一些蓝皮"工作手册"打孔用绳子拴起来，挂在教室墙上，于是一个自由发言的平台就形成了。为了鼓励大家各抒己见，我为"说吧"题写了"开篇话"：

"说吧"者，其意有二：一曰名词，自由说话、真诚交流之场所也；二曰动词，鼓励诸生各抒己见、为班建言也。

今仿刘禹锡《陋室铭》，作《"说吧"铭》一篇，以祝贺2015级"弘毅"21班"说吧"开通。

"说吧"铭

吧不在大,帖精则名。言不在深,心诚则灵。斯是"说吧",惟吾开心。兰草窗台绿,学子入眼青。留言有高人,跟帖无白丁。可以论时事,谈交情。无手机之伤眼,无上网之劳形。创和谐弘毅,抒学霸心声。老黄云:"何愁之有?"

这一举措调动了学生争相言说的积极性,而用网名发言又减轻了学生的心理负担,有老师的鼓励则不用担心"秋后算账"。于是他们在上面畅言无忌,品评老师,指点同学,写得不亦乐乎!我在看晚自习的时候坐在后面拿来"说吧",看着同学们那有趣好玩的发言,有时候也忍不住在上面跟帖,看到与我或班级相关的我会及时回复。

2009级"博远"5班学生在高一下学期结束时整整写满了两本子,当他们得知高二我不再跟他们而去带文科班时,他们把"说吧"作为礼物送到我的办公室让我留做纪念。看着这份独特的礼物,我思绪万千,一时感慨,为这些即将升入高二的孩子写了几段告别的话:

同学们,大家好!

告别了酷热难耐的盛夏时节,背起行囊,我们又回到了熟悉而陌生的校园。校园依旧,而心情已变。在过去的一年里,"博远"取得的成绩和存在的问题大家有目共睹。经过高一生活的磨练,我们没有了初来乍到时的慌乱与羞涩,莽撞与冲动,变得更加自信而从容,坚定而执着:这是生活赐予我们的收获与成熟。

新的学年开始了,"博远5班"完成了她的使命,即将成为历史,而这个历史由我们57个人共同创造;这是我们的光荣与自豪!望着她那渐行渐远的背影,我们也许会难过、会伤心、会痛苦,但我更希望大家"面朝未来",用青春的汗水去挣得明日的"春暖花开"!高二是关键的一年,成功就在前面,路就在脚下,就看你怎么去走。

"命"不由己"运"在己，努力吧，孩子们！

作为"博远"的指导者，我由衷地感谢大家对我的包容和支持！请大家珍惜曾经相处的缘分，"聚是一团火，散是满天星"，"博远"永在我心！

最后，祝福大家学业有成，生活快乐！

除了"说吧"的事儿，更令我难忘的是"学生为老黄写留言"的故事。

临近毕业，校园里弥漫着离别的气息，班里学生之间开始流行偷偷地在课上为同学写留言。马上就要高考了，时间金贵，耽误学习怎么办？学生就要分别，同学情深，表达不舍和祝福之情，理所当然，怎么禁止？面对如此矛盾的事情，我想出了一个主意：利用自习时间，光明正大集中写留言。当我把这个决定在班会上说出来时，同学们"坚决拥护"；当我说我为此得给大家布置个"作业"，人人都得做，完成作业才能写留言，同学们立马"怨声载道"，议论纷纷。我说，我的作业就是请同学们为"老黄"写毕业留言。一瞬间的沉默后突然掌声雷动，几个"调皮鬼"竟然兴奋地拍起了桌子。

短短两节自习课，同学们圆满完成了任务，尤其是保质保量完成了我的"作业"。当翻看着同学们那或交心或提醒或建议或祝福的发自肺腑的话语时，我知道我收获了同学们最珍贵的礼物。

这份珍贵的留言册我会好好珍藏一辈子。我的第一届学生几乎都已成家立业，这么多年过去了，不知道他们是否还记得为老黄写过的留言。

纸上得来终觉浅，绝知此事要躬行

学生平时学习紧张，校园就那么大，生活在其中熟悉了也就没有了令人新奇的风景。学生书本上的知识学多了，间接经验积累得不少，而实际的社会实践他们没有多少机会去体验。古人都说"读万卷书，行万里路"，成年人也说"世界那么大，我想去看看"，何况学生对外面的世界是一直向往的呢？

现代社会交通便利，多数家庭经济条件许可，在充分做好安全预案并给学校报备的前提下，如果有机会，我觉着还是应该带学生出去走走，看看外面的世界。

远方不光有风景和诗意，还有危险和伤害。班主任组织学生游学活动，一定要坚持"学生自愿、家长同意、学校备案"的原则，制定出切实可行的实施方案，请家长代表参与协助班主任管理，途中特别注意交通、人身安全。

我组织过两次学生远足活动。一个是2005届学生高一"十一"国庆节期间的孟府孟庙游学之旅，一个是2015届学生高一暑假的南京大学、浙江大学等名校参观访学。这两次活动都给孩子们留下了深刻印象，也赢得了家长的认可。我想：多年过后，他们也许会忘记班主任老师的模样，但他们忘不了黄老师曾经带他们走过的山水、看过的名校，以及他们那段曾经如风景般美丽的青葱岁月。

第33个教师节那天，我收到2009级学生小张发给我的微信：

> 看过一部电影《天之骄子》，里面有这样一句台词："一名真正伟大的教师没有什么可供名垂青史的，他的生命都用来影响到他人的人生轨迹中去。"在我心中您是真正伟大的教师，感恩在我的学生生涯中有您教育了我，影响了我。愿节日快乐，永远快乐。

这位学生都大学毕业参加工作了，还是那么感性而激动，她因激动而谬夸我为"伟大的教师"。我把这当作是对我的认可和激励，其实，我只是个普通教师，一个普通的班主任。但我们的"普通"在学生的心目中有可能是"伟大"：如果你真心付出，学生怎会忘记呢？

一个老师，能把自己的职业作为毕生的事业去做，这样的人是值得尊敬的。人生天地之间，总该留下点什么。古人所云"立德立功立言"的"三不朽"，非我辈可及。教育是薪火相传的伟业，教师的生命和功业在学生的成人成才成功中延续下去。所以，教书也是教师此生彼世的"功业"，也许我们"虽不能至"，但"心向往之"。

一个普通教师可能的世界

李春红

人物扫描

李春红,现任济南西城实验中学地理教师,被评为全国模范教师,山东省特级教师,齐鲁名师,山东省优秀教师,济南专业技术拔尖人才,市级有突出贡献的中青年专家,省市教学能手、学科带头人,全国优秀地理教师。开辟地理思维方式及教学领域,著有《地理思维方式研究及教学引论》等著作多部,教学成果获山东省省级教学成果特等奖。

我曾在多个场合向老师们展示过一个小实验：

大家是否知道，一只装满了水，即将溢出的杯子，到底还能放进多少颗图钉？实验的结果真是令人意想不到——100多颗图钉放进杯子里，水仍没溢出一滴。

即使是一只杯子，到底能容纳多少，或许你并不知道；即使是一捧清水，到底能承受多少，或许你也不知道；即使是一名普通教师，专业成长有多大的潜力，或许你仍不知道。

那就以我从教30余年的经历，来展示一个普通教师可能的世界。

乍生波折，初始初心，厘定方向

20世纪80年代末大学毕业后，我带着满腔热忱，踏上了教育教学之路。我初入职就被分派去带毕业班，现在回想起来真是有点"初生牛犊"的味道。那时既没有现在规范的岗前培训，也没有资深教师的指导和骨干帮扶，我仅凭初入职的工作激情，在行为上要求自己坚守"日日自省"而已。在完成备课、上课、批改作业等工作之余，我日复一日深思得与失，记录下来并研究整改方法。学生们毕业时成绩斐然，收到录取通知书后的一个个笑脸成为对我最好的奖赏。我不仅切身体会到了"孕桃育李"的荣耀，而且工作反思越来越聚焦于"为什么学生总是对教过N遍的问题仍然不会？能不能想办法把自己解决问题的思路变为学生个人观察、思考问题的方式？"我一直在思考，如果可以做到，就可以解决"教师上课教得累，学生学得也累"的困境，学生也可以自己独立应对学业问题。我发现了问题，头脑中描绘出未来的理想，却苦于找不到实现的路径。

正当努力思考教育教学中的困惑时，一场突如其来的变化打乱了节奏。1993年后，高考取消了地理和生物两个科目，地理教学受到很大的冲击，地理课在学生心目中的地位一落千丈，甚至有时正常的教学秩序也被打乱。身为入职时间不长的一线教师，让我感到迷茫，到底路在何方？

一个偶然的机会与家中父辈谈及工作中的困惑与忧虑，老人几句质朴的话让我醍醐灌顶：当老师不光是教学生考个好分数，既要教好书，更要育好人。既然你教了一个"不一样"的学科，那就当个"不一样"的老师。

是啊，我所教的地理绝不应因它是否纳入高考而影响其学科价值。

这一时期我对教学的探索没有停止，还在苦苦寻找那条现实通向理想的路径。在上级业务主管部门组织的一次业务培训中，我有幸邂逅了我国著名的心理学家林崇德教授。林教授"当学者型教师，不当教书匠"的一席话给我留下了深刻的印象。林教授的分析和忠告我至今仍记忆犹新：当把有关思维的问题作为研究对象时，要深知其中的分量。仅就"思维"二字，就有哲学、逻辑学、脑科学、心理学、语言学以及钱学森创立的思维科学等关联。思维是教育教学上的"老、大、难"问题，做好了即可开辟学科教学上一片领域。此次学习，让我似乎模糊地看到了那条从现实通向理想的路径，那条路径是不是应该叫"思维"？正是这次学习，让我这个当年的"非高考学科"教师树立起要成为学者型教师的志向。

这一时期成为我职业生涯中重要的读书积累期。作为师者，需仰望天空，要博览群书，力图与古今中外大家进行心灵对话。我一直相信：一个人的阅读史就是他的精神成长史。我将博览群书的习惯保持至今，从两千多年前的孔子到近现代教育史上的陶行知和叶圣陶等先贤的教育思想；从西方认知主义、行为主义、人本主义等流派的教育理论，到其产生的社会背景、时代特性的分析和思考……是书籍和阅读铺就了我的专业成长之路。

2001年地理重新纳入高考序列，2004年新课程改革在全国展开，而此时我的职业行囊中已装入厚重的学科素养和教学素养，充满期待、充满自信地踏上了新的征程。

咬定青山，思维引领，授之以渔

新课改伊始，高中地理教育与教学更多的是在一般教育教学论的"论题""热点"后面跟风,甚至有成为地理教育教学主流和常态之虞。简单套用一般教学论的框架与范式,所获得的"成果"即便不是拾人牙慧,往往也仅能起到用地理学科教学的案例去证明某种教学理论正确性的作用,而地理学科教学的独特问题与教学规律则很少被发现、被提炼和总结出来,因而缺乏地理教学的逻辑起点。

惟其艰难,方显勇毅;惟其磨砺,始得玉成。新课改的教育教学创新既要借鉴外来经验,也不能割断历史的传承,所有改革一定是"为了教学""关于教学"且"在教学中"的。但地理思维方式及其教学研究难度之大,超乎当年全国著名专家的忠告,我甚至几度想放弃研究。而从 2005 年的"钱学森之问",到 2007 年由我国著名科学家王大珩、叶笃正、刘东生联名发起"关于加强创新方法工作的建议",再到"加强科学思维培养,大力促进素质教育和创新精神培育",又不断坚定和鼓励着我研究的信心。

深入的研究和实践给我带来了兴奋感和获得感,我不为地理教育教学"变换大王旗""更弦易辙"所动,而是不断凝练地理教育教学的独特问题和特殊规律。2014 年我完成了地理思维方式及教学研究成果,让地理思维方式及教学的"草根学问"从"望尘莫及"走向"望其项背"。

地理思维方式及教学研究内容主要包括地理思维方式建构(技术层次)和教学生成两大部分。其理论研究和教学价值体现于既发展了思维科学与教育论的基础科学,又为将现代教育教学理念、思想转化为教学实践提供了方向、线路和操作空间,并因以学生学科思维方式为代表的核心素养发展为宗旨而别具特色。

恩格斯说:"思维是地球上最美丽的花朵。"这朵"地理思维方式"之花已经绽放,并且在每位学生心里硕果累累。近 20 年的春华秋实终是解开了长期的困惑。我的成果核心论点比新一轮课改《普通高中地理课程标准(2017 年)》的核心素养论早了 4 年;其问题解决与始于 2015 年的新高考改革,以及 2019 年新高考评价体系之考查目的、考查内容、考查要求等息息响应。教学中的显著效果以及学生学业素养水平明显提升的效果反馈等,更是其理论和实践价值最好的证实。

在地理思维方式引导下,学生们"自上而下"与"自下而上"相结合做出"系统化、图表化、网络化"的特殊学习笔记。它是涵盖以核心素养为主线、学科能力为关键、必备知识为载体的系统整体,而非思维导图下的知识罗列。由此,这项技能成为学生在面对复杂问题情景时发现、提出、分析、解决问题的思维习惯。同学们感叹:"李老师的教学让我们看到,渔鱼之间,后者固然更易见效,艰困的前者却更给予深重的感念和震撼。""李老师好像有一种神奇的魔力,能赋予一个学科别样的魅力,我们因为接受地理的思维而时时惊叹于这个学科的动人……"

在我的指导下,有学生获得国际地理奥赛中国赛区金奖,多人次获得全国地理奥赛金奖,众多学子或通过高考,或通过综招,跻身北京大学、清华大学、浙江大学等高校,圆梦学业。

著述立言,奋辑逐浪,特色创新

随着教学研究和实践的深入,我积极培育和转化成果,在相关期刊发表专业学术论文20余篇,多篇论文被人大复印报刊资料中心全文转载。著有《地理思维方式研究及教学引论》等代表著作,主编或参编学术论著、地理教学参考书30多册。完成或在研国家、省级科研课题多项,教学成果获山东省省级教学成果特等奖和一等奖。

"工欲善其事,必先利其器。"我的教学成果在分析地理思维方式教育教学改革的基础上,以哲学、心理学、系统科学、教学论、地理学为理论基础,从本体论、认识论、方法论统一的视角,本着简单性思维和复杂性思维、整体论与还原论统一的原则,兼顾学科、学生、社会三方渗透整合,运用系统科学模型方法对地理思维方式进行整体表征,进而引论地理思维方式的教学生成论,建构师生与生生之间信息、思维、情感整体有序,注重反馈的互动网络。

"一枝独放不是春。"我以山东省地理特级教师工作坊、山东"互联网+教师专业发展"等平台为主渠道，打造高端教学教研团队。屡获全国、省、市级奖励是对我的教学团队最好的诠释。几十位中青年教师百余人次获奖捧杯，荣获省特级教师，省、市名师，山东省优质课一等奖等荣誉。

在2020年全国"抗疫"中，我积极组织、参加"名师智慧课堂"公益专题课程并获得突出贡献奖。课程至今仍在学习强国、中国教育电视台、山东广播电视台、济南教育电视台、新浪网等播出。

风好正是扬帆时，奋楫逐浪向未来。党的二十大报告强调"教育、科技、人才是全面建设社会主义现代化国家的基础性、战略性支撑"。习近平总书记也曾说："中国教育是能够培养出大师来的。"

我敏锐把握时代的发展方向，看到推进信息技术与教育教学深度融合是未来教育的重要趋势。我基于VR、AI等信息技术，对未来教学生态进行了有益探索，从思维方式、核心素养角度深化信息技术与地理教育教学的融合。

VR、AI等信息技术的自主性、多感知性和交互性赋予课堂"智慧"，做到情景交融，突破时空限制，为复杂情景地理课程与教学改革提供了现代化手段，成为思维方式、核心素养的生动表征。

每一次教育教学问题的解决都离不开创新。创新既不是为了验证某个教学理论，也不是脱离实践研究某种理论假设，而是回归教育原点，回答教学中发现的各种问题。我心中的创新是立足于本人、本课、本科、本校或本地做出具有特色、风格和气派的教育教学；是办出具有中国特色、中国风格、中国气派的地理教育教学；是成就中国式现代化的地理教育学科体系、学术体系、话语体系。

立德树人，育人育心，陪伴花开

一年之计，莫如树谷；十年之计，莫如树木；终身之计，莫如树人。"培养什么人、怎样培养人、为谁培养人"始终是我教育教学思考的起点；"立德树人"是我日常教育教学的目标；与学生一起成长是我的工作生态；了解、相信、尊重、学习、爱护、欣赏、成就、感动每一个学生是我每天的必修课。

在关于"抗美援朝"的主题班会后，一位同学给我写下了这样的感言："我意识到您真正的精神力量来源于哪里，那是一种时而伟大时而渺小的家国情怀。我更从您身上看到了先辈的影子，那种感觉令我震撼，似乎为我打开了一扇大门，通往家国、通往世界。"

在众说皆苦的高中生活中，同学们面临着考试、学业和人际交往的重压。我一路陪伴着学生。这种陪伴，是高于知识和考点之上的一盏明灯，孩子们那对于未来茫然却期待的眼眸，会被这灯光照出不一般的光彩。一位长期自信不足的学生毕业前留下这样一封信："我读得懂您对我的照顾，最后一次交作业时的点拨，还有那三个笑脸是最有力的证明。一个长辈对我卖萌，您在学习上真的关注我。那片小小区域被您写得密密麻麻，红色的笔水已印进了我的心里。还有教学楼里您的深情凝望，里面有我看不懂却又为之感动的情绪。我想，日后无论我从事什么职业，我都希望自己也可以拥有给予他人温暖的能力。"

"树人先立德。"师有德，生方亲师，亲师才能信道，信道方可树人。每一代人有每一代人的长征，我们的事业是培养第二个一百年的生力军、主力军。引领新一代设定之于国家、之于民族的价值坐标，修枝固本，是新时代交给我们的历史使命。

亲切关怀，无上荣光，精神力量

2019年我被评为全国模范教师，并有幸选为山东省教师代表，进京参加第35个教师节暨全国教育系统先进集体和先进个人表彰大会。在教育部座谈会上，我作为全国普通高中教师代表做典型发言。

9月10日上午北京人民大会堂一层北大厅，我同所有参加第35个教师节暨全国教育系统先进集体和先进个人表彰大会的代表，等待会后中央领导的接见合影。当与会代表翘首以盼的习近平总书记及党和国家领导人步入北大厅的一刻，现场爆发出雷鸣般的掌声，经久不息。

伴随着雷鸣般的掌声，"总书记好、总书记辛苦了""总理好、总理辛苦了"在大厅里回荡。此时此刻的我，感到极为荣幸、极为幸运和极为幸福。我握住总书记、总理宽大的手，激动地说"山东的人民教师向您问好"，总书记、总理向我微笑示意。

这个无限荣光的时刻值得我终生在记忆里珍藏。当我长达8年为自己教的是"非高考学科"而苦闷时，绝不敢想象会有这样一天。当我立足思维引领教学探索、奋战灯下著书立说、创新VR课程，以陪伴花开的心态与学生促膝长谈的时候，也没有想到会有这样一天。但不正是因为上述的种种，引领我一步步走到这一天的吗？

或许，这就是一个普通教师可能的世界。

荣誉只能属于过去，它将是激励我笃行不息强大的精神力量。作为教育工作者我们更需牢牢把握根基在人民，血脉在人民的"源代码"，践行初心，担当使命，列好促进学生全面发展的"根目录"。

全国模范教师的光环早已卸下，山东省特级教师、齐鲁名师的头衔也渐行渐远。我将与同事、学生继续去寻找、开拓更广阔的可能的世界。

教师成长协奏曲

时均琪

人物扫描

时均琪，现任济南西城实验中学语文教师，被评为山东省特级教师、齐鲁名师、济南专业技术拔尖人才，被聘为齐鲁师范学院特聘教授、山东师范大学硕士生合作导师。主持多项省市级课题。个人专著有：《滴水集》《走进语文》《新高考新阅读100篇》。在《中语参》《中学语文》《语文学习》《教学考试》《语文月刊》上发表论文多篇。

在日常的教育教学工作中，我经常遇到青年教师这样的追问："时老师，我该怎样做才能成长为像您这样的名师？"回顾自己的成长历程，"名"不过是一种附属物，重要的是要做一个有目标、有见识、有情怀的人，这样才能科学地规划自己的职业生涯，在纷繁复杂的世界中坚守为师之道，以执着的教育初心和高超的教育智慧陪伴学生成长。

有目标，才有动力

比起很多老师，我起点较低，毕业于枣庄师范专科学校，毕业后到农村中学——滕州五中任教，然后在曲阜师范大学进修。这个起点没有什么亮点，但是从进入到滕州五中的那一天起，我就告诉自己：学历和工作环境只是我职业的起点，我不会让这些因素制约我的专业成长。

我们一共有六个师专毕业的年轻老师到滕州五中任教，在这之中我也不是最突出的。那时，学校安排我直接带高二，不担任班主任；其余五位老师都是担任班主任，从高一教起。与另五位老师相比较，学校对我的工作安排不太符合一般青年教师的培养规律，我更像一块某个工作岗位临时缺人时的"补漏石"——先把高二教学缺人的困境补上洞。估计渡过这个难关后，学校也不会让我这样一个刚毕业的青年教师直升教高三，很大可能要再从高一重新教起，这样我将比同年入校的伙伴多"蹉跎"一年。

上述分析并没有让我泄气：刚工作就教高二本身就是挑战，我要用扎实的努力把"补漏石"的经历转变成自己专业成长的"奠基石"！在这一年的教学中，我有意识地在高二教学中前联高一基础知识，后观高三能力提升要求，把课备得扎扎实实，讲台站得稳稳当当，学生家长充分认可，教学成绩经得住考验。果然如我分析，一年后学校仍未敢放手让我直升教高三，但我已是一个绝对让人信得过的高二语文教师。学校留我又教了一年高二，在第三年我跟两位同年入校的优秀伙伴一起进入高三，完成了第一轮专业成长的历练——成为能教毕业班的老师。

三年之后，就是 1991 年，我参加了滕州市优质课比赛，取得了一等奖，进而又被评为滕州市优秀教师。我开始畅想：是否有机会能在更大的平台上再考验下自己的实力？

1994 年枣庄举办第一届"十佳"语文教师评选，规则确定必须是县区级优质课一等奖获得者才有参评资格，而学校语文学科近期只有我获得过滕州市优质课一等奖，看来机会真的是留给有准备的人的。在枣庄市"十佳"语文教师评比中，经过论文比赛、现场赛课等环节，我获得了市级"十佳"语文教师的称号，同时获得枣庄市市级优质课一等奖。这对一个农村中学的年轻教师来说，是很不容易的。同时，这也为我这个农村中学年轻教师提供了更好的机遇，让我成为枣庄语文教学的知名教师。

后来我调到山东省重点高中、全国示范学校——枣庄三中。在那里，我获得了更加广阔的舞台、更加优质的教育资源，于是我的成长也就更加快捷。在枣庄三中，我被破格聘为中学一级教师，当上了高三语文备课组长，成为学校的骨干教师，参加了教育局组织的骨干教师华东师范大学暑期培训班，在那里我接受了国内外很多新鲜的教学理论，打开了眼界，比较早地开始了语文教学的改革，让我的语文教学有了自己的特色。2007 年，我获得市级第一批"创新教师"称号，同时获得了"市级骨干教师"称号。

2008 年，我参加了山东省齐鲁名师人选选拔，经过艰苦地努力，我获得了齐鲁名师人选资格，获得了教师职业发展的高速发展机遇。2010 年，我通过了山东省特级教师评选。此时，我已经得到了一名教师梦寐以求的众多荣誉，但我的心中仍在畅想着再有更宽广的平台将我的专业成长推上更高的境界，我还想看看我终身热爱的语文教学还能有怎样的提升空间。2013 年，我已 46 岁，这一年通过公开招聘调入济南西城实验中学（山东省实验中学西校），又开始了新一轮语文教育教学改革的探索实践。2015 年，我被评为济南市拔尖人才，同年，我的"齐鲁名师"考核通过，我正式成为一名"齐鲁名师"。2017 年，我被评为正高级教师。

我发现在教师专业成长中，存在着较为普遍的"三、六、九现象"：

刚步入教学领域的前三年，是教师教学基本功养成的时段。由于青年教师经验不足，教学成绩与老教师差距较大，课堂秩序令人不能放心，这段时期往往会接到学生和家长的投诉——此时需思考：我的立足点在哪里？

到了工作的第六个年头，教师往往要开始为婚姻、生育和家庭负责任，此时会有意无意地调整自己的重心，有的老师会从这个阶段开始在教学业务上有所松懈——此时需警觉：把握职业底线，防止成长断层。

当教师工作到第九个年头时，基本上已成为学校的教育教学骨干。在自得之中我们是否发现繁重的教学压力已使我们变成了一架熟练的解题"机器"。——此时需梳理：清点教学成绩、整理教学心得、探求教学风格。

很多老师在完成职称评定后，其个人专业发展也由"登山"转为"走下坡路"，似乎唯一的任务就是上完课等退休，再也找不到职业的兴奋点。——此时需自问：只跑前半程的马拉松是否会留下遗憾？多年的学科影响，足以使我们带起一个优秀的教研团队；多年的教学经验，让我们有能力站到科研型、专家型教师的起跑线上。

面对职业生涯和专业成长中的处处关口，坚定的初心和明确的目标是何等重要，目标能让人头脑清醒，目标能让自己知道什么时候该干什么，目标能让我们不被生活的浊流裹走。

有目标，才能有动力，才能有定力！

有见识，才有实力

综合一下各类词典，可以这样解释"见识"：一是指明智地、正确地做出判断及认识的能力；二是指广泛接触事物，扩大见闻。我认为这两个方面是相辅相成的，有见识才有能力，有了能力，才能更多更快地获取知识，从而使自己成为更有实力的人。

有见识，才有实力，首先要找准增长见识的起点。我认为最有效的成长起点是阅读。值得庆幸的是，在钻研教学之外我有一个优点，喜欢看书。每晚八点到十点，我都是在看书、备课，备课、看书。坚持若干年后，我看到了一段话才明白是每晚上八点到十点的努力成就了我。著名学者周有光在普林斯顿大学学习期间，他的导师问他：爱因斯坦很孤独，你愿意跟我去陪他聊天吗？周有光求之不得，他听到了爱因斯坦这样的名言："人的差异在业余。"这句话让周有光受用终身，让他成了著名学者。这也同样成为我的真实感悟："晚上八点到十点钟，你在干什么决定了你的事业和生活的状态。"

正是基于这种真切的成长感悟，我在语文教学中特别重视学生的阅读体验。我给每个学生建立了专属于自己的"阅读账户"，从而形成全校的阅读账户系统。在这个阅读账户中，既能让学生清楚地看到自己高中三年来语文阅读的成长步伐，哪里突出、哪里欠缺、哪里进步，等等，又能对学校语文学科学习的优点和不足一目了然，可以为大语文教学的发展添砖加瓦。"阅读账户系统"的建立和研究，具有很高的理论意义，填补了"系统阅读"的理论空白。

有见识，才有实力，体现在能够直面现实挑战。我一直认为一名合格或优秀的教师必须能经得起成绩和高考的检验。正是因为我数十年如一日研究教材、研究教法、研究高考，让我自信地认为：教法、学法、成绩、高考都是可控的。我的"五反复学习法""思维导图学习法""西蒙学习法"已成为同学们日常的学习习惯。我的一个"金句"在同学中流传甚广：我们不必知道明年的高考题是什么，因为我们知道高考题的答案。

有见识，才有实力，还体现在教师的教学科研能力上。在学校的大力支持下，我积极投身"基于学科核心素养的语文学科体系及学科基地建设"课题研究。该课题以"将阅读资源推送到离学生最近的地方"为理念，打造融设施保障、课程建设、个性体验、文化浸润为一体的阅读资源基地，以学生高中三年完成600—900万字阅读量为目标，创设"观澜书院""智慧朗读亭"和深入宿舍的"智能借阅机"，立足培养"终身的阅读者，负责任的表达者，优秀文化的传承者"。"将阅读资源推送到离学生最近的地方"的经验被教育部在全国推广，该课题作为山东省"十三五"教育科研重大课题已顺利结题，学校被评为山东省书香校园、山东省语文学科基地。

有见识，才有实力，还体现在名师的学科话语权和辐射示范能力上。作为齐鲁名师和山东省特级教师，我时刻珍惜这些崇高的荣誉。但我深深地知道，必须深刻地思考名师应有的职责和使命是什么？并时时进行对照和反思：我是否能承担起或正在承担着这样的职责和使命。

我充分发挥名师影响力，向下辐射，成为青年教师的主心骨和领路人，带动青年教师成长；注重名师影响力的平行辐射，带动所在学校、所在省市语文教学提升整体水平和科研能力；做到名师影响力向外辐射，在全国范围内充分展示了齐鲁名师良好的社会形象，传播了素质教育和新课改理念，承担了应尽的社会责任；力求名师影响力向上辐射，增强了与全国各学科高端教师与专家的交流，参与到国家级教育部门的教学研究、课题开发及培训工作中，从而获得更全面的信息、掌握更新的理论，站在更高的角度上进行教育教学的思考和实践，并带动教师群体专业水平的进一步提升。

2017年9月，时任教育部部长陈宝生到济南西城实验中学视察工作，当我汇报了自己在语文教学改革中的思路和实践探索后，陈部长欣然命笔题词："会阅读，会思考，会表达，会生活，有信仰。"这个留言一直被我珍藏并成为我语文教学的育人目标，激励我不断提醒自己：增长见识，提升实力。

有情怀，才有温度

在我们的专业成长过程中，最大的危险是会无数次面临迷失的歧路。

当我们自得于成绩的提升时，可能会迷失学科独特的魅力和育人价值；当我们在成为名师春风得意时，可能已忽略了学生在青春期的挣扎和纠结。当我们无数次面临迷失的危险时，一定要提醒自己：教育是一个有情怀的事业，教师一定是个有温度的人。

小王同学这样描述她的语文老师，她把我称为先生：

春日温和的阳光洒过树隙，照在黑板上，形成斑驳的影子。先生拿着茶壶喝了一口，转动灵活的手腕，用粉笔书写千年之前传唱的歌。诗意，弥漫在教室里。彼时正坐在下面听讲的我见到这一幕便呆住了，先生正背对我们写着板书，学生们在低头做笔记，而偶然抬头瞥见这一幕的我，恰巧游离于这之外的我，是多么有幸，能定格住这细小的时光。先生抑扬顿挫的声音氤氲在阳光中，浅陋的我只能感叹一句："这才是讲诗啊，这才是语文啊，这才是诗意的代际传承啊！"便又低下头做笔记，揣摩正在讲的诗人情感。可这碰巧被我窥见的美好，历久弥新。先生的诗意不仅在讲诗时才出现，它已融入先生的气韵里，体现为日常的点点滴滴。

学生小李这样回忆我当班主任时在高中三年给全班同学带来的人生引领：

第一学期：胸怀宽广，见识高远，长风破浪，舍我其谁。
第二学期：快乐生活，快乐学习，长风破浪，舍我其谁。
第三学期：积极生活，高效学习，长风破浪，舍我其谁。
第四学期：个性生活，创新学习，长风破浪，舍我其谁。
第五学期：勇于担当，战胜挫折，长风破浪，舍我其谁。
第六学期：策划人生，直面社会，长风破浪，舍我其谁。

学生小李还记得因为有次没有考好，情绪低落，我问小李："怎么样？如果想不开，要不要哭一场？"小李说："老师，没关系，好歹我也喊了一个学期的'胸怀宽广，见识高远'了。"

还有更多的同学记得我帮他们找的"树朋友"。当孩子入校第一天，我就告诉他们：人是需要朋友的，当你遇到成长中的困惑，你可以把我当朋友，我一定以最热切的心回应你。但我知道，你们还是害怕老师会不理解你，会批评你。你可以在学校里找一棵树做朋友，你跟这棵树谈心，把你的心里话说给这棵树。同学们在毕业前纷纷给自己的树朋友留言："芬馥树边桂，扶疏在月中。是你把青春的感想活出了答案，陪我把独自孤单变成了勇敢。""可能是特殊的缘分，当我路过你的时候，会不自觉地仰望天空。那一刻，我感受到了时空变迁的沧桑，而你我是唯二的见证者。我想，大概冥冥之中一切早有注定，正如我们相遇。"很多年以后，很多学生似乎懂了我当年"找一棵树当朋友"的用意，同学们说："时老师，你是因为懂我们青春期时叛逆的心态，知道我们不相信老师不相信家长，于是您才给我们找了树朋友。时老师，我们长大后才发现，您就是那棵树，您才是陪伴我们成长的树朋友。"

这篇分享写到最后，我发现，立足于做一个"有目标、有见识、有情怀"的好老师，是每个教师成长的道路。

一路追问　一路风景

钟红军

人物扫描

钟红军，山东省特级教师，齐鲁名师，山东省十大教育创新人物，山东省教学能手，全国历史优质课一等奖获得者，富民兴鲁劳动奖章获得者，第八、九届济南专业技术拔尖人才。山东省教育科学"十五"规划重点课题"历史教育与现代人的发展研究"课题组核心成员，主持或参与的山东省"十三五"教学研究重点课题"基于学科核心素养的人文学科基地建设研究"等已结题。

工作之初，我曾经用这样一句话概括自己的困惑——"道路笔直得让人迷茫"。如何让这条看似笔直的教学道路走得富有意义，便成了我在教师职业生涯中的第一个追问。30年来，一路追问，一路寻找答案，蓦然回首，路上已是一番别样的风景。

追问学科价值

这样一幅场景曾在我的生活中一遍遍上演："您是教什么学科的？""我是教历史的。"然后，性格直率一点的会说："历史好教，让学生背背就行。"而性格内敛一些的便会沉默不语。我完全能够读懂这沉默背后的潜台词："噢，原来是个教副科的老师……"

每每此时，一种"副科老师"的自卑感就会在我的心里油然而起，为了淡化这种自卑，我在潜意识中付出了无数努力。我曾用出色的班主任工作来证明自己的价值，我曾以尽心备课赢得学生的喜爱来证明自己的能力，我曾以在省、市乃至全国的各类教学比赛均拔得头筹的骄人战绩来证明自己的实力。但这一切努力似乎都没有淡化那个牢固的自卑感："我是个教副科的老师。"

值得庆幸的是，似乎从这种自卑存在的那天起，我就开始了对自己所教的这门历史学科的思考。

《西方殖民主义的罪恶》一课的教学经历让我印象颇深。当我讲到殖民主义者剥取印第安人的头皮领取奖赏时，学生们面无表情；当我讲到奴隶贩子将大量生病的黑奴抛入海中时，大家无动于衷；当我讲到奴隶贸易的三角航程能换来百分之百甚至百分之一千的利润时，台下却是一遍惊呼："能挣这么多钱啊！"下课铃响了，而我认为这节课才刚刚开始。以后当讲到拉丁美洲独立运动时，我提到这节课，我让同学们知道殖民主义的压迫必将遭到反抗；讲到马克思主义的诞生我又提到这节课，我让同学们思考应以什么作为选择职业的标准；讲到改革开放，我再次提到这节课，让大家讨论什么才是获得利润和金钱的康庄大道。学生说："利润和金钱对我们仍有着巨大的吸引力，但我们知道除此之外还有道德、信念和操守。"

1994年，我带着对这节课的思考参加了以"闯市场，讲道德，做主人，争贡献"为主题的山东省第六届演讲大赛，获得了一等奖第一名，获奖理由是我"思考了自己的工作价值和社会意义"。

再看当年的思考不难发现其中的幼稚与生硬，但我正是从这幼稚的起点开始思考历史教学在社会发展及学生成长中承担的使命，这或许是我专业成长中最初而最宝贵的"悟性"了。

在30年的教学历程中，我曾遇到过无数教育新名词、新理论、新概念，也曾进行过各种类型的新探索，当与这一切并肩同行的时候，我始终在追问：我真的了解自己的学科吗？它的魅力到底在哪儿？它与其他学科相比不可替代的是什么？随着追问的深入，答案在心中渐渐清晰，我一直在追求的这个东西叫"学科价值"。

在日常的历史教学中，一种教学类型是沿用几十年教学思路没有变化，从而更固化了人们"历史背背就行"的偏见；另一种教学类型则是从西方的理论工具箱中翻出各类史观生硬解释历史现象、概括历史规律。正如巴勒克拉夫所说，那些力求立场"客观"的人，终究不能突破"西方中心"，是因为"他们身边使用的那一整箱工具全是由西方制造的"。

以人们耳熟能详的鸦片战争教学为例，我以时空坐标、史料风暴、深层解析、国民认知、多维史观作为教学线索，并进行了这样的全课总结：

> 从文明史观的角度，鸦片战争折射出农业文明与工业文明的碰撞，但文明的差异，不是征服的理由，不同文明类型需要理解、宽容和相互借鉴；从全球史观的角度，鸦片战争使中国被迫卷入世界市场，但谁也不应自命为地球的中心，让世界围绕它来运转；从现代史观的角度，中国逐渐开启了政治民主化、经济工业化的进程，但走向现代化绝非只有一条道路；从社会史观的角度，每一个人都是历史，更需要我们坚守民族气节、洞察历史方向、坚定强国梦想。

19世纪是中国人屈辱的世纪，20世纪是中国人饱尝人世间一切艰难困苦的世纪，那么21世纪呢？

人们说，19世纪是英国人的世纪，20世纪是美国人的世纪，那么21世纪呢？

也有人说，21世纪是中国人的世纪，关键在于中国人应该以什么样的姿态进入21世纪？我们应该怎样赢得一个中国人的世纪？

这很大程度上取决于中国人从鸦片战争中感受到什么！

试想一下，如果充分彰显学科价值，承担起应有的社会使命，那我们的学生将拥有完善的人格、充盈的精神世界。由这样的人群组成的社会，将充满由历史启迪而带来的理性与智慧。如果可以做到此种境界，那么我们就可以肯定地说：我们所教的学科没有主副之分。

追问专业成长

30年前的春天，我心情忐忑地准备着毕业实习的第一堂课。记得当时我一边背教案，一边在大学操场的跑道上"走圈儿"，走一圈儿七分半钟，走五圈儿背完一遍。那天，我把教案整整背了八遍，一共沿操场走了四十圈。中间走神儿的时候，我就想："明天，那个属于我的课堂到底是什么样子？"

上完第一节课的当天下午，我宿舍的同学从学校图书馆借书回来，带给我这样的信息——当图书管理员看到她借书证上的班级时问："今天在曲师附中某班上课的是你同学吗？我孩子说这个实习老师讲得可好了。"感谢那位不知姓名的图书管理员，是他让我一晚上绕操场走四十圈儿的努力得到了肯定，而且我知道能得到这样的肯定就是因为这四十圈的努力。所以此后我对待每一节课，每一件事情都会拿出"四十圈儿"的态度。

以30年前在大学操场走"四十圈儿"为起点到现在，我已形成了以下不同版本的教案：

初登讲台的语言型教案：在我对知识体系、学科本质、教学理念还没有深层次理解的时候，希望自己能凝炼语言，讲清教材，吸引学生。

初带高三的知识型教案：初带高三时，我的书桌上放着 30 余本教学参考书，每节课前都要求自己把这 30 本书中关于这节课的相关内容弄通，打成电子教案才去上课。这样的积累让我敢于直面老师们的疑问："高三教学怎么办？"

日常教学的课件型教案：这其中记录着我与学生在课堂中的对话、交流、思想碰撞，包含着我用自己的眼睛搜集的"教学资源"，承载着我让学生期待每一节课，让每个学生都"非常满意"的努力。

风格初显的教法型教案：这其中我的教学思路和教学习惯已渐渐明晰，即明确主题体现学科价值，整合知识减轻学习压力，划定板块凸显教学逻辑，挖掘资源丰富教学内涵，精选教法引导思维深化。

新课程改革后的教学专著：在《新课程在新课堂——钟红军高中历史教学实录》一书中，我依托自己的历史教学案例，一一分析新课程下的教学理念、教学方法、教学设计等现实问题，将"高高在上"的课改理念拉到了课堂教学的实境中。

重新审视这些不同版本的教案，我似乎看清了这其中的发展轨迹，那就是不断提升自己"教"的能力，换言之就是提升"教学素养"。一堂堂课串联起教师职业生涯的节点，有了教学素养的滋润，课堂才能富有蓬勃向上的生命气息。

随着我在各类教学比赛中历练并获奖，我的专业成长似乎也走到了一个瓶颈——难道我要仅仅满足于做一个教学比赛的优秀选手吗？当意识到这个问题时，我的历史教学开始从求"术"向问"道"的方向转变，我的第二部教学专著便定名为《追问历史教学之道》。

在我心中，历史教学之"道"是个远方的灯塔，照亮航程却不必将船揽系于其下；那是个传说中的圣殿，可日日心向往之却不必匍匐朝拜；那是个圣洁的女神，让你魂牵梦绕，却可能叫不出她的名字。

问"道"的过程是一个修行的过程，为了不在追寻的路上迷失方向，我设计了十个篇章如同插上了十个路标，提醒自己走在每个路标前都能反躬自问：

【学科价值篇】从原点追问：我教的是一门副科吗？

【教学素养篇】从节点追问：我的课堂应是什么样子？

【学科素养篇】从支点追问：如何从肤浅走向深刻？

【教学资源篇】从源头追问：如何挖掘丰富的宝藏？

【概念教学篇】从关键追问：真的理解了吗？

【史观教学篇】从视角追问：可以从哪些角度观察历史？

【选修教学篇】从职能追问：记得牢一些还是知道得多一些？

【困境破解篇】从现实追问：能否以站起来的姿态面对高考？

【教学误区篇】从逆向追问：历史教学不是什么？

【专业成长篇】从发展追问：怎样规划自己的职业生涯？

当我走过这十个路标，似乎远远看到那个被称为"历史教学之'道'"的殿堂：它应该是历史的"人文性"与"科学性"的和谐统一；应该是教师教学素养和学科素养的完美绽放；它应该让学生在其中愉快地接受知识，高效地提升能力，自然地浸润人格，在思考中凝聚智慧；它能让我们自如地应对现实的挑战，能让我们自信而不放弃追求理想；它应该是学生和教师生命的共同促进和成长。

问"道"教学，就是一个去问、去找、去接近的过程：

"求术"还是"悟道"。因长期承受应试教育的压力，造成我们对教育理论由潜意识的畏惧转化为习惯性的排斥。我们更希望得到一些能直接"拿来"用到课堂上的外在借鉴。正是这种对浅层次"术"的迷恋，使我们疏于对教学本质的探究和对教师自身学科素养的内在积累，从而疏离了专业成长之"道"。

"深入"才能"浅出"。著名学者钱文忠说："深入是门槛，浅出是境界。"即只有深入到自己学科领域的腹地，对知识结构、理论体系、逻辑关系、学科前沿成果有全面的了解,才能通过灵活的教学方法,达到举重若轻的效果。

"气质"决定"魅力"。教学境界的高下,绝非简单的拼教法、拼理念、拼资源,而是靠课程所传递的思考和内涵,靠教师身上自然流溢的精神之美、文化之美,由内而外、厚积薄发的人性之美、激情之美。概言之,就是高贵而丰满的学科气质。

"个性"伴随"反思"。我们可以下载别人的课件,但无法下载别人的理念;我们可以复制别人的教案,却无法复制别人的勤奋;我们可以拷贝别人的事迹,却无法拷贝别人的人生。既然每一个教师都是一个与众不同的个体,那就应该在专业成长中珍惜自己的个性,塑造属于自己的教学人生。

人们总爱用"给学生一杯水,教师要有一桶水"来形容教师的专业成长。我认为新时代的教师还要有发现源头活水的眼力,有保持方向的定力,有吐故纳新自我完善的能力,有拼搏进取不断向前的动力:教师的专业成长,应如同奔淌不息的河流。

追问现实困惑

我曾承担全国近20个省份的省级高中历史新课程培训,在这个过程中,听到最多的一句话是:"钟老师的课体现了新课改的要求,但这样教,高考行不行?"

教学的实践告诉我,作为一线教师如果不能科学高效地解决高考问题,其新课程改革将面临无法承担的压力和责问,同样不能在素质教育中走得更远。

在某年山东省历史优质课评选时,省教研室委托我在选手比赛结束后提供一节观摩展示课,这节课我一反平时的做法,没有提供新授课,而是上了一节大家平时认为最枯燥的高三习题课:"习题背后的秘密"。

这节课的第一个信息是真实与自然。启程前我了解到该校已复习完《经济成长的历程》一册,上课前同学们却说这册教材还没开始复习,高一学的早忘光了。我说：原本想通过"习题背后的秘密"给大家上一节复习课，看来情况有变化，那咱们就依托"习题背后的秘密"为《经济成长的历程》上一节预习课，让大家感受一下方法和逻辑的魅力，也真切感知一下基础不牢的遗憾。

这节课的第二个信息是幸福与愉悦。面对学生最畏难的材料解析题，我用5版短小的"龟兔赛跑"让大家尝试以规范的历史语言加以概括，思路一打开，同学们撸起袖子破解了高考例题。

这节课的第三个信息是自信。同学们"这些题我不会做"的恐惧消失了，而是形成了"大部分的题型我会做，我以后还能做出来，我不仅会做题，还会讲题"的信念。很多老师说："今天最大的收获，不是认识了钟老师，是她让我们认识了自己的学生。"

这节课的第四个信息是效率。在45分钟的时间里，我带领学生掌握了选择题的5类主要题型、材料解析题的做法，还串联起"经济成长历程"整册教材的主体知识框架。

在全课结束时，我这样概括了"习题背后的秘密"：

做题的目的不在得出答案，而在把握规律；
做题的窍门不在数量多少，而在做出心得；
做题得分不靠感觉，而是要点点讲明道理；
做题的功效不在习题本身，而在于它是知识和概念的载体；
做题的境界不是去猜别人出什么题，而是让别人猜我们还有什么不会。

这种自信来自"只有老师跳进题海，才能带领学生跳出题海"的底气。当大家抱怨"高考不变一切都不会变"的时候，殊不知高考已完成从"双基达标"到"三维目标"再到"学科核心素养"的华丽转身，从某种意义上正在成为素质教育的指向标和试金石。既然"月亮的脸已悄悄在改变"，那么正确的选择就是"月亮走，我也走"。

在高考中我们并非只能处在"人为刀俎我为鱼肉"的被动境地。如果我们匍匐在高考的脚下，高考将永远是让我们臣服的上帝。我们要敢于自信地说：都钻研高考这么多年了，你命题，我破题，我们有能力将高考化解为命题者与应考者智慧的博弈。

教学中一直贯穿着这样几个关键词："课标、教材、高考"。华东师范大学的聂幼犁教授对此作了这样的解读：

> 我们必须严肃地研读课标，
> 因为它体现了国家的意志；
> 但是，只有高于课标，
> 才可能准确地领悟课标。
>
> 我们必须虔诚地尊重课本，
> 因为它凝聚了前人的心血；
> 但是，我们只有高于课本，
> 才可能真正地读懂课本。
>
> 我们必须认真地对待高考，
> 因为它代表了社会的公信；
> 但是，只有高于高考，
> 才有可能有效地赢得高考。

要实现"高于高考"的理想，我们就必须：以"站起来"的姿态面对高考！

追问职业情怀

我最喜欢的事情是教学。这份喜爱让我保持了一个非常自豪的纪录，学生评教的非常满意率近30年保持100%。这份喜爱让我在各种优质课比赛、省教学能手评比、省教学技能大赛中均获得一等奖第一名。我在比赛抽签时从没遇到过未充分准备的课，因为我日常的每节课都是充分准备的。从事一个自己喜爱的职业，是一件多么幸福的事情。

我最熟悉的人群，是15到18周岁的年轻人。这种熟悉让我面对学生时有了"陪伴花开"的心态，更懂得了：这世界上需要的不仅是真理，还需要传播真理的恰当方式。我编写的《山东省实验中学二十大主题教育素材》将主题班会打造成学生情商培养的系统工程，构成了一条完整的高中思想教育主题链条，让老生常谈有了新谈法，常规教育找到了新角度，学生发展有了新境界。如果退休以后我再写一部专著，它的名字将是《我永远生活在18岁》。从事一个永远青春的职业，是一件多么幸福的事情。

我自认为最可贵的品质是在不同的工作岗位上乐于实践、思考、创新和提升。作为历史教师，我是省内学科领军人物，被评为齐鲁名师和特级教师，两本教学专著成为全国一线历史教师的重要参考书目，完成了山东省教育科学"十五"规划重点课题"历史教育与现代人的发展研究"。作为学校德育管理工作者，我参与创意和组织实施的"高中推行学长制的研究"被评为国家级教学成果一等奖，参与打造的"发现身边的感动和楷模""德育联盟""蓝天魂滋养育人根"连续四届被评为济南市优秀德育品牌。作为学校教学管理工作者，我主持或参与的"基于学科核心素养的人文学科基地建设""基于高中学校可持续发展的教育诊断研究"作为山东省"十三五"教学成果重点课题均已顺利结题。从事一个在探索创新中不断提升的职业，是一件多么幸福的事情。

我最熟悉的地方是山东省实验中学。我12岁就进入这所学校的初中，加上高中共在这里学习生活了6年。我1992年从教进入山东省实验中学，后来到东校工作了3年，然后来到济南西城实验中学（山东省实验中学西校），先后担任德育和教学副校长，2023年我又担任了西城实验中学医学中心校区的校长。能够把整个职业生涯反哺于一个培养自己从小长大的地方，是一件多么幸福的事情。

我认为"开拓"是世间最有价值的事业。只要组织需要，一声令下，我打起背包就赶路，哪里需要就到哪里去。我一直牢记向家长的承诺，"接手一所新学校，成就一所好学校"。从某种意义上说，我为实现济南人民"东西南北中都有好学校"的愿望，尽了一份自己的力量。能够服务于自己热爱的家乡，是一件多么幸福的事情。

我最成功的作品是学生。每每看到众多优秀学子在祖国的大江南北，在全国各行各业尤其是顶尖领域做出卓越的贡献，那种由衷的自豪感难以言表。我们常说，要投身于中华民族伟大复兴的事业中，我们每一个教育工作者不正投身于这个伟大的事业吗？这又是一件何等幸福的事情。

在山东省首期高中教师新课程培训中，我为全省十万八千名高中教师提供了公共课程"教师的职业生活"，我对传统的"春蚕到死丝方尽，蜡炬成灰泪始干"的教师职业定位做出了这样的补充建议：教师，是一个应该幸福也必须幸福的职业。

不断地追问与思考，蕴含着对学科价值的体会，对教学魅力的追求，对学生成长的尊重，对自身发展的渴望，对社会期许的回馈。

那么就让追问继续，让思考永不停息。

当个好老师　教群好学生

韩　东

人物扫描

韩东，济南第九中学地理教师，全国优秀教师。济南九中分管德育工作的副校长，二级心理咨询师，中级社会工作者，支教新疆阿勒泰哈巴河县二中两年。山东省首批"组团式"教育人才援藏的领队，任日喀则第一高级中学校长。

"无论遇到什么困难,我都将全力以赴。"这是我在第37个教师节上接过"30年教龄教师荣誉证书"时做的郑重承诺。"当一个好老师,教出一群好学生",这是我从教30多年来一直的追求,从容且坚定;"为党育人、为国育才"的初心没变,使命依旧。也伴着援疆、援藏的义无反顾与忘我付出,标注了一个党的教育工作者的"精神海拔"。

教书育人——把知识本身的魅力传达给学生

(一)教学关注的是"人"

同事总是这样评价我的地理课堂。"韩老师的地理课,有三个突出特点:一是每节课组织教学环节,都要求同学们立正站好,然后整齐洪亮、有节奏地诵读社会主义核心价值观;二是课堂上充满激情,没有一个学生走神;三是只要下课铃响起,立即'物理性'下课,从不拖堂。特别是上午第四节还早下课半分钟,以便学生排队用餐靠前。"

从1991年踏上讲台,到今天成长为正高级教师、全国优秀教师,一直致力于提高教书育人的本领,探索教育教学的规律,培养学生的创新精神和实践能力。知识本身是有魅力的,一个好的老师,必能把知识本身的魅力传达给学生,学生就会对知识感兴趣。就不再把读书、跑操、升旗、写作业当成机械的枯燥的无意义的重复,而是焕发激情和梦想,使掌握知识变为有价值的行为。这既是我的思考,也是我的教育追求。

多年来,我一直告诫自己,教学关注的是"人"而不是学科。教学活动是师生真实的情感链接,是师生积极互动、情感交流的过程。当教育面向整个人的时候,人的心智就会在灵魂背景下展开。教育,不是选拔、不是淘汰,不是分数单维度、低成本的极端操作,而是为了每个生命健康成长,人格健全发展,是多维度的活动。

我曾在《教育札记》中写道:学生是教育的主体,学习必须变成学生自己的事情,学习活动发生在学生身上,就应该按照学生的方式进行。因此,教师应该是学生学习的服务者。其中的服务活动应包括：是学生学习激情的点燃者，学习方法的传授者，攀登知识高峰的引领者；是破解人生困惑的点拨者，教学资源的整合者。教师就是要为不同层次、不同类型的学生提供个性化、多样化、高质量的教育服务，把掌握知识与提高能力、培养品质、构建人格统一起来，促使学生主动学习、释放潜能、全面发展，让每个学生成为最好的自我。

（二）营造课堂上的"生命场"

有一次在课上，我突然把一位犯困的同学拉起来问，"人活着有意义吗？"这位同学说"有意义"，于是讲了一通"为人民服务"一类的道理。我打断他，对全体同学说："同学们，小姜同学说人活着有意义，那大家说是什么意义？"我接着说："百年后你我的肉体都化为尘土了。人活着有意义吗？"然后话题一转道："其实有没有意义，不是由谁来决定的，只要把每一天、每一件事做得对别人有益，每一堂课能让大家有收获，这就是意义。张思德同志是一位普通战士，他的工作是烧木炭。可是他牺牲后，毛主席给予了极高的评价，他的活着的意义，就是在平凡的岗位上，做出了不平凡的事迹。""课题就是课堂，是体验和感受生命的，而高考不过是其中的一个目标。"同学们把这句话写到笔记本扉页上后大声齐读，我和同学们都热泪盈眶。

"我之所以优秀，不是谁教的，而是我自己学的。""口头作业永远比书面作业重要。""也许我目前的分数令父母和我自己不甚满意，但只要保持后劲，就是丰盈的人生。""也许地理知识本身没有多少意义，但通过掌握知识养成的思维方式、意志力和坚持力而赋予其意义。"类似这样的"金句"，学生在地理笔记扉页上积累了很多很多。

好课都是备出来的。无论是在济南回中、济南九中，还是在新疆哈巴河县二中、西藏日喀则一高；从初一初二，到高一至高三，尤其是在九中连续任四届高三地理课，在教学工作上倾注了大量心血。从学生特点出发，探索出了一条适应学生身心发展的课堂模式：通过营造课堂气氛感染每位学生，激发学生心底真正的学习兴趣，以兴趣为导向让学生自主开展学习活动。

"善于营造课堂上的'生命场',突出学生的学。专业功底深厚、教学经验丰富、教学风格独特、教学艺术精湛、课堂魅力独特、教学业绩显著。"济南电视台对我做"济南市第七届爱岗敬业道德模范"采访报道时这样说。

(三)发挥辐射带动和引领示范作用

主动发挥辐射带动、引领示范作用,为青年教师的发展提供支撑平台,在教学改革、师资队伍建设上做出自己的贡献更是正高级教师的分内之举。

我作为济南市地理学科中心组成员、地理学会副秘书长,积极参加全市范围教研活动,组织开展地理学科学术交流,促进本学科发展,根据新课程标准,跟备课组一起钻研教材,研究教法,编写适合不同学生的"学历案",所授基于 MOOC 理念下的济南市名师示范课,获得广泛好评,并接受教育电视台专访。每学期举行公开课、示范课,先后指导30多位教师获省市优质课一、二等奖,市级优秀班主任,市三等功等荣誉。

"通过学校的'青蓝工程',跟韩老师结成师徒关系,韩老师的课堂随时对我们开放,相互之间经常听课。帮助我们备课、处理教学过程中遇到的难题,带领我们反思教学实践,制订个性化成长计划,引领我们专业成长,大大缩短了我们青年教师的成长周期。"济南九中"青蓝工程"结对帮带的年轻地理教师这样说。

参与山东省教育科学"十二五"规划重点课题"中学兴趣点教学实践研究",撰写《基于地理兴趣点教学的发展性评价》论文。主持的地理学科"图像程序教学法"经省教科所鉴定为省级优秀课题。主持的"学案导学 互助探究"教学法改革获日喀则市教学成果一等奖,并在全市推广。主持济南市教育科学"十四五"规划重点课题"新时代教育评价改革背景下高中家校合育模式探究"。

2000年,作为山东省首批援疆教师支教新疆阿勒泰哈巴河县二中的两年期间,我经历过-43℃的极端低温,辗转换过五次住所,先后担任初中五个班和高中两个班地理课教学工作,将教育教学理念融入当地教育实践,学生周记中多是地理课上的感受和收获。多次捐助贫困生,被当地老师亲切地赞为"纳斯罕尔"（智慧而受人尊重的人）。

管理育人——追求尽到"完全责任"

（一）好关系胜过常教育

对手机的管理，每个学校都很严格。一次早间巡视，发现有一个同学正用手机拍照。没等我发问，她就轻声解释说想把朝阳拍下来，进教室后就把手机收进"养机场"。本来我就没有批评和没收的念头，但孩子的解释还是让我内疚。听孩子说教室在二楼后，我陪她到了六楼，替她拉开一扇窗，让她集中精力拍照。我看到孩子冲着霞光举起手机时的兴奋，感受到了她心中的幸福体验。我很释然：我没有扼杀孩子对世界的探索和好奇，哪怕是瞬间对自然美好的热爱。30多年跟孩子们朝夕相处中，这样的小故事不胜枚举。

课程、活动、文化、实践、管理、协作育人是《中小学德育工作指南》的六大育人路径和要求。一切的育人路径，都是从管理入手、有管理参与、通过管理实现的。多年来，我形成了这样的管理育人理念：管理工作是关心人而不是高压与限制，"管"的本义是钥匙，"理"的本义是"治玉"，即加工雕琢玉石，管理形成的秩序和规则，是严肃的，但不是无情的，它能保证让每个生命的正能量充分地呈现出来，因此，民主管理和自我教育才是教育最有价值的取向。

为做好学生管理工作，我自学考取了国家二级心理咨询师，及中级社会工作师资格。我在13年的班主任工作中，全面关心每一位学生的身心健康成长，认真对待学生管理和教育的每一个细节，强化学生自律和责任意识，建设了良好的班风、学风，也影响了我的教风。打造了"清新、纯粹、团结、有战斗力"的团队品牌，教育事迹曾在《齐鲁晚报》《济南日报》等媒体登载。

我经常跟老师们说，建立关系比讨论对错重要。真实的情感链接，创造性接纳，每一次冲突都是重塑的机会。"师爱"重要，"理解懂得"永远比热爱重要，所有问题都有解决的办法。安全、安静、安慰、温暖、真实、亲密才是教育真正发生的前提。

（二）"你以未来相托，我必全力以赴"

任济南九中分管德育工作的副校长后，肩上的担子重了，管理的范围大了，但工作的性质并没有变，我更坚持以生命教育为统领，致力于打造学生"外显有规矩、内涵有智慧"的精神风貌。

首先我每天上学放学，都站在校门口跟学生击掌问候告别，大声问好，大声再见，风雨无阻，天天如此。此时偶尔发现个别或眼圈发红，或情绪萎靡，击掌时勉强应付的同学，总要叫住聊几句。有一天早上，一位家长站在校门口抹眼泪，我上前一问，她说孩子昨天晚上玩手机睡得太晚，今早起晚了，一着急没吃饭就跑来了。回到办公室后我拿了个大莱阳梨，径直走进教室，当着全体同学的面告诉他"是妈妈给你的"，说完，转身就走。当然顺便给他放了张纸条："这个世界上如果还有一个人爱你，那就是你妈，因为她期待你带给她希望。"这就是让教育从校门口发生，从校门口就让学生感受到学校的温度，感受到教育的良好氛围。

"你以未来相托，我必全力以赴。"这是王纮局长在一次会上感人至深又振聋发聩的话。戴安娜校长的《准备》一书里面有种一视同仁的慈悲和一往无前的勇气让我们敬佩。很多时候，我们只想让自己的工作、生活变得容易一点，竭尽可能地让不好管的孩子"消失"在自己的视野中，如果没有教育，这些孩子在社会上将是"死路一条"。读了《准备》一书，让我思考的是，教育学生，是尽到"完全责任"，还是"按照规定做"。颇有教育思想的朋友王翔宇讲过一个故事。某校有个网上言论不当的学生涉嫌违法。但网警的话是，"我们不是来让学校处理学生的，是看看能为你们做些什么，帮着老师把事情处理好"。这个故事引发了我很多思考。将违法者绳之以法是国家赋予的权力，但在这件事上警察没有用，而是首先进行教育。那我们自诩专业的教育人，该怎么做教育呢？我们的校规、班规和惩戒是否恰当？跟法律相比，我们的校规、班规有神圣不可侵犯的权威吗？

我知道"按照规定做"，简单明了，无可挑剔。但是管理育人要追求尽到"完全责任"就不是容易事了。因为，管理不是线性行为，要想到看到管理可能产生的影响，管理是否有利于学生本人的现在与将来，他的父母能否积极配合，这里面存在多维的相关性和复杂性。我们的管理行为，是要让学生产生积极变化，而不是带来各种不安全因素、各种隐忧，甚至灾难性的后果。因此，尽到"完全责任"，是一个老师的情怀，更是一个教育工作者教育艺术和教育智慧的境界。

（三）定型学生的理想信念、文明素养

几年来，我校"坚定生命教育样态，推动生命教育"，被定为济南德育品牌和教育榜样。构建着以师生为中心的行动模式，将学生放在老师"心"的正中间。搭建平台，通过班主任沙龙、主题班会等项目，助力教师德育素养能力的提升。以庆祝建党百年为契机，组织开展了"同心共筑中国梦，砥砺奋进新征程"系列活动，让青年学子与时代同频共振。持续抓实三人成列、大声问好、原样交接、文明用餐、音乐浸润、美文诵读等德育亮点工作，促进学生文明素养提升。高度重视学生心理健康教育，通过"察觉接纳、涵育未来"主题活动，"关注离我最远的学生"。给老师们种下一个信念——"所有问题都有解决的办法"，让老师们相信"好关系胜过常教育"。营造生活德育的"家庭场"，构建"家校联合体"，通过学校参事、"花式家访"，支撑学生健康成长的"一致性、稳定性"环境。关注学生的最近发展区，通过"导师制"，实现了"四导四教"；通过持续、全面、深度的帮助，建设了和谐有序、昂扬向上的校风。

"不是任何事都需要别人提醒督促的"，这是九中学生的信念；"做校外也能自律的九中人"，这是九中的靓丽名片。九中人已构筑起一个大德育团队，悉心而执着地定型着孩子们的理想信念、文明素养，回答了家长们"我的孩子在九中变成什么样"的诘问，赢得的是九中在济南市民中的好口碑。

立德树人——把社会主义核心价值观铸入孩子灵魂

2016年，我作为山东省首批"组团式"教育人才援藏领队，兼任了日喀则第一高级中学校长。引领一所学校，责任重大。深入调研后，我郑重承诺：无论遇到什么困难我们都将义无反顾、勇往直前，把这家单位的事儿做好。这关系到近3000学生的发展成长，一定用济南教育的温度让高原的孩子感受到温暖！

（一）"吃"出温暖

日喀则一高2400名学生名为寄宿，实为"散养"。国家对他们是"三包"式的待遇，可是部分生活拮据的学生却跑到校外自费用餐，况且外面的卫生、质量堪忧。于是，我借鉴内地管理成熟的做法，实行"封闭式管理"。期待的是校门关住了，学生内心遵规守纪的门也牢固。结果食堂因用餐人数增加、工作强度倍增而闹起了"罢工"，好不容易把校内食堂的问题解决了，校门口十几家商户开始"组团"上访，要求"学校管松一点儿，学生不出门就没有生意"。我主动找到商户，推心置腹，将心比心，成功化解。

接下来，我想办法让学生乐意在学校食堂吃，吃得营养、吃得高兴。于是推行了"校长有约"体验就餐和学生分组订餐。每天一位校领导陪学生就餐，方便了解学生要求再反馈给食堂。此后，食堂面貌焕然一新，秩序井然。真正实现了"将为数不多的三包经费吃到孩子嘴里，而不是倒进垃圾桶里"。后来，学生食堂被日喀则食药监局认定为"4A"餐饮单位，是当时全市唯一获此殊荣的一家学校。山南、那曲等地学校纷纷到"我校"参观考察。

（二）"学"出温暖

吃住是基础，教学是根本。我走进课堂，召开教师座谈会，了解真实的教学现状，开展了"规范教学行为，提高课堂效率——向不规范课堂教学行为宣战"行动。第一步，先从上课常规做起，每堂课起立后，师生齐诵社会主义核心价值观，然后师生问好还礼。第二步，每位援藏教师上一节"学案导学"示范课。当地老师大开眼界"原来内地的课是这么上的"。起初，只是本校教师参与听课，后来兄弟学校、教育局领导、学生家长纷纷前来观摩。随着活动深入，每堂课前气势如虹的社会主义核心价值观诵读声此起彼伏。

这期间，以打造高效课堂为中心，以提升教师业务能力为重点，培养了一大批名教师、名班主任、名管理人才，学生成绩也大幅提高。当年日喀则一高710名学生参加高考，657人超过本科线，本科率93%，重本率60%。

教书是为了育人。通过德育赛课、德育序列化活动，"责任，荣誉，感恩"主题教育，教孩子做神圣国土守卫者，幸福家园建设者，孩子们也懂得了"惠"从何来，"恩"向谁报。

（三）"交"出温暖

做好来自山东五地市50名组团式援藏教师内部融合的同时，我知道实现与当地师生的交流、交往和交融才是根本。我给"组团式"援藏教师的信念是，要实现"三交"，前提是"交锋"：用踏实的工作态度、卓越的专业水平、出色的工作成绩，让当地老师信服，让当地师生家长从心里认可，认识到援藏老师想干、会干、真干、能干，这才会有交流交往交融。

援藏教师成绩一枝独秀不行，援藏是为"造血"而来，目的是传递先进教育教学理念，帮助当地老师提升教育教学水平，带动教育教学质量提高，要努力打造一支带不走的高素质教师队伍。调研后，我带领班子将"组团式"教育人才与当地老师结成"一个对多个"结对帮扶小组，从教、学、研等各个环节补齐"短板"，将几个副领队与当地领导配成"双引擎"模式，共研共商共进。这种"一对多帮扶和双引擎管理"模式成为日喀则市优秀援藏项目。"在一高没有了援藏和在藏之说，都是一高人。相互帮助、携手同行，写下了'中华民族一家亲'的佳话。"日喀则一高党委书记说。

工作就是修行，生活就是修行，没有比教好孩子更高的修行。在这期间，我深刻领会"组团式"教育援藏意义，站在落实国家方略的高度，准确定位工作方向，帮助其在学校管理、校园文化、师生精神面貌、教育教学成绩等方面取得跨越式发展。期间个人多次送教下乡，到高海拔近5000米的岗巴、仲巴、白朗、江孜、昂仁、聂拉木、南木林县送教、讲座，受日喀则市教育局委派，作为专家到拉孜县诊断教学。我主持的教学法改革获日喀则市教学成果一等奖，在全市推广。我还被授予市民族团结进步模范个人，享受日喀则市政府特殊津贴。我把1.5万元奖金全部捐助给了一高品学兼优的贫困学生。世间没有远方，有爱人间处处是故乡。虽然高寒缺氧、头痛欲裂，但是我没有退缩、消极和懈怠。"身体在高原，灵魂更在天堂"，收获的是视野开阔、西藏精神和党性锻炼，过程中也感受着内心充盈、精神丰富。我的名言是："援藏如果不拼，没有任何值得炫耀的！"

"山东省'组团式'教育援藏人才在日喀则一高乃至全市的教学改革、学科建设和先进教育理念推广与普及方面做出了显著成绩，日喀则一高发生了翻天覆地、脱胎换骨的变化，得到了广大师生及社会各界的广泛认可。"自治区副主席、日喀则市委书记张延清在"组团式"教育人才援藏成果推介会上如是说。

党的二十大吹响了向第二个百年奋斗目标进军、以中国式现代化全面推进中华民族伟大复兴的号角。在新时代教育的追梦路上，我要始终秉持教育初心，牢记育人使命，用信念、情操、学识、仁爱，让每一个学生眼中有光芒、脸上有微笑、心中有善念、头脑有智慧、脚下有坦途；坚守主动作为、迎难而上、快干实干、持之以恒的济南教育精神，为打造教育现代化的济南品牌，踔厉奋发，笃行不息。

教育　让人遇见更美的自己

白　芳

人物扫描

白芳，济南市历城第二中学教师，齐鲁名师，济南市青年学术技术带头人，兼任山东师范大学研究生导师。在《语文建设》《中学语文教学》等期刊发表文章多篇。出版著作《生命行走的声音》和《＜三国演义＞诗词赏析》。曾获山东省优质课比赛一等奖，山东省教育教学研究优秀成果一等奖，山东省基础教育成果奖二等奖。

如果说，这世上有一门学科可以直击灵魂，滋养心田，提升生命质量，我认为，一定是语文！我爱语文，爱学生！我愿意和学生们徜徉在语文的芳草地，奔跑在生命的流光里，如花儿般静静微笑，美丽绽放！

做勤勉的学习者

学生时代，老师曾对我启蒙开化、关怀备至，我打心眼里敬佩老师、感激老师，也想成为一名受人爱戴，对别人产生积极影响的人。2004年，我大学毕业，回母校济南市历城第二中学任教，直接被安排在了高二，据说这还是历城二中有史以来第一例。这是我从教生涯的开始，也是我面临的第一个艰巨挑战。我能做的，唯有俯下身子，踏踏实实，让自己成为一个勤勉的学习者，对得起学生的付出，不辜负学校的信任。

（一）全情投入，用心学习

无论从事哪种职业，只有热爱它，才会用心去做，才有可能做好。因为热爱是奋斗的内驱力，会让人充满斗志，毫无怨言并且竭尽全力地做事情。当初就是这种单纯的热爱让我充满了热情与干劲。

入职之初，我丝毫没有休息日的概念，没有苦了累了的念头，一心扑在教材和学生上，认真备课，翻查资料；积极听课，及时借鉴；用心感受，了解学情。春去秋来，教学楼前的苦楝树，花开又花落。学生的语文素养越来越高，我也迅速成长着，先后在历城区教师素质考试中夺得第一名，在区优质课比赛中拔得头筹，在济南市论文比赛中获得一等奖……

工作前三年，我连送了两届高三毕业班，没有请过一天假，没有一天不是晚上10点之后才离开。至今我还记得每天晚上负责锁楼门的李大爷那和蔼的催促声；记得他曾笑眯眯地夸我，这么用功，一定是个好老师；也记得那束常常给我照亮楼梯的手电筒的光！

现在想来，那时候，我更多的是在拼体力，拼毅力，这实在算不得什么高妙的做法，但我坚定地认为："一分辛苦一分才"，年轻教师要想较快成长，必须先让自己成为勤奋的学习者！毕竟，只有拼出来的辉煌，没有凭空而落的成功！正是入职之初的压力和拼劲，促使我迅速站稳了讲台，并让我今后再面对压力时，不那么恐慌和无助。正是学校一开始就给了我一个相对较高的平台，为我今后的专业发展奠定了良好基础。

（二）勇于挑战，突破自我

讲过省优质课的老师做报告时，大都会提到磨课的艰辛、挑战的艰难，但是在我眼里，这样的挑战本身就是机遇，优质课参赛人选的选拔过程，也远比讲那节省优质课磨砺人。

2010年，济南市优质课比赛结束的第二天中午12点，市语文教研员万福成老师通知我：明天早上第二节到济南九中讲《窦娥冤》参加省赛选拔。当天下午我还有两节课要上，时间十分紧张，备出课来已经近六点了，而此时刘和国校长、陈国强校长、韩声霆老师、范伟玲老师等语文组的前辈已经在高一18班等我试讲了。这样的选拔课，万老师前前后后举行了四次。我清楚地记得最后一次选拔，下午五点多才接到通知，连试讲的机会都没有。

这个过程充满艰辛，身体上的劳累是一方面，更熬人的是心理压力，因为讲了一次又一次，万老师只评课，从来不说名次，我们并不知道结果会如何，就像困在沙漠里的深一脚浅一脚的跋涉者，太阳晒着，大风刮着，却看不到人烟和村落，也不知道什么时候能走出沙漠，甚至不知道能不能走出沙漠。但人啊，越是在巨大的压力下，越能爆发出惊人的潜力！当我走过这段路，再回首的时候，突然发现：就是因为这样的压力，这一次次的磨练，才让我真正成为一个不敢懈怠的学习者！我如饥似渴地阅读教育理论书籍，用心钻研教材，认真观摩优秀案例。在万老师等专家评委团一次次的评课指导中，我对各种文体、各种课型的授课重点和授课方式有了更科学的思考与认识，也开始尝试着让课堂呈现出我个人的教育思想和教学主张。

做执着的研究者

苏霍姆林斯基曾经说过:"如果你想让教师的劳动能够给教师带来乐趣,使天天上课不至于变成一种单调乏味的义务,那你就应当引导每一位教师走上从事研究这条幸福的道路上来。"我认为,所谓的"从事研究"应该从研究教材,研究日常的教育教学问题开始,从写教学反思,写教学论文开始。这些习惯可以帮助我们养成良好的研究意识和研究思维。

(一)深入研究教材

2009年,我参加工作第五年,济南市举行了一次教学设计比赛。这是我教学生涯中的一个关键事件。

比赛之初,我感觉良好,但随即便是兜头的凉水,仅得了二等奖。当时年轻气盛,颇有几分受不了挫折的脆弱和愤懑!所谓"从哪里跌倒就从哪里爬起来",我把那篇课文重新研读若干遍,教学设计也重新写过,修改到自己满意为止,后来就把它投到了《中学语文教学》杂志。

当时,我并不懂得全国中文核心期刊是个什么概念,就是初生牛犊不怕虎,见学校阅览室有这本杂志,也有老师订阅这本杂志,就贸然投了过去!后来收到录用通知的时候,特别兴奋,我想,这应该就是苏霍姆林斯基所说的教师的劳动带来的乐趣之一。此后,我开始踏上了教学反思、教学研究之路。

教学内容博大精深,我们可反思、可研究的问题很多。比如鲁迅先生的《为了忘却的记念》被鲁人版教材放在了"跨越时空的美丽"这个主题单元中,但是这篇课文相较于《记念刘和珍君》等文章,情感很内敛,甚至很多人读不出有什么妙处,它究竟有什么美丽之处?我们可以带着这样的问题认真研读,不但自己感到有意思,有获得感,还会把教学引向深入。

(二)用心研究学生

高中阶段是学生性格形成的关键期,也是心理的敏感期。用心研究学生的心理、性格、习惯、爱好等,是我们成为学生良师益友的前提和基础。

以和学生谈话为例，"怎么考了80分？"这句话，用不同的语气说出来，效果往往大相径庭。我们必须注意措辞，甚至注意说话的语气，因为很多时候"真正刺激人、伤害人的往往不是所说的语言，而是说话者的语气和表情"。

真诚询问（含关切之情）可以感化孩子，让他觉得温暖；不可置信（含不满意味）可以鞭策孩子，让他奋起直追；批评指责（暴怒的，表示后果很严重，斜眼看随即翻个白眼再重重地叹口气，表示浓浓的鄙夷、瞧不起）会恐吓孩子，让他引以为戒或胆小甚微，也能打击孩子，让他一蹶不振或自卑焦躁。我们跟学生谈话的目的究竟是什么？这样想来，不仅仅是要缓解学生的压力，还是在考验我们的教育初心、教育情怀、教育艺术。

我记得，教45级高三时，班里有个学生，勤奋刻苦，认真懂事，但高考前的几次大型考试成绩连续下滑，他深受打击，情绪几近崩溃。我看在眼里，疼在心里，立即写了一篇文章《"收获"是什么》，借此开解学生，引导他只问勤恳耕耘，不问现实收获。所幸，学生调整好心态，收获了理想成绩，而我也在感动和幸福中不断前行、不断成熟，逐渐走上了"生命形态的语文课堂教学"的研究之路。

我常想，做学生的思想工作，讲道理很重要，讲话的艺术很重要，但更重要的是，要有一颗真正关心他们、爱护他们，能和他们同频共振的心。有时候，有些事，或许我们真的很难提供直接帮助，但我们至少应该告诉学生，我们理解他，关爱他，愿意站在他身后支持他，更愿意和他并肩作战，一起承受痛苦，一起分享快乐！相信，一个人，能发泄不良情绪，能得到抚慰和鼓励，就不会轻言放弃！

（三）科学研究课堂

课堂是教学的主阵地，最能体现教育力量和教学魅力的地方就在这里。研究课堂，不但能提高学生的获得感，还能促进教师教学水平的快速提升。

学习《荷花淀》，教师往往把重点放在水生嫂及妇女群像上，也常提一个问题："你最喜欢谁？"或者"你认为哪个或哪些形象最有表现力？"有一次，一个学生居然回答："我最喜欢小华。"小华是谁呢？水生回来通报他们要到大部队去时，有些内疚，不好意思直说，入正题之前便顾左右而言他，数次转移话题。其中一次便涉及小华："爹哩？""睡了。""小华哩？""和他爷爷去收了半天虾篓，早就睡了。"于是，答案一出，就是持续若干秒的哄堂大笑，年轻教师大发雷霆。

但是，如果我们能理性地认识课堂、科学地观察课堂，就应该牢记自己提问的目的！是让学生按照教师的心意说出标准答案吗？是让学生放弃所想配合或迎合教师吗？是唯我独尊，表明师道尊严吗？显然，都不是！那一刻，我们想知道学生的阅读感受，想了解学生的思维瓶颈，想确定下一步的讲课重点……于是，我们不但不应呵斥他，还应耐心询问"为什么喜欢小华？"追问之下，让我们很有感慨，那个学生的着眼点在于"收了半篓虾"，他是真心喜欢小华。他喜欢的是水泽乡村的自由自在，安宁闲适。这种有些诗意情怀又能够直抒己见的孩子值得我们珍视，切不可让简单的否定、粗暴的批评泯灭了他们身上的灵性之光。这时，就需要老师具有一定的教育智慧，将其巧妙地引导回正题上来。"如果你都喜欢小华的家乡，羡慕小华的生活了，那小华呢？鬼子来袭，当家乡遭到破坏，生命受到威胁，当惬意不能继续，生活不再安宁，以小华，小华们为代表的白洋淀人民会怎么做？自然是奋起反抗！"当然也可以在此基础上，进一步明确问题："在这场战争中，包括战争的准备阶段，你觉得哪个或哪些人物刻画得更有表现力？"这样既能把学生引回课本又能让学生有新的领悟。

就这样反思着、研究着、积累着、提炼着，不但会形成自己独特的见解，还有可能建构起有一定体系的教育教学策略。其实，抓住一个问题持续深入地去研究、去实践、去反思、去修正，不就是研究课题的过程吗？一旦我们去研究了，就会发现内在的觉醒和自身成长的需要。这时，或许我们就可以成为一个执着的研究者了。

做虔诚的实践者

我一直认为教师的成长应该是可持续性的，未必是登上讲台就能崭露头角，取得耀眼的成绩，而是能一直保持上进的心，促使这种成长不停滞！

年轻教师，总是意气风发，想着能大干一场。似乎得到肯定的方式就是得到表扬和荣誉称号。我刚上班的时候也是这样，但经历了许多事情之后，我渐渐明白了一个道理：一位教师如果仅仅是为了扬名气、得赞誉，那么一旦遭遇挫折，满腔的豪情和傲气就有可能化为不平之气、焦躁之气，胸中块垒难以排遣，可能会失落、会沮丧、会牢骚满腹甚至一蹶不振；如果仅仅是为了评职称而努力前行，待心愿了却后，便会陷入无目标、无方向的茫然漩涡。只有重视自己作为教师的意义和价值，重视学生的成长并珍视其情感，才更容易不骄不躁，踏踏实实，动力不竭。

（一）价值引领，踏实前行

我认为，教育应该是直面人生，面向未来的！教育是要唤醒生命，发展生命的！正如陶行知先生所说，教育的作用就是使人天天改造，天天进步，天天往好的路上走！教育应该成为我们和学生一起经历并获得成长的生命过程，体现对生命的关怀，呈现与生命过程同质的基本形态特征。

我们面对的是十几岁的孩子，是一个个鲜活的生命，他们有着无限可能和不可预知的将来。虽然孩子的最终成就和性格命运绝不是仅由学校及老师决定的，但是，我们的一言一行、一举一动的确对他们知识的学习，性格的形成和心灵的塑造起到了重要作用，容不得丝毫马虎。

我们要做的、能做的就是在他们的成长道路上或领跑，或陪伴，或鼓励，或鞭策，让他们愿意并且有信心也有能力闯过这段求学路。在这个过程中，总会有人跑得快，也有人跑得慢；总会有人一路顺畅跑到目的地，也有人跌跌撞撞、磕磕绊绊，甚至是迷路后折返回来才到目的地。我们必须修炼本领，播撒爱心，踏实前行，做学生人生路上的"良师益友"。

（二）珍视情感，教学相长

师生情应该是世上最纯粹的情感了，那种单纯的信任和期待，让人感受到前行的力量和温暖。记得教51级时，有学生做了一个有关"三国人物"的课前演讲，非常精彩。我一时激动就跟学生约定也要重读《三国演义》。但实事求是地讲，四大名著中我最不爱读的就是《三国演义》，当我读到前一刻还高喊着"但有断头将军，无降将军"的严颜，后一刻就投降了；当我读到刘备借荆州——有借无还，我是真不喜欢，不愿读下去。但学生调皮又认真，经常提醒我、督促我，见了我就问："白老师，你今天读三国了吗？"而我又是如此珍视学生的观感与情感，怎能让他们失望？几经挣扎，还真就硬着头皮又读了起来！当我发现几乎每一章节都至少有一首诗，基本能起到概括或提示情节的作用时，还出版了一本著作《＜三国演义＞诗词赏析》。虽然，直至今日，我也没有像喜欢《红楼梦》那样喜欢《三国演义》，但这次阅读，让我有了属于自己的收获，也终于完成了跟学生的约定。

当相熟的老师知道我业余时间写了一本书时，曾经问我，教两个班的语文课，主持学校教科室的工作，还要负责学校团委和宣传的很多事务，还是校报《离离草》的负责人、校刊《稼轩教研》的主编，还要实现自己的专业成长，家里还有两个宝宝，你是怎么做到的？我开玩笑说："一时兴起，点灯熬油呗。"这是一句玩笑话，也是实际情况。任务常常一项一项冒出来，有时也会铺天盖地砸过来，我常常觉得自己像只陀螺，吱扭吱扭，左边晃晃，右边摇摇，一刻不停。但我明白：无论做什么，是读书学习也好，是教学研究也好，要想开出一朵花来，总是要去实践，去付出的。累吗？答案是肯定的。但每当见到学生，都会有发自内心的欢喜和真真切切的满足。那一张张纯真的笑脸轻叩心扉，让我心神愉悦；那一声声或清脆响亮或亲切温暖的问好声更是让我神清气爽，脚步坚定！如果有人问："教师，前行的动力在哪里？"我会毫不犹豫地告诉您，在学生晶亮的眼睛里，在学生纯真的笑靥中，在一个个执着奋进的身影里，教育，会让我们遇见更美的自己，我们应该去做虔诚的实践者！

从事教育工作，生活在安静而富有朝气的校园里，沉浸于"有声语文"的妙趣中，看着纯真而又热情洋溢的学生们，无论忙碌与否，无论成就大小，无论财富几何，都会有满满的获得感，幸福感，力量感，使命感。心安然，意昂扬，在教育中邂逅那个最美丽的自己，这是一件幸福的事情。

践行勤志文化　培育创新英才

高月锋

人物扫描

高月锋,现任济南市历城第二中学科技教师。被评为山东省特级教师、山东省先进工作者、齐鲁名师、2020年齐鲁最美教师,山东省"五一劳动奖章"获得者等,教学成果曾获全国基础教育教学成果奖二等奖、山东省特等奖。获得9项国家专利,著有《开启创新之门》《趣味科学探究》等书。

2002年7月，我从山东师范大学信息管理学院计算机科学与技术专业毕业，来到济南市历城第二中学做了一名高中信息技术教师。大学毕业时，我也是一腔热血，想利用我的专业技能在教育的天地里做一番事业，做一名优秀的教师，为教育贡献自己的力量。可我来到历城二中时，却发现和我的想象相去甚远。当时的历城二中是一所典型的农村学校，周边杂草丛生，甚至有点儿荒凉。特别是信息技术教学，在高中各个学科中地位非常低，也没有什么集体备课，学生也不重视，可以说可有可无，教好教差，无人关注。一个班中认真学这门课的学生没有几个。我每天在计算机教室打扫卫生，另外，为各位教师维修电脑便成了我的主要工作，这些工作用不到我的专业技能，我也成不了优秀教师。每每上班，便生感慨，电脑维修工离我的教育理想相去甚远。

但是，让我没想到的是，此后21年的教育生涯，我的理想非但没有"荒凉"，反而像长上了翅膀，一次又一次的飞跃。这固然与我的上进努力有关，然而更是历城二中"勤志"文化的土壤培植了我，21年来，把我从一棵幼苗培养成了枝繁叶茂的大树。

2002—2007年：从迷茫中找到专业发展方向

正当我处在"山重水复疑无路"的迷茫时，2003年初，却迎来了"柳暗花明"。

春节刚过，学校购买了4台机器人，我如获至宝。如果能从事机器人教学，我在大学所学的编程技能肯定会有用武之地，甚至还有可能通过继续学习与研究，步入"更上一层楼"的境界。于是，我便向学校提出组建机器人小组的建议，由我承担机器人教学工作。

自此，除了正常的信息技术教学之外，我又额外承担起机器人社团的辅导工作。当时机器人的学习资料极其匮乏，很多功能配件需要自己通过原始的工具动手打造，通过自制小的配件、自己编写程序来控制机器人的运行。

白天时间不够用，只好晚上加班加点，每天夜战已成了家常便饭。李新生校长的勤奋是出了名的,他经常在学校的灯光全部熄灭的时候,独自一人在学校各个地方"巡逻",他多次发现我的办公室里依然亮着灯,便推门而进"命令"我立即关灯回家休息。李校长的勤奋给了我极大的鼓励,人生在勤是历城二中的校训,也是历城二中的文化,在历城二中这种浓郁的勤奋氛围中,我也逐渐养成了勤奋的习惯。

功夫不负有心人,2003年12月在强手如林的山东省机器人比赛中,我带领的机器人社团的学生一一击败对手,荣获了一等奖的骄人成绩。这给了我极大的精神鼓舞,而生命的价值,不但有了自我的确认,还得到了学校领导和同仁以及其他学校同行的高度赞赏。

正当我激情满怀地投入于机器人辅导工作的时候,信息学奥赛的新使命又降临到了我的身上。

2004年春节过后,李新生校长希望我组建信息学奥赛小组。经过查阅资料,我发现信息学奥赛教学更能发挥我的专业技能。于是,我向李新生校长申请,要带领学生搞信息学奥赛。此后一直到2007年底,我所教的内容都与自己所学的专业息息相关,学有所用并且始终处于学习和研究状态之中,使得我的人生价值体验和幸福感大幅提升。

在这5年里,我从迷茫到找到专业方向,从学科专业的视角思考教育,从社团辅导中获得了成就感和幸福感,也养成了勤奋的习惯,从培养学生计算思维的视角积累了育人的经验。

2008—2013年:从社团视角转向普惠视角

2008年,我再次迎来育人视角的一个重大转折点。

对教育具有敏感洞察力的李新生校长认为,开展科技创新活动不但可以对学生的发展起到"推波助澜"的作用,还可以提升学校的知名度与美誉度。于是,经过调研论证,领导班子研究决定,由我具体负责这项工作。

这次的转折不仅是专业的转折,更是教育视角的转折,换句话说,我的"地位"更重要了，我的教师价值从"社团"升级到"普惠"，我的课程不再是面向一小部分社团学生，而是面向全体学生，每个学生都必修，且校长重视，以学校行政力量推动。我既兴奋又不安，兴奋的是我的教师价值得到了更高程度的体现，离我的教育理想又近了一步，不安的是我必须转换专业方向，计算机专业已不是主要方向，我面对的专业领域更广，难度更大，我需要更加努力学习，需要借助更多的力量才能做好这项工作，总而言之，责任更大了，压力更大了。我需要更加勤奋才能不辜负领导的期望，学生的期望。在我的人生信条中不仅有了"人生在勤"，也加入了"志达天下"，在学校搭建的舞台上，我的教师价值惠及越来越多的学生。这次转折虽然有专业转换的遗憾，但是带来了更高的教育视角，我对教育的思考更深入了，我拥有了更广阔的教育视野。

2008年1月我开始着手开发科技创新课程，并将课程命名为"开启创新之门"。从2008年秋季开学，学校便将科技创新课程正式纳入课程表。我系统备课，做成教学课件，为所有高一学生上课。

到2012年，"开启创新之门"课程体系完全成熟，共7个章节36个课时，在高一上下两个学期开设。

课程开发不到半年时间，学生带创意作品参加济南科技创新大赛，有4名学生获得二等奖、5名学生获得三等奖。此后，参赛的学生在全国各地的各级各类比赛中连连获奖，而且夺冠数量呈逐年上升的趋势。学生的专利在2008年到2018年已多达4278项。我也获得山东省优质课一等奖。

不但学生走出校门参加各类科技创新大赛活动，学校也主动出击，申请全国各级科技创新比赛承办权。

推动科技创新需要实践的支撑，即培养与锻炼学生的动手能力，这就需要有相应的活动场所。为此，2008年初，李新生校长就在教学楼后面专门盖了一排平房，主要的三间房子就交由我带领学生进行科技创新实践活动，在科技创新实验室里，学生可以将自己的创意制作出来。不长时间，三间房子就摆满了学生各种各样的创新作品，而且各有特色。在领导来校参观的时候，这个地方就成了必看的地点。

2013—2018年：升级实践场地和教育装备

随着技术的进步，3D打印、激光切割、开源硬件等先进装备和加工工艺也进入制作室。于是，以前用简单工具无法实现的创意，在这些先进技术的支持下，得到了有效的发挥，一些更智能化的创意产品也由此产生了。

2013年，学校投入200万元建设600平方米的校园科技馆。这在当时不仅是全省较大的校园科技馆，也是全省中学里建设的首家科技馆。除了锻炼学生的思维能力，培养他们的动手能力并将实践变成现实之外，主要目的是破解科技创新与各个学科融合不紧密的难题。

根据以课程为中心的教育理念，我开发了"趣味科学探究"课程，这使得校园科技馆有了课程融合的灵魂和方向。

历城二中科技馆不仅吸引小学生，更吸引初、高中学生前来学习与探究。因为校园科技馆里面的很多展品是我带领优秀的高中生根据课程需要创作的，既有课程系统性特点，又大大激发了学生创客的积极性。我们的实践场地不仅仅是扩大了，更重要的是升级了，这种升级是教育装备的升级，更是课程实践方式的升级，学生思维深度的升级，创客式教学成了课程实施的主要方式。

从2013年到2018年暑假之间，校园科技馆不但成了我和学生乐此不疲创作的地方，还迎来了一批又一批前来参观的学校。2018年我主持的"普惠创客教育体系的研究与实践"获得国家级教学成果奖二等奖、省级教学成果奖特等奖。教学成果也在省内外10多所学校推广应用，惠及校外4万多人。

2018—2020年：开发智慧教学体系

如果说2013年建起校园科技馆对于我的教学改革具有开创性意义的话，2018年由此开发的智慧教学体系，则为我的"志达天下"提供了有力支撑。

（一）开发智慧教学系统

2018年，我寻寻觅觅，终于找到了破解科技馆难以大规模自主高质量探究这一难题的方案，那就是开发智慧教学系统，全面实施信息化。

这也是学校搬迁新校区给我提供了教学改革的机遇。学校投资2000万元在新校区建设了6000平方米的新的校园科技馆，面积比以前大了6倍。

校园科技馆建成后，也为校企合作提供了可能。我趁机组建了教学改革专业团队，通过专业团队的力量朝着教育理想快速推进。不到一年时间，我的设想就变成现实，开发了智慧教学系统。智慧教学系统中集成了两部分资源，一部分是科技展品的数字化资源，一部分是数字化的学习任务单。学习任务单就是课程，一个任务单就是一节课，每一个任务单都有一个主题，引导学生自主探究。课程的实施通过智慧教学系统实现。

2019年之后，历城二中校园科技馆的每一个展品上都贴上了二维码，学生到这里学习的时候，只要用平板扫一下二维码，科技展品的原理、功能、操作方法、科学现象等就能通过视频、动画、图文等各种形式呈现出来。这样就完成了科技展品的数字化。再根据主题设置一系列的任务单，通过任务单以课程的方式引导学生到科技馆自主研学，实现了情景化学习方式。到底学的效果如何，还有一系列相应的检测，如果能够完成这些测试，则说明已经学会了。

我通过教师端就可以浏览到学生的学习情况，也能够了解学生的学习进度和路径，就可以实施针对性指导。

智慧教学系统还把游戏的激励元素融入课程之中，让学生学习起来既高效又高兴。

智慧教学系统可以应用到各学科教学中，传统的课堂教学，无法关注到每一名学生，个性化的指导难以实现。通过智慧教学系统就可以对所有学生进行个性化指导，实现大规模因材施教，让每一名学生都可以充分发展。

（二）为学生量身定做三类课程

为了让不同年级、水平各异的学生都能学有所得，我带领团队开发了三类课程。

一是普惠课程。就是面对全体学生的课程，涉及小学、初中、高中所有年级的 15 门普惠课程。为了有效地实施整班制学习，又专门建立了创客教室，每周学习一课时。每个年级一学期一门课，课程难度呈阶梯式上升，就有了从小学到初中再到高中的一体化普惠课程。

二是社团课程。就是为参加科技创新社团的学生设计的课程。

社团制学习的内容一般难度较大，学生经常需要为完成某项任务反复测试。为此，我专门在智慧教学系统中设置了调试插件，把学生整个调试过程一一记录下来，并将优秀案例转化成课程资源存入智慧教学系统课程资源库中。如果有些学生到了某个学习节点无法进行下去的时候，智慧系统会自适应地将这些资源推荐给他们，实现了学生之间跨越时空的交流和协作。

智慧教学系统是一个开源的课程资源开发环境，既有高校专家、优秀课程教师和企业的专业技术人员研发的课程，也有优秀学生学习过程中生成的课程。

三是竞赛课程。就是专门为从社团里遴选出来的优秀学子设计的课程。这类课程专业性很强，难度较大，需要精益求精反复实验反复训练。课程的设置能够帮助学生针对性地解决问题，发展特长，参加各个层级的大赛。

三类课程形成的三级培养体制，满足了各类学生的学习和探索需求，形成了创新人才梯度培养机制。

2020 年至今：志达天下，区域推广

2020 年 9 月，对于我来说具有里程碑的意义。历城区教体局和历城区科协成立了历城区少年科学院，聘任我为院长，在全区负责青少年科技教育。在这个平台上我可以把我在历城二中所形成的科技创新教学成果向整个历城区推广。

（一）六个模块的科技教育

我整合在历城二中建立的科技教育体系，形成科技教育的六个模块在整个历城区中小学进行推广实施。

1. 建立三级培养模式。

第一级——普惠式培养模式。

这种模式是为全区各个学校提供科技创新的课程、系统和器材，然后再由他们在本校开展科技教育。

第二级——社团级培养模式。

这种模式要求已经加入历城区少年科学院会员单位的45所学校建立科技社团，由我建立一个云端系统，直接为社团学生提供课程和器材。通过这一云端系统，每所学校以社团的方式，引导学生进行学习与实践，每周学习3个课时。

第三级——小院士培养模式。

我从全区选拔了五六十名对科技有兴趣又有创新求索精神的学生，作为少年科学院小院士候选人。每周日集中到历城二中学习一天。培养一年之后，表现突出的孩子，则授予历城区科学院小院士称号。

2. 形成科普报告巡讲制度。

我定期邀请科学家，到历城区各中小学校做科普报告提升学生科学素养。我作为山东省青少年科普团专家，也经常被邀请到各个学校做科普报告。

3. 开展科普大篷车进校园活动。

我把历城二中的科技展品装进科普大篷车，到全区各个中小学校园轮流展览，受到所到学校学生的热烈欢迎。

4. 开展科技研学活动。

我定期组织各个学校在科技创新中表现特别优秀的学生，到历城二中科技馆参与科技活动，开拓学生视野，培养其科创能力。

5. 培养科技教师。

我邀请专家为全区科技教师开设讲座，定期组织他们到历城二中或区里的其他科技教育基地共同进行科技课程研讨，提升全区科技教师的专业水准和辅导水平。

6.举办历城区青少年科技节。

通过科技节既可以检验全区青少年科技教育的水平，又可以引导全区各中小学科技教育的课程改革，每年科技节，我都精心设计项目，并把每个项目开发成一门课程，参赛学生必须学习完课程之后，才能参加项目比赛，引导学生重视学习过程。在这些项目中有三分之一的项目是考察能力的项目，学生事先并不知道项目细节，需要到现场后，根据具体条件，现场学习，现场完成项目。考察学生的学习能力、应变能力和科技素养。我想通过这些科技节项目探索评价方式改革，引导科技教学从应试模式向素质模式变革。

（二）构建孔雀型课程模式

经过实践和数据分析，我发现原来单纯线性的教学设计不再适应智慧教学系统下的学生学习需求，需要一个新的课程设计理念，让每一名学生在每节课里都能得到充分的学习与发展。于是，就有了孔雀型教学设计。教学分为三大环节：孔雀头、孔雀身和孔雀尾。

"孔雀头"的部分是向学生明示的部分，一是学习目标，二是这节课的知识结构等。目的是让学生一开始就明白学习的方向和重点难点，从而让他们上课伊始就做到心中有数。

"孔雀身"是基本的环节，包含激活旧知、展示新知、尝试应用、知识迁移和学习小结。这是每一名学生必须完成的基础部分，即使是"学困生"，认真学习也可以完成任务。

这一设计理念最精彩的地方在于"孔雀尾"，很像孔雀开屏。这里设计大量的各个方向不同难度的拓展内容，旨在让所有学生在完成孔雀身的学习内容之后，都可以在这里选择自己感兴趣的内容进行自我探索。完成孔雀身学习内容的时候，也就是达到了基本目标之后，就可以得到100分。而到孔雀尾部分的学习时，分数就拉开差距了，有的200或300分，有的可以多达900分甚至1000分。

将这些成绩全部统计后铺开，就有了一个正态分布，它展现了不同学生的智力、学习能力和学习过程。

（三）智慧教学体系四级开发模式

为了让智慧教学体系更好地落地，我建立了分工合作的智慧教学体系四级开发模式。

模式的第一层是智慧教学系统的开发，这一部分是课程专家、课程开发教师和软件公司专业人员共同探讨搭建起来的一个智慧平台。

模式的第二层是课程工具层的开发。课程工具层主要为课程的个性化服务，智慧平台为之搭建了一个低代码开发环境，只需要编写简单代码就可完成任务，一般会简单编程的教师都可胜任。比如像数学课程，其中就有很多容易编辑公式的插件；像物理课程，由于具有很多实验道具插件，编辑起来并不困难。所以说，这种课程插件能够满足每门课程开发的需要。

模式的第三层是课程内容的开发。这需要课程专家和优秀的课程教师来合作开发，比如这节课到底如何设计，如何更好融入系统之中。它需要课程插件以及平台的支持，同时还要为每门课程设计实践器材。

模式的第四层是课程实施层。一般教师并不需要对智慧教学系统的理论与技术掌握得多么透彻，甚至教学水平不高也不是特别重要，因为它不需要教师讲课，只要负责课程实施就可以了，即：组织学生去学习，进行个别辅导，然后对学生的学习过程进行评价，并把这些评价数据和信息反馈给系统。即使对专业知识不是很了解的教师也可以完成教学任务。

这种开发模式具有快速迭代的特点，课程专家和优秀教师开发的课程资源，可以相对顺畅地推广到各个学校，能够实现优质资源共享，有力促进教育公平。

四级开发模式，可以充分调动教育专家、优秀教师和信息化专业技术人员相互配合，可以融合各种力量，形成分工合作的教育信息化工作模式，共同完成智慧教学体系，迅速促进教育信息化的进程。

这种智慧教学体系，不仅在历城区 45 所学校推广实施，也被推广到新疆昌吉一中、威海实验高中、郓城一中、菏泽万福学校、淄博一中、荣成三中等历城区之外的学校，惠及校外 15 万名学生。

我感觉在这个领域学习、研究和工作，整天都会处于创造的亢奋状态之中，因为每天都会出现让人惊喜的收获，尤其是学生的潜能被激发出来之后，往往会产生让人意想不到的生命能量。更重要的是，它还会由此向其未来的生命延伸，从而让他们拥有一个幸福的人生。

乐见你眼中那一抹光

杨维国

人物扫描

杨维国，济南市莱芜凤城高级中学生物教师，齐鲁名师，上海科教版国家课程标准高中生物学教材、中国地图版高中生物学教材核心作者，全国自制教具能手，市教学能手，市学科带头人，市班主任工作先进个人，市教科研工作先进个人，2020年度"莱芜工匠"，区优秀教师，山东省"互联网+教师专业发展"学科工作坊主持人。

"作为教师，是什么激励我们持续前行？是什么让教学成为天下最好的职业？每每谈及这个问题，很多老师可能会说到学生学有所获之后眼睛中的光亮，或者那种'哇哦'时刻。"这是林恩·埃里克森和洛伊斯·兰宁所著的《以概念为本的课程与教学：培养核心素养的绝佳实践》一书序言中的一段话。读罢掩卷，心有戚戚，思绪万千，思索、默念了良久。从教二十几年的一幕幕场景仿佛在眼前飞速闪过，学生眼中快速闪现的那一抹光亮、异口同声发出"哇哦"的时刻，曾经无数次出现在我的课堂。潜意识中，激励我持续前行的不正是这抹光亮？这不正是我们苦苦追寻的幸福时刻吗？

回望来路，脚印深深浅浅，虽一路曲折向前，但成为"大先生"的梦想从未动摇。从自制教具到作品获奖，到系列化微课开发、校本课程建设，再到作品进入国家课程……课堂上，越来越多孩子眼中的光芒被点亮；望向前方，孩子眼中的一抹抹光亮，也正把我的未来之路点亮。

巧手匠心育桃李

我自幼生长在农村，土地、原野、果园、河流、庄稼、牛羊……这样的生活环境养育了挚爱大自然的我，于是，我在高考后毅然选择了生物学教育专业，成了一名中学生物老师。

（一）自制教具，搭建创意学习平台

高中生物学知识有很多微观、抽象的内容，如果善用生活中的一些废旧材料，许多难题就可以迎刃而解。许多老师都有这项技能，而我似乎更胜一筹。这恐怕又是得益于童年生活中玩泥巴、做玩具所练就的一双巧手。在教学实践中，我应用并积累了大量就地取材的"小策略""土方法"，通过自制简易而富有创意的学具、教具，化微观为宏观、变抽象为直观，化解了教学难点，深奥的高中生物学课堂增加了几分灵动和趣味。

（二）捕捉灵感，作品再上台阶

当心中埋下为学生学习寻找简易方法这一执念，寻求突破的愿望就会时常萦绕在心间。目光会变得更加敏锐，常会捕捉到一些转瞬即逝的灵感。比如我的第一件获奖作品的灵感就是在医院陪护妻子的时候获得的。那段日子里，我一直想设计一件方便学生理解氨基酸结构、查阅氨基酸密码子的学具，但在呈现方式上一直没有取得突破。那天无意中瞥见了挂在床头提示病人饮食类型的床头牌，其转盘式的结构激发了我的灵感，问题得以解决。后来这件作品的制作方法在核心期刊上发表，作品获得了国家专利并从市、省一路走进了全国的赛场，于2009年在上海举办的第七届全国自制教具展评中获得了一等奖。这次令人惊喜的收获极大地激发了我的研发热情，又于2012年研制了方便学生认识血球计数板结构、熟悉其使用方法的血球计数板示教仪，并在第八届全国自制教具展评活动中再获全国一等奖，在这次大会上因成绩突出被评为全国自制教具能手。

同时，我也慢慢清醒，教具制作的价值在于为学生的学习服务，不应过度倾向于对奖项的追逐，应着手考虑如何让作品惠及更多的学生。

（三）校正方向，开发系列课程

为了让更多的学生受益，方便教师在课堂上的应用，促进教具的推广，激发更多的生物教师的创造热情，我从2013年开始了教具、学具的课程化改造。主要以微课程的形式展示教具的使用方法并开发了配套的教案和检测练习，其中《创意学具玩转高中生物课堂》获得了山东省首届微课程评选二等奖，我还借助山东教师队伍公众号，依托"齐鲁名师课堂"进行了部分作品的推送。自2016年新一轮教材修订工作启动以来，我又尝试将作品"蛋糕型能量流动模型"进行改造，将其作为思维训练栏目的内容编入了2019年版高中生物学教材。该作品在获得2020年山东省自制教具评选一等奖后被我省推送参与全国比赛并获全国二等奖。从课堂技术到校本课程，再到国家课程，通过更高的平台，更多孩童眼中的亮光被点燃。

墨香书卷奉孩童

（一）平静入职，激情工作

1997年7月，我结束了四年的大学生活回到了家乡，满怀憧憬地走进了这所位于城乡接合部的新建的高级中学。这是一所全区人民集资兴建的高中，地处市区北郊，四周田野环抱，与村舍相邻。该校1996年开始招收第一批新生，学校各项设施还不够完善，部分路面尚未完全硬化，我曾遭遇过雨天鞋子陷进泥里，只拔出了脚丫子的窘境。冬天，学校为每位教职工发放了一件绿色军大衣，那一个个忙碌穿梭于教室、食堂、宿舍、操场的绿色身影已永久定格在我的脑海之中。

学校实行半军事化管理，领导、老师共同值勤、查晚休，老师吃、住在宿舍，对学生严格管理的程度，远近闻名。领导、老师们都是从全市各地选聘而来，呈现出高度的团结，似乎注入了一种无形的力量，在工作上呈现出一种高度的自觉。每月虽只休息一次，却没有人叫苦叫累。全体师生自觉践行着"不辱使命，不负众望"的校训，朝向一个共同的奋斗目标，兢兢业业地忘我工作，那目标就是创造首届高考的辉煌。1999年，学校的第一届学生参加高考，果然如人所愿，取得了辉煌的成绩，在莱芜大地上一炮打响。自此，每年高考结束，学校大门口总要张贴出巨幅的喜报，向公众展示学校的辉煌成绩。

在这种浓厚的应试教育氛围中，我被挟裹快速前进。工作踏实、细致、积极、主动而有富有创意的风格逐渐形成。入职的第二年，我便获得了市级教学一等奖，甚至比一些老教师还早一些通过了当时市教育局组织的"课堂系列达标活动"。2001年，我省实行"3+X"高考改革，生物学重新成为高考科目，地位有所回升。生物老师的干劲进一步提升，区域教研活动也逐渐多了起来。其间，我成功承担了两次市级高考研讨会的公开课，逐渐进入了市级教研员的视野。之后，多次被市教研室选拔参与统考命题，教学资料的编写。每一次，我都会认真对待，利用少有的休息时间去当地多家书店搜集购买试题资料，精心筛选和改编，不断得到教研员和老教师们的赞许。在教研员的心中，我已快速成长为生物教师团队中的骨干力量。

（二）挑战降临，匆忙应战

2003年，国家开启新课程改革，素质教育背景下，课程目标、课程内容发生了显著的变化，新教材编写迫在眉睫。这次改革中，国家开始推行"一纲多本"的教材政策。山东省的编写团队在省教研员的带领下开始组建，市级教研员推荐了我。

刚接到进入教材编写团队通知后的一段时间里，内心还是挺复杂的，实事求是地说，是颇有几分排斥。在当时，我的价值判断是：课堂教学才是一线教师的用武之地和最大价值，教材编写应当是教授、专家的事情。组队之后的几次少有成果的晚间讨论已经占用了我给学生上晚自习的时间，晚上回家之后的资料查找和阅读学习也耗费了我很多精力，对第二天课堂教学的精神状态也有消极的影响。在当时的学校办公条件下，上网查找资料只能在白天上班时间去专门的微机室完成，打印成文本后晚上带回家去学习。这对我按部就班经营课堂的"人生规划"造成很大干扰。但出于对教研员的信任和一直以来督促我成长的感激，我没有充足的理由和勇气去拒绝前辈的托付，编写工作在矛盾和重重困难中开始了。

（三）磨砺淬炼，豁然开朗

此后的一年多时间里，多少次挑灯夜战，多少次雕琢打磨，冥思苦想、推倒重来……教授们的严谨细致、教研员们的敬业忘我，不清楚他们的信念是什么，但他们工作中的点点滴滴在潜移默化中感染着我。在推倒重写的苦恼时刻，教研员总是耐心鼓励、思路引导。

编写工作渐入佳境：我把我国生命科学的新成就巧妙融入教材文稿，把教学实践中开发的创意学具改造成学生的科学思维活动融入教材的章节，把中华优秀传统文化中的生态智慧融入教材，通过古诗词的恰当引用增加知识的诗意表达。着眼立德树人的宗旨，把新时代生态文明教育元素融入教材……

我的稿件陆续得到高度认可，信心大增。我教育生涯的另一扇窗正在开启，未来之路更加光明。

记得那是送审稿提交前的一个国庆假期，我们依旧封闭在一家宾馆，几天极其高强度的忙碌之后，书稿初成。晚上回到自己的房间后，伴着喜悦的心情，在沙发上酣然入梦。清晨，雨后秋风把自己吹醒，向窗口望去，窗纱经拂，远处，群山层叠，雾气蒸腾。此情此景，竟与苏轼《定风波·莫听穿林打叶声》的意境极其相似。近两年来奔波、忙碌的一幕幕场景纷至沓来。于是仿照"定风波"词牌的格律，赋打油一首：

> 醉卧沙发久未醒，
> 雨声惊梦天微明。
> 冥思苦战已逾月，
> 　　难否？
> 长征将达陕甘宁。
>
> 窗纱经拂送秋风，
> 　　天晴，
> 群山吐翠雾蒸腾。
> 回首教材编写路，
> 　　可贺！
> 墨香书卷奉孩童。

写罢，反复回味，似乎有所感悟。教材是课堂教学最重要的课程资源，也是学生素养发展落实的重要载体。教材编写是课程建设的重要一环，可以为师生提供更加丰富、优质的课程资源，是一种服务于教学的更为高级的形式。"墨香书卷奉孩童"，这是一项意义非凡的善举。当孩子们打开散发着油墨香的教材，读到令人耳目一新的图文，眼睛闪现点点光亮的那一刻，是多么令人自豪和幸福。

（四）航向渐明，迎接未来

自首次参与教材编写后的十多年间，我的教育生活迎来了快速发展。教材编写为自己的课堂教学赋予了思维的深度和更广阔的视野，教授、专家、教研员们的耳濡目染使我的研究意识不断增强，坚定了自己在课程建设上做出一点贡献的想法，自己教育生活的宽度不断拓展。我率先规划并建设了基于生物学科的校本课程体系，带动了全校各学科校本课程开发的热潮；主导构建了与学生发展核心素养和学校育人目标高度契合的学校层面的校本课程体系，并获得了省级教学成果奖。期间还组建学生公益社团——"一抹绿植物保护协会"，带领孩子们调查校园植物，为植物挂牌，编撰《校园植物志》，创办社团刊物，开展植物园远足活动。引导学生师法自然，激发学生的社会责任感和自然情怀，探索"无痕化"生命教育路径，自己的教育视野得到拓展。在这期间，获得了省、市多项荣誉，并晋升为高级教师。

自2016年始，国家新一轮课程改革启动。我再次参与了基于2017年版课程标准的教材修订工作，在这次修订工作中，我更加得心应手，不仅高质量完成了自己的章节任务，还承担了大量统稿和其他模块的审稿批注工作，撰写了教师教学用书的前言，协助主编完成了教材推广宣传文稿的撰写和修改工作。在完成工作之后，我学会了离开一定距离审视教材，撰写并发表了5篇教材理念、特色介绍及不同版本教材比较方面的文章。

"知人者智，自知者明；胜人者有力，自胜者强。"对职业生涯的回溯，旧我渐趋清晰，未来渐趋明亮。杨绛先生曾说：我只是一滴清水，不是肥皂水，不能吹泡泡。一滴水很微小，但绝不渺小，尤其是一滴清水，因为它可以折射太阳的光彩，让我们看到整个天空与世界；而肥皂泡，虽五彩缤纷，不断膨大，可一刹那间破碎，便不复存在，一切都在虚幻中。在我们的成长路上，都曾有过对速度的追逐、对风景的迷恋，但最值得敬畏和庆幸的，是那份使我们坚持下去的力量。

作为学生品格、品行、品味的直接塑造者，我立志将教书育人作为终生孜孜以求的崇高事业，走大道、修大德、铸大业。以研究者、实践者的姿态，探寻教育的真谛，不忘初心、潜心从教、驰而不息、矢志不渝，努力成长为匠心独具的"大先生"。指引我坚定前行的，永远是闪烁在孩子们眼中的那一抹抹亮光。

秉持教育初心　培养学生匠心

朱玉超

人物扫描

朱玉超，现任济南电子机械工程学校计算机专业教师，被评为全国优秀指导教师，山东省特级教师、齐鲁名师、济南专业技术拔尖人才、济南市教学能手，曾获山东省优质课一等奖、全国信息化教学能力比赛二等奖、山东省教学成果二等奖等教学奖项。

近十年来，我国职业教育得到了长足发展，今天我们已经建成世界上规模最大的职业教育体系，中高职学校每年培养的高素质技术技能人才超过1000万。作为一名职教战线的教师，我为自己能参与到这场伟大的事业中而倍感荣耀。因为，也正是在这十年里，我以自己的专业特长培养了一批又一批职业技能大赛冠军，为社会输送了一批又一批高技能人才。

历史的突破
——厚积薄发，带队斩获首枚国赛金牌

在济南电子机械工程学校实验楼的一间教室里，没有常规的书桌、板凳和讲台，取而代之的是几面用于练习综合布线项目的仿真墙体，上面安装着各类网络设备。这间与众不同的教室，就是训练出5届全国职业院校技能大赛金牌选手的地方。

说起我带领学生们的参赛之路，还要追溯到2002年。那时还没有省级和国家级比赛，只有全市范围的市级比赛，尽管赛事规模小，但是我却由此走上了带领学生们常年进行技能训练，征战各类技能竞赛的漫漫旅程。

随着社会对技能人才需求的不断加大，几年后，全国职业院校技能大赛拉开序幕。从那时起，我和我的学生就成了省赛的熟面孔，也成了国赛的常客。随着国家对职业教育越来越重视，国家级赛事也成为各类院校竞相争夺的竞技场，一旦获奖，对学生未来发展和学校知名度提升都有很大帮助。但由于训练条件有限和比赛经验不足，多年来，我们的最好成绩就是一块铜牌，一直没能取得分量最重的金牌，这一直是学校的一个遗憾。因为作为职业院校，一块技能大赛的金牌不仅仅是一块奖牌，它同时代表了职业院校在技能人才培养上的高度，很大程度上代表着学校办学的水平和质量。

经历了多年指导学生经验的积累，直到2013年，我们终于取得了历史性突破。在那一年，我指导的学生不负众望，在与全省十六地市选手的比拼中拔得头筹，以绝对第一的成绩取得了国赛资格，以当时选手的水平和成绩来

看，这是这些年来我们离国赛金牌最近的一次机会。为此，学校领导高度重视，多次开会调度国赛的备战训练情况，为我的指导和学生们的训练提供一切必要条件，鼓励我们向着最高目标发起冲击。几个月的集训期，我和参赛学生吃住都在学校，全力以赴训练和备赛。这期间，我们通过各方渠道争取和其他省份高水平选手进行交流拉练。为了节约时间，每次去省外交流，我和学生总是晚上赶火车，早上到达后进行交流比赛，当天晚上再连夜赶回济南，第二天接着训练。在日复一日的艰苦训练下，学生们成长得很快，技术水平明显提高。2013年7月5日，国赛决赛的日子终于到来，我带领3名队员奔赴天津国赛现场。在3个小时的比赛中，学生们按照我给他们制订的比赛方案，稳定发挥，沉着应战，击败了来自全国各地的70多支队伍，拿下了这枚宝贵的国赛金牌。这是我们学校首次斩获国赛金牌，同时也实现了济南职业学校在计算机类项目上金牌零的突破，具有里程碑式的意义。

随后的几届比赛，我和我一届又一届的队员再也没有让这块金牌易主，实现了五连冠。特别是2015年的国赛上，我还同时带队获得了新增项目——计算机检测维修与数据恢复的金牌。当年的国赛，济南市共收获5个赛项的金牌，其中2块就来自于我所带领的济南电子机械工程学校团队。2022年8月，我和我新一届队员们再接再厉又一次站在了最高领奖台上，开创了我校乃至济南市的新纪录。

"魔鬼"训练
——一天14小时，练技能、强体能、磨意志

获得金牌时虽然光鲜荣耀，但作为指导老师，我深刻明白这背后付出的汗水和努力是鲜为人知，也是非常人能企及的。每年国赛一般在六七月份举行，但校内的选拔、培训和组队工作，都是提前近一年就要开始。

回望十年前的那个秋季，我还清楚地记得那年的选拔，刚入校的计算机专业学生国瑞和他的一名同学看到了张贴在校园里的技能大赛选拔通知，从

小就颇具动手能力的他跃跃欲试。一个深秋的下午,他们两个跑到了我的办公室:"老师,我们想报名参加技能大赛可以吗?我们比较喜欢'玩计算机',觉得能获个大奖。"我看了看他俩略带稚嫩和羞涩的面容,说道:"孩子,喜欢是一个很好的开端,表明你们对这项技术感兴趣,是学好的前提,但是若想学精、练精,甚至于能在全国的赛场上获奖,那可不仅仅是喜欢能行的,需要你们有很强的意志力和顽强拼搏的精神,因为到了训练的最后,你们需要克服掉枯燥、单调,需要耐得住寂寞,进行日复一日的训练,你们能坚持得住吗?"两个孩子犹豫了一下,互相看了看对方,最后表示:"老师,能坚持得住,我们想试试!"首枚金牌得主之一的国瑞同学就这样进入了训练队。实际上,那一年和他一样想报名的同学有一百多名,为了从这一百多名同学中选出最优秀的队员,我采取了边培训边比赛边淘汰的方式进行了多达5轮的选拔,应该说整个过程对刚入校的孩子们来说还是比较残酷的。因为,所学习的内容对他们来说比较陌生,和他们想象的"玩计算机"完全不一样,很多孩子刚刚接触还是有点懵。有些孩子不适应这种高强度的比赛压力主动退出,有的则是技不如人被淘汰。其实,到目前为止,每年我一直坚持着这种选拔模式,全校每一届都有一百多名学生报名,经过这种培训和逐层选拔淘汰机制后,也就只剩下 10 名左右的学生能进入到后面的组队训练中。

综合布线是团体赛,每队 3 人,既考技术,又考团队协作,2012 年选拔完成后,当时只保留了 6 人组成了 2 个训练队。6 人组队后我就带领他们开始了新的训练模式,和前面 5 轮相比,后面的训练按照队员们的说法就是"魔鬼式"训练。每天从早 8 点到晚 10 点,我和这些孩子们除了吃饭几乎都泡在训练室。由于布线墙体较高,还需要上下攀爬,这对队员们的体能也是个考验。于是他们在整个训练期间,每天晚上都要进行举哑铃、跳绳、3000 米长跑等体能训练。

要想在国赛中获胜,就要选择和培养最尖端的精英参赛,这既是师生们努力的目标,也是这种培训和选拔的残酷之处。尽管 6 名队员都经历了近 1 年枯燥艰苦的训练,但最终参赛的只有 3 个人。他们代表山东省最终站在了国赛的赛场上,成为学校斩获首枚金牌的幸运儿。

工匠精神
——锻造坚实团队,磨炼高超工艺水平

对于一项专业技能,从不会到会容易,从会到精就难了。这是我对所有参加训练的学生经常表达的观点,作为指导老师,我的工作就是让学生尽可能达到"精"的状态,且精益求精。在学校从事专业教学和技能指导工作的20多年里,对于每一届学生,特别是技能大赛的队员,我都按照这样一个标准来要求他们,因为这是成为一名大国工匠的内涵精神所在。为此,我要求学生要向最高标准看齐,在工艺上要以一种苛刻的精神要求自己,别人做不到的我能,别人能做到的我精,别人能做精的我有速度优势。

"真正能站上国赛'战场'的学生,技能精湛固然重要,心理素质也不可忽视。"这是我在训练后期对学生提出的要求。随着组队训练的不断深入,大多数学生的新鲜感逐渐会被枯燥乏味取代,心理波动可能带来操作失误,这就要求队员们不断纠正心态,磨炼心志。为此我和学校的心理老师一起制订相应的训练方案,调整队员们的心理状态,提高他们临场心理抗压能力。

有一年,队员们在济南市赛上取得了第一名,十几岁的孩子难免出现了骄傲情绪,也是因为这种情绪,让他们在省赛时出现了失误。虽然拿到了国赛入场券,但成绩与预期有一定差距。省赛结束后,队员们都有些失落。我们进行了专题剖析,让每个人进行回顾,分析失误的原因,如果重新再做会怎样改进,让他们认识到浮躁和自满的后果。通过现实的锤炼,最终载誉而归的孩子们现在的心智都比原先成熟很多。

除了对个人素质的磨炼,备赛过程也是锻造坚实团队的过程,团队合作能力是选手应该具备的。技能竞赛不仅是对每个选手能力的检验,最主要的还是给选手提供一个展示团队合作的舞台,是对选手的各种能力的综合考验。技能比赛的专业划分将会越来越细,单靠一个人的力量无法面对更加激烈的

竞争。尤其像网络布线这种团体项目，团队合作默契就显得更加重要。2018年获得金牌的学生就深有感触，记者在采访他这个问题时，他说："由于比赛时间紧迫，队员之间需要有明确分工，这就要求每名队员要了解其他队友的工序，训练到最后，队友间几乎能达成心照不宣的默契。"在培养团队精神时，我经常给学生说，我们不否认一个人是可以凭着自己的能力取得一定的成就，但如果把你的能力与别人的能力结合起来，就会取得更大的令人意想不到的成功。

桃李芬芳
——昔日金牌得主，入职后与本科生同薪

中职院校对学生的主要培养目标之一就是提高就业能力，只有学生拥有了过硬的技术水平，才能受到企业青睐。这一点在有国赛金牌"傍身"的这些堪称精英队员身上体现得尤为明显。在比赛期间，就有不少知名企业到现场抢选手，想将技能精湛的好"苗子"收入囊中。

2015年，全国职业院校技能大赛新增了计算机检测维修与数据恢复项目，学生小李在此项斩获个人金牌，也促成了我校"一赛两金"的传奇，该生毕业后入职了某技术公司从事研发工作，一直是公司的中坚力量。

被称为"天生适合参加技能大赛"的京帅，从小就喜欢拆家里的电器，然后自己琢磨着重新组装，还乐意帮助邻居修理家中坏了的电器，技能大赛上大显身手后成了家乡和学校的小名人，毕业后留校成了一名实训指导老师。

首届金牌得主小林被一家生产网络设备的科研公司相中，且起薪与同期入职的本科生一样。当时企业负责人做这个决定时，也遭到公司一些人提出的异议，但作为国赛金牌选手，小林凭借超强的动手能力和技术水平，最终获得了企业高度认可。

昔日的选手小苏目前已经成长为一家系统集成公司的技术总监，负责公司项目的总体设计和新员工的技术培训。

在职业学校学习各类技术，并经历过各级技能比赛的学生，他们的技能、见识和综合素质，都会比一般竞争者要强，这也使他们有了比别人更有优势的职场"通行证"。

教学相长
——学生成为技术能手，教师自身得到提升

这些年指导学生进行技能训练以及参加各类技能比赛，让我深刻体会到，作为一名职业院校的专业老师，自身的水平决定了学生在技能上所能够达到的高度。竞赛成绩要从平时的教学抓起，而这与教师的教学理念、自身的技能水准和指导方法息息相关。职业技能竞赛体现出对职业教育的先进性、实践性、综合性的要求，有助于教师更新教学理念，不断提高自身的技能水平和综合素质，改进教学方法，强化对学生实践能力的培养。同时，一个职业技能竞赛项目不止涉及一个课程、一个专业，因此，需要老师之间的跨专业合作，形成指导团队，这一过程对于教师之间的专业理解和认同，产生跨专业的新理念有积极的推动作用。

作为一名职教教师，我希望以身作则，用自己的专业特长培养更多技能型人才，在下一个十年，探寻出更广阔的发展空间。

躬身职教岗位　志在育人强国
—— 浅谈怎样当一名职业学校的合格教师

姜治臻

人物扫描

姜治臻，齐鲁名师，济南市教学能手，济南工匠，济南市"五一劳动奖章"获得者，山东省新时代岗位建功劳动竞赛标兵，重庆市鲁渝教育扶贫协作支教先进个人。为山东省名师工作室项目主持人，济南市中职工业机器人专业教研中心副主任。

我作为一名职教老师，肩负双重职责，既是老师，也是师傅；既要传道授业解惑，教导学生成人，更要指导学生掌握技能，成为国家的建设人才。职教老师的天职不仅是教会学生一门绝技，更要使学生具有中国特色的"工匠精神"。这就是职教老师的荣誉，我为此骄傲，为此自豪。在此我回顾一下自己在职业教育的征途上留下的足迹。

心怀梦想步履坚

我从当学生时，就有一个想做"身怀绝技"的技术人的梦想。这个梦想，给了我力量，促使我坚持。最近几年，我明白了，这叫"工匠精神"。

我的梦想与我的爱好是分不开的。现在回想，有一件事对我的发展影响极大。在大学里，我做过兼职辅导员、学雷锋家电维修小组组长。那会儿每周6天课，每到周六下午，山师大、山体、山东医大的学生会负责人就骑着借来的自行车，驮着我们去搞家电维修。在我们去的每一所大学的宿舍区里，早已经摆好了桌子，我们一到就开始动手给学生和家属院的老师们维修电器。有的同学看着我们忙碌着，不停地拆这接那，就说"你们真厉害，啥都会修"。我心想，这有啥厉害的，也有不会的，不过是看着图纸鼓捣呗。记忆最深刻的是在山师大的院内，一位老教授一下子搬出6台坏的电风扇，这可难为到我和我的伙伴了（他是我的室友，一直和我一起参加维修活动）。我们把6个电风扇全拆了，准备选用好的元件进行拼接组合。结果发现只有两个电机还能用，为了表明我们技术水平高，就偷偷去买了一个电机，这样共修好了3台，老教授非常地感谢，我们也没好意思说自己花钱买电机的事。就这样，修得多了，见得多了，经验也积累得多了。这一坚持就是四年。我对工科技术由感兴趣上升为热爱。

工作以后，我到济南电子机械工程学校做了一名光荣的人民教师，近30年来，我先后主持编写过8本教材，为企业解决了几十个技术难题，与企业共同合作研发了10多种智能控制器，申请了16项实用新型专利。作为一名教师，我自豪，我骄傲，我热爱这份工作。

在三尺讲台上，我把所掌握的知识技能传授给学生，我把故事讲给我的学生听。我希望我的学生能静下心来，从学习知识技能中体会到"身怀绝技"的快感，从劳动中获得创造的灵感，从而开启"大国工匠"的成长之路。有的同学经常在网上学习，搜索资料，我告诉同学们，要时刻学会创新研究，不要跟在别人的脚步后面走。大国工匠要做到：人无我有，人有我精。也许五年、十年、二十年后，在座的同学们已经是大国工匠了，到时如果还能记得我的这番话，我这个"职教老师"就更值得骄傲与自豪了。

中国有 2000 多年的工匠精神传承史。中国的工匠从来没有断代过，工匠精神也从来没有丢失过。只要出现一门技术就会出现这方面的高人，那是因为每个时代、每门技术都有甘愿奉献的人，勇于承担的人，不甘平庸的人，精益求精的人，就必然会出现独领一个时代的能工巧匠。大国工匠的灵感来自劳动，高超的技能来自生产。工匠精神就是热爱本职业的敬业态度，是精益求精的工作态度，更是继承优良传统的自觉责任，具有工匠精神就具有了创造新生活、描绘新时代的精神力量。

情在鲁渝山水间

作为一名共产党员，应自觉践行"四个意识"，不忘初心，发挥党员的模范带头作用，勇挑重担。2018 年 10 月，根据《济南市·武隆区教育高端人才派遣实施方案》的要求，由济南市教育局选派优秀教师，到重庆市武隆区职教中心进行为期一年的支教工作。我作为职业学校的教师，有幸被选为济南市派出五人团队中的一员，帮助促进武隆地区职业教育教师教学能力的提升。

我刚到武隆职教中心时确实感觉到有很多的不方便，尤其是语言方面。再就是工作习惯不适应，他们没有周例会，没有长期的工作计划。如果通知到区里开会，只有开始时间，不会提前通知结束时间，无法确定返程时间，因此就无法安排回校后的工作。现在也理解了，这与当地的地理环境和交通条件有关。真想要融入学校也不是那么容易，我牢记市领导的嘱托，尽快熟悉工作环境，在办学理念、教育教学、文化建设、课程改革、学科建设等方面寻找结合点。

我们三位成员被分配到武隆职业教育中心，坚持组长殷培基副校长的嘱咐："支教不添乱、不指手画脚。"用我们真实的行动去工作，让当地教师看到我们的真诚。我们每天风里来雨里去，在山路上往返，不到半个月的时间就取得了全校领导、教师的信任。由此正式开启了忙碌而快乐的支教生活。熟悉环境，深入听课，交流研讨，结合自身的专业特点，发挥齐鲁名师的作用，在特色专业建设、技能大赛和开发校本教材等方面，有条不紊地开展工作。

在调研武隆职教中心实训设备的过程中，我们发现 PLC 实训室设备中的保险装置基本都损坏了，于是就带领老师和学生对这 21 台设备进行维护改造，更换有利于维护的保险管座，保障了正常的教学实训应用。同时又辅导实训教师规范的操作方法，以及不同电压等级的电源在实训台中如何正确使用和接线，以保证该实训室的教学效果和使用效率。积极协助学校推进理实一体化教学改革，根据该校实际的实训条件和设备，完成了校本教材《PLC 技术应用》的编写工作，并对电子专业教师进行 PLC 理实一体化教学能力培训。

本来重庆就是山城，武隆更是山里的山，平均海拔 1000 米以上，老师要走出去较为困难。武隆的路除了铁路和高速是直线外，其他的路都是盘旋的，实际路程都在直线距离的 10 倍以上，用山高路远形容一点不夸张。因此，武隆职教中心在过去很长的时间里，与外界交流偏少。为了提高专业教师的教学能力，我每天到教室听教师讲课，协助学校组织各种活动，并在实训室为教师们开展电子、机电的项目教学的示范课活动。2018 年 11 月，我们专门带领重庆方面各专业负责人回到济南取经。在济南电子机械工程学校、济南信息工程学校、济南传媒学校、山东济南商贸学校、历城职专等学校进行了参观学习，同时全程参加了在济南电子机械工程学校承办的全国职业院校教师信息化大赛，重庆负责相关工作的老师在赛场内获得了第一手材料，收获满满。

他们回到武隆后，每一位专业负责人都开展了一次考察讲座，把在济南的所见、所闻和济南的先进教学经验、方式方法汇报给全校师生。

由于武隆区地处山区，比较闭塞，因此参加教师类或学生类大赛的机会也很少。谈起参加"大赛"，既没有思路，也没有方法。2018年12月，正赶上重庆奉节举办"巴渝工匠杯"第五届三峡工程重庆库区职业技能大赛。我们就以大赛为引领，在校内对各专业教师进行了参赛动员以及培训，为老师们讲述了大赛技能培训，以及选拔培训参赛学生的方法。同时也对学校领导建议加大对参赛的支持力度，完善大赛培训活动的相关制度。我基本上参与了校内机电、电子、旅游、汽修、餐饮等各专业的参赛指导，与每一位参赛教师进行技术交流，了解他们的困惑，帮助他们研究大赛规程，寻找相关案例，特别是帮助电子项目指导教师申翼老师制订培训计划，研究仿真软件。直到大赛前一天，我们每天都要忙到晚上10点。有志者事竟成，在此次大赛中，该校师生共取得1项一等奖，5项二等奖，7项三等奖，该届大赛取得的成绩，是学校多年未有的好成绩。此次大赛在学校引起了强烈的反响，学校为此专门召开了全校师生大会举行颁奖仪式，当时，每一位参赛师生都激动不已，每一个人的脸上都洋溢着抑制不住的幸福。

有了三峡库区大赛的经验，学校老师有了信心。乘胜前进，紧接着在"重庆市第十一届中等职业学校技能大赛"中，师生又取得了3项一等奖，8项二等奖，9项三等奖。

借着济南考察的动力，武隆校方启动了校级教学能力大赛的准备工作，在校内按四轮选拔方式进行，一直持续到2019年的6月，最终培养和选拔出参加重庆市大赛的优秀团队。我记得支教结束返程时间是定在7月2号，一直到2号上午的8点至9点30分我还安排了三位旅游专业老师参加信息化大赛的模拟试讲，讲评完后我们才踏上了返程的路。事后武隆方面通知我，旅游专业教师已经获得全国信息化大赛的参赛资格，后又在这一年的全国比赛中获得国赛二等奖。这标志着我的支教工作可以画一个圆满的句号了。

支教的时间虽然很短，两地教师结下的友谊却很深，我深深地感悟到支教的意义，我的收获也是蛮大的，同时也增强了信心。这次支教我得到了帮扶学校领导及师生的好评，武隆区教委授予我"东西部扶贫协作－渝鲁教育帮扶挂职工作先进个人"，重庆市教育委员会也授予我"鲁渝教育扶贫协作支教先进个人"等荣誉称号。

专拣重担挑在肩

我在学校分管教务工作，主要是从事参与技能大赛方面的辅导及管理服务工作。我们学校连续13年承接济南市职业院校技能大赛电工电子类比赛赛场任务。每次大赛，从大赛申报、大赛设备对接、大赛指南制作、大赛宣传，到赛场组织，各个环节我全程参与。每一个环节都认真严谨仔细的准备。我参与大赛管理的同时，也毫不放松组织指导本校学生参加各项赛事。几年来，学生参加全国技能大赛获得三等奖2项；省技能大赛二等奖2项、三等奖2项；市技能大赛一等奖2项。我本人也多次获得济南市技能大赛先进工作者称号；参加教师类比赛，获济南市教师教学能力比赛一等奖、山东省教师教学能力比赛二等奖。

我担任山东省名师工作室项目主持人、济南市工业机器人专业教研中心副主任，多年来，在济南市教研院的组织下，多次送课下乡，每年开展线上线下教研活动9次左右，促进了济南市各职业学校在工业机器人领域的专业建设和发展，并带动培养了一批校内及济南市各职业学校的专业骨干教师，尤其是青年教师。如2017—2022新入职的三位青年老师，其中钟老师在辅导"智能家居安装与维护"赛项技能大赛中获济南市一等奖（优秀教师）、省三等奖，青年教师战老师在教师教学能力大赛中获市一等奖、省二等奖。2021年10月至2022年10月，工业机器人社团辅导教师继续与武隆职教中心结对帮扶指导，为学校及济南市职业教育专业建设及发展贡献了力量，争得了荣誉。

2020年9月至今，我一直在济南市教育局职教处高地建设专班工作，参与了"全国职教活动周"、课题选拔与申报、中职学校教材检查等工作。年终考核，教育局已连续两年认定我为优秀。

道阻且长，行则将至；行而不辍，未来可期。总结过去是为了激励未来，我要把我的身心和精力，一如既往地投入到教学岗位中，投入到职业教育的宏伟事业中去。

甘做一块磨砺人才的砥石

孙 亮

人物扫描

孙亮,济南理工学校物流专业教师。全国物流专业教育教学名师、齐鲁名师、山东省职业教育技艺技能传承创新平台主持人、济南市高层次人才、泉城首席技师、济南市突出贡献技师、济南市杰出技术能手、济南市青年学术带头人,济南市"五一劳动奖章"获得者。主持数项国家级课题、省市级教育教学改革项目研究。

自2005年参加工作，我已在职教道路上奋斗了18个春秋。这些年来，我看到了中国制造、中国创造、中国建造共同发力，不断改变着祖国的面貌。从"嫦娥"奔月到"祝融"探火，从"北斗"组网到"奋斗者"深潜，从港珠澳大桥飞架三地到北京大兴国际机场凤凰展翅……这些科技成就、大国重器、超级工程，离不开大国工匠执着专注、精益求精的实干，刻印着能工巧匠一丝不苟、追求卓越的身影。这越发彰显了培养高精尖后备技术人才的重要性，因此，作为一名中职教师，自觉地坚持以学生为中心，贯彻"人人努力成才、人人皆可成才、人人尽显其才"的职教理念，服务学生终身发展，使每一位学生健康成长，便是责无旁贷的天职。为社会培养理想信念坚定，德、智、体、美、劳全面发展，具有"工匠精神"的，"四能三型"的，"精操作、能管理、懂经营"的高素质物流技术技能型人才，便是我们的神圣义务。

在中职教学领域，技术技能大赛，对于学生的提高成长，达到身怀绝技的水平，其重要性比一般的课堂教学要重得多，或者可以说技能大赛如同磨砺刀锋的砥石。下面我专门谈谈自己是如何通过技能大赛训练培养高素质技术技能型人才的。

"择一事终一生"的执着专注

高素质技术技能型人才是国家发展的重要支撑力量，而技能大赛是培养高素质技术技能型人才的一项重要通道。一直以来，大家对于大赛训练认识上有一个误区，单纯地认为只需要技能的训练，为此学校会专门制定技能训练的实施方案，目的是使学生熟练掌握专业技术技能，而且尤其重视新技术、新工艺在技能中的融入与优化。只要求学生在技术上能不落后，专业技能素质能得到充实提高，至于文化课等其他对学生技能素质的提高没有直接帮助的方面，就完全忽略。我认为，这种认识实际上是把专业技能素质与职业素质混为一谈了。因此，有必要先把专业技能素质与职业素质的关系理清楚。

职业素质是劳动者对社会职业了解与适应能力的一种综合体现，主要表现在职业兴趣、职业能力、职业个性等方面。职业素质是由身心素质、思想政治素质、科学文化素质、专业技能素质、社会交往，以及学习和创新等方面的素质共同构成的一个统一体。专业技能素质只是职业素质的一个组成部分，专业技能的提高可以通过专业技能训练来达到，但其他素质的提高还得需要借助于政治学习、文化培养和个人的社会实践来实现。职业素质高，不仅指个人的思想政治觉悟高、爱岗敬业，而且还包括对先进科学的敏感热情，甚至还有不怕失败、不甘失败、攻关不怕难的韧性。这一切都应属于职业素质的范畴。

我在日常的技能大赛训练及教育教学实践中，将现代物流综合作业赛项系统化设计，重点提升物流职业高技能人才专业能力、方法能力、社会能力，通过提升学生的综合能力，全面提升学生的综合职业素质。

现代物流综合作业赛项是四人团体项目，要求齐心协力，团结一致。现代物流综合作业赛项分三个阶段：理论考核、优化设计及答辩、现场实操，对学生的综合职业素质要求很高。为了让学生充分感受团结的力量，快速提高综合职业素质，我也经常地取材，用身边的点滴事例来教育指导学生。

赛事的获奖是无数台前幕后的英雄一起努力的结果。学校领导心系比赛，平时督促协调，比赛时也在现场与我们一起，随时解决突发问题。教务处在一线指挥，督促服务，随时掌握整个活动的进展情况，负责赛前备赛启动、进度控制、训练节奏，赛中对外的联络，参赛信息的上传下达等。总务处进行全校资源的调配，如师生伙食住宿的安排。政教处负责督促检查进行辅导品质的控制，防止长时间备赛的松懈。由于赛项随时可能出现增减及规则变化的情况，因此全体专业教师要做到群策群力、应对及时。通过全校上下的付出及配合，我发现学生们的心总能在这种氛围中凝聚在一起，劲儿往一处使，一次次地在大赛中载誉而归。

"干一行钻一行"的精益求精

技能大赛如实战演习,最能检验教学效果与学生的技能水平。在赛项训练的实施过程中,应从实战出发,从综合考察大赛选手各方面的素质出发,开展高质量"陪伴式"辅导,科学全面地制定训练内容,科学合理地设计训练方法。

参赛选手的培养是大赛成败的关键因素,因此,大赛训练既要体现竞争性又要兼顾教育公平,为此我努力让更多的学生参与到大赛活动中,尽可能避免大赛只是少数精英学生"专利"的情况。我充分利用日常教育教学活动和技能社团课,对全体学生进行有针对性的综合培养,既面向全体,又突出特色。经过十年经验积累,我总结出选手培养要结合以下七个方面:

1. 理想与信念。

理想是信念的引导,理想必须依靠信念来完成。学生要具备自强自立的理想就需要坚定的信念,没有坚定的信念,成功的信心就可能随时发生动摇,若缺乏实现理想的信心和决心,就无法使理想转化为行动。我通过邀请"技能兴鲁"等能工巧匠进校园演讲,帮助学生树立技能报国的理想信念;邀请历年获奖学生分享自身经历,为学弟学妹们答疑解惑,帮助学生在追求自强出彩的过程中获得一种强有力的精神力量,支撑学生坚持不懈地去追求和完成理想。

2. 团队意识。

上下同欲,内外同心。一个人的成长离不开团队支持,我有意识地根据学生自身不同特点,指导学生自主组建团队,开展各项学习、劳动、调研和竞赛活动,激发学生团队荣誉感,使学生因自己是团队的一员而自豪,并以此为自己生活、价值的依托和归宿。

3. 执行力。

学生认真贯彻训练意图、完成预定目标的操作能力,是把训练效果转化成为成果的关键。在教学生活中，我发现部分学生存在盲目自信，甚至自以为是的情况，比如我班的小郭同学。因此，我着重激发他完成任务的主观意愿，帮助他理解完成任务的意义和价值，以此提升他的执行力；并根据他所在团队的特点和其他成员能力，进行差异化培养，为他们提供不同难度的任务，循序渐进地培养他及团队成员完成任务的坚忍性格、完成任务的持久程度，以及解决突发问题的应变能力。

4. 学习成绩。

在培养选拔选手时，学习成绩虽然不能说明一切，但是可以考察出选手平日的学习态度、学习习惯、智力水平，以及心理素质等情况，这些也是获取大赛成绩的重要指标。所以，我平时不断给学生强调文化课的重要性，帮助学生建立和形成良好的学习习惯，并利用团队合作、小组互助等方式提升学生成绩。

5. 性格习惯。

我通过单独谈话、小组互助、团队合作、榜样引领等方式，培养学生乐观开朗、沉稳冷静的性格，以及面对困难挫折，积极解决问题的心态。我将轻率冒失的小张与沉稳大气的小高组合，细致内向的小姜搭伴粗犷活泼的小崔，促使他们取长补短，互相进步。造就了一批迎难而上、力精图志的齐鲁工匠后备人才。

6. 家庭情况。

家庭是最有力的后援团，家校合作与相互信任是我们开展技能大赛辅导的基础，家长对技能大赛的认可度、支持度，有时直接决定选手训练的质量。我经常利用家校课堂、上门家访、家长会等方式和家长沟通交流学生在校表现，表扬进步，探讨不足，突出家校合作，帮助家长分析解决学生成长中的焦点问题。小邓同学春考复习与技能大赛训练在时间上有所冲突，于是，我精心计算时间，多次与小邓同学及其家长沟通，终于科学分配了春考复习与技能大赛训练的时间，大家达成了共识，取得了双赢。

7. 身体素质。

身体健康是一切工作的本钱，现代物流综合作业赛项实操部分，要求选手从早上 6 点到晚上 10 点全天候备赛，上场 30 分钟内全程高强度跑动操作，这又是一个高标准要求。我在日常指导中，不仅与学生一起进行科学饮食，还与学生一起进行体能训练，学生经常说："亮哥，你与我们一样年轻。"

"千万锤成一器"的卓越追求

常言道："心心在一艺，其艺必工；心心在一职，其职必举。"我在辅导学生技能的教学中，始终大力弘扬工匠精神，褒扬工匠情怀，厚植工匠文化，引领学生担大任、干大事、成大器、立大功。

自 2010 年辅导大赛以来，已经历十几个春秋，十年光阴如一日，我始终坚持为党育人、为国育才的初心和梦想，全面科学设计训练内容，涵盖专业能力训练、职业素养训练、数据及文字处理能力训练、体能训练等方面。

我将整体训练内容分成一个个技能模块，再将技能模块细化为每天具体任务，对每天具体完成任务从一次完成正确率、一次完成时间、每日训练时长、每日训练次数、每日训练效果等指标进行数据汇总、分析、评价，为每位参训选手综合能力进行"画像"。通过每日集中讲评和单独辅导等方式对参训学生反馈数据，通过数据分析，及时对处于训练瓶颈期或心理压力过大的学生进行心理干预并及时调整训练内容，确保"一人一策"因材施教，达到最佳训练效果。

我不断激发选手自身的潜能，通过向选手传递关键知识、能力和信息，培养团队自我命题、自我训练、自我总结反馈的能力，这体现了教育的真正目的和内涵。

我培养学生小薛、小余、小姜、小魏、小崔……他们是一个个有思想、有见解、有个性、有上进心的鲜活个体。长达 1000 天的备赛过程，是一段充满酸甜苦辣咸的难忘经历，他们的思想、情绪、心理状态，肯定会有起伏跌宕，高潮低谷。这一切，也许只有身处其中，与他们朝夕相处才能真正感受和理解。所以我在生活上给予学生无微不至的关怀与帮助，甚至每天嘱咐学生保持健康生活习惯，"天冷注意保暖""夏天不要贪凉，不喝凉水、饮料""不吃垃圾食品"，还会时常自费买东西给贫困学生补充营养。还记得小李、小鲁曾在训练中思想发生波动、信念发生动摇，那时我就以朋友的身份去倾听和交流，做好团队建设的沟通纽带。我不仅为小李的每一次进步而鼓掌，更是在他遇到训练困难，甚至经历失败时，站在他身边，耐心地指导他，为他做示范，包容他在训练中的各种失误与退步。当小鲁面对巨大训练强度和比赛压力时，我对他进行心理疏导，帮助他减压，让他充满信心，保持健康的身心状态。

教育很"大"，关系到培养堪当民族复兴重任的时代新人；教育也很"小"，关乎每个家庭望子成龙的朴素愿望。从教18年来，我始终不忘初心，牢记使命，不断创新思路，笃行实干，以实际行动践行职教教师的历史使命。积极探索先进生产操作方法并运用到中职技能人才培养工作中，培养了大批可以适应社会经济发展和物流行业变化，有理想、有道德、有文化、有纪律，具有良好职业道德和行业规范的高级物流操作人才。

正所谓以赛促教、教学相长、共促提高，我在荣获各级各类奖项的同时，将十余年"育匠人"的宝贵经验分析、归纳、总结、再运用，主持参与了数项国家级课题研究、山东省教育教学改革项目研究、济南市提质培优研究项目。

为了持续发挥齐鲁名师引领示范作用，我积极参加齐鲁名师大讲堂和齐鲁名师送课下乡等活动，承担中等职业学校骨干教师国家级培训工作和山东省第二批职业教育技艺技能传承创新平台任务，为兄弟院校提供专业建设、教学指导、技能辅导等技术支持服务，累计送课培训百人次，培养出一批高素质物流专业师资。我培养小崔等数十名同学先后荣获国家奖学金，获得省优秀学生、省市三好学生、省市优秀学生干部等荣誉；70余名学生荣获省、市职业院校技能大赛一、二、三等奖，30余名学生获得保送高校资格。

大赛点亮人生，技能成就梦想，我们在成就学生的同时也成就了自己。

选择了大赛,就注定选择了不平凡。选择了大赛,就注定选择了一条砥砺前行、锲而不舍、自强不息、追求卓越的人生道路!

我们每一位职教人在各自平凡的工作中"用奋斗书写非凡、以平凡铸就伟大",发扬孺子牛、拓荒牛、老黄牛精神,以不怕苦、能吃苦的牛劲牛力,不用扬鞭自奋蹄,继续为山东职教发展辛勤耕耘、勇往直前。

做坚守匠心的职教人

张玉华

人物扫描

张玉华,现任济南理工学校招生就业科科长。具备高级电子商务师、高级职业指导师(一级)、高级计算机操作员、高级育婴师、导游员等多项职业资格证书。曾荣获齐鲁名师、山东省教学能手、济南市优秀教师、济南市第六批青年学术技术带头人等荣誉称号。

时间总在流逝，然而植根于心中的信念却一直在坚守。我是张玉华，济南理工学校的一名专业课教师，20多载兢兢业业，勤恳坚持，在职业教育一线诠释出中职教师对于"匠心"的另一种解读：扎根于职业教育，专注于职业教育，深耕于职业教育，努力展现当代"职教名匠"的风范。

心怀匠心，扎根职教

自 1995 年参加工作，我就把自己的青春奉献给了职教事业。我始终怀着一颗匠心，热爱党的教育事业，热爱学生，一心为学校谋发展，以积极的心态适应现代职业教育的要求和挑战，不断更新教育教学理念。

记得刚参加工作的前 5 年，职业教育还是"香饽饽"，由于专业设置合理、教育教学管理严格，学校招生工作每年都有新突破，我作为青年教师心中对学校未来的发展充满期待，浑身上下充满干劲。那时的我，从不计较个人得失，虚心接受前辈的指导，努力通过学习补足非师范类教师的短板。由于工作积极上进，专业教学成长迅速，师生关系融洽和谐，我初次体会到了这份职业带给我的满足和快乐。

然而到了 2000 年左右，职业教育遇到了它发展的瓶颈，社会上普遍存在着一种观念，那就是：职业教育是"低人一等"的教育，是"考不上高中的学生和不学习的学生"才选择的教育。我目睹了学校的招生从门庭若市的爆满到少人问津的冷清，也经历着身边的同事们积极想办法"另谋高就"的离别伤感，听闻着兄弟职业学校的"关停并转"，更体味着参观各类教育交流活动时那种"难以名状"的气短和尴尬。职业教育到底怎么了？我陷入了彷徨，看不清前进的方向。

2000 年 7 月我入党了，在我最迷惘、最无助的时候，党给了我无比的信心和勇气，我调整好心态，坚定了为职业教育奋斗终生的理想和信念，重新树立起扎根职业教育的坚定决心。2022 年 5 月 1 日起新修订的职业教育法开始施行，它明确职业教育是与普通教育具有同等重要地位的教育类型，着力提升职业教育认可度，深化产教融合、校企合作，完善职业教育保障制度和措施，更好推动职业教育高质量发展。20多年过去了，我无悔选择投身职业教育，也见证了职业教育肩负历史使命，重新走向辉煌的历史时刻。

凝聚匠心，不懈追求

会计是一门时代性与实践性很强的专业课，在会计专业领域里不学习就会面临被淘汰。而职业学校的专业课教师如果不与市场接轨，不参加企业实践，不掌握行业发展动态，就形同"闭门造车""纸上谈兵"。为了提升专业教学能力，我规划了三条提升路径：一是理论提升；二是企业实践；三是到学生中去。看似简单的三条路，坚持下来实属不易，只有克服内心的孤独和寂寞，才能最终品尝胜利的果实。

由于我是非师范类毕业的专业课教师，因此在初登讲台时，我的短板非常明显，如语速过快、重难点不突出、教学进度掌握不好、不注重掌握学生的学习心理等。我虚心向老教师、老前辈求教，请他们为我指点迷津，同时我为自己列出了书单，力争让自己在教学能力等方面有明显的提升。我认真研读了《教与学的心理学》《第五项修炼》《中国名师成长历程》《中国名师教育智慧》《给教师的一百条建议》等教育理论书籍，坚持每月必读《财务与会计》《会计之友》《会计月刊》《会计月报》等杂志报纸，来充实自己的知识库，不断增强自己的理论水准，将专家学者教育智慧逐步融入自己的思想，形成个人独具特色的专业理念。我克服各种困难积极参加各级各类专业培训，不断提升个人综合素养，各级各类培训班对于在短时间内提升我的内在素质和专业素养等方面起到了事半功倍的作用。于是，我开始自信地站在公开课的讲台上，不断与来自兄弟学校的老师们共同探讨和切磋教学的艺术。

我是个热爱旅游的人，为此我还专门考取了导游证。但是为了能到企业进行专业实践，我放弃了寒暑假外出游玩的机会，主动到代理记账公司、会计师事务所、企业、新型农场等单位实习实践，踏踏实实从最基层的岗位做起。我最初进行企业实践时，去的是一家小型洗化用品销售公司，主要的工作岗位是：记账，同时还要帮公司做些发货等日常工作。因为是短时间的企业实践，而我又是学校老师，公司最初是不愿接纳我的，我左磨右泡，又承诺不收企业一分钱工钱，企业才勉强同意让我留下来。将近两个月的企业实践，我从整理、粘贴单据的基础工作做起，不仅专业知识得到了实践，而且对小型商贸企业的经营和运转有了一定程度的认识。随着实践经验的不断增强，除了对会计专业本身有了更深入的认识外，我还逐渐成长为一名既会干又会教的专业教师。

作为一名职业学校的专业课教师，面对职业学校学生的特殊性，我始终付出一颗爱心。在实际教学中，我深入班级、课堂，与学生谈心，了解学生的内心想法，做学生的知心朋友。我经常与学生探讨："这个点，我这样讲行不行？""你们觉得我怎样展示才能更清晰？"这种主动换位思考的教学理念带给我的收获是：课堂效率的不断提升及师生关系的和谐融洽。2016年我曾经做过一个教学实验，我选择了《基础会计》中"资金的筹集"这节课进行不同教学班级的同课异构。由于这节课讲起来枯燥，听起来无味，始终得不到突破，这就在我心里成了一个结。于是我找到我的课代表们商量办法和对策，没想到同学们的意见大大点醒和触动了我，我按照同学们的思路重新设计和构思课程。接下来的课堂，我以学生创业为主线，将游戏和角色扮演融入其中，大胆将主动权交给学生，让学生在参与角色扮演和游戏的过程中，主动认知，真正使课堂变成知识生成的天堂。

坚守匠心，精耕细作

技能大赛一直以来被认为是展示职业学校教学水平的最好窗口。自从担任技能大赛辅导教师以来，由我负责的会计专业技能队采取了"小班主任负责制"，即：技能队按照所报班级编班，并配备实力和能力较强的高二的学生担任班主任老师，他们将对技能队同学们的学习效果进行定期考核和指导。三位小班主任老师同时也是三个授课老师，一位负责传票翻打项目，一位负责点钞项目，一位负责基础会计项目。上课时各班根据课程表的安排进不同的教室，训练不同的项目。三天一个循环，三个班的进度保持一致。为了使训练队练有所长，持续发展，训练队定下了1个近期目标和2个中长期目标，近期目标是冲击学校每年12月底组织的精英队选拔，中长期目标是参加第二年的技能大赛选拔和会计资格考试。目标让同学们感觉非常有"奔头"，大大增强了学生的自信心。从2012年起，我带领的参赛队伍多次荣获济南市技能大赛一等奖、山东省技能大赛一等奖的好成绩。

"岗课赛证"融合是职业学校专业教学的特色。我在专业课教学中，重点关注"理论课与技能大赛"的结合、"理论课与技能课"的结合、"理论课与考证课"的结合、"理论课与职教高考课"的结合。在会计教学资源库建设方面我投入了大量的心血，利用课余时间不断整合、整理和编写教材，制作教学资源库、录制微课、微视频，编写专业课复习提纲、模拟题库，为学生学习专业课提供全方位服务。2016年至今我利用课余时间开发了《财经法规与会计职业道德》《金融基础》《会计电算化》等三门校本课程资源。这三门课程包含教案、PPT、微课视频、微课稿、题库等内容。目前正在制作《会计基础》《财务会计》和《统计》等相关课程资源。

为了提高学生学习专业课程的兴趣，我还根据会计技能专业课的教学特点，自编自创了深受学生喜爱的《指法操》。该操共分为八节，每节都有详细的讲解及演示，全操配有音乐和节拍，并附以视频和音频，学生易学易懂。自从将该操定为技能课前热身操以来，学生们学习热情不断高涨，技能水平也不断提高。《指法操》还被省内其他兄弟学校借鉴和推广。

创造匠心，课题引领

课题研究是教师成长的必修课。有的老师认为做课题很难，不会做课题；

有的老师认为做课题很虚，不用做课题；有的老师认为做课题很累，不愿做课题。有的老师加入了课题组也就是想挂个名，并没有真正参与到课题研究之中，当然也不会体会到做课题对个人成长和工作推进的巨大作用。如果能真正理解到做课题的目的，然后克服各种困难和不适参与进去的话，对个人成长的推动效果是巨大的。

2007年，我担任学校团委书记兼政教处主任，除日常教学和常规工作外，每天我要花大量的时间处理不同的违纪事件、协调师生和班级之间的不同矛盾、解答和回复家长提出的各类学生成长中遇到的问题等，感觉工作怎也干不完，繁重的日常工作和巨大的工作压力差点把我压垮了。怎样做才能提升中职生的整体素质？怎样做才能规范学校的德育管理工作？怎样做才能家校携手、共育人才？我想到了课题研究。

2007年我参与了济南市规划课题"中职学生'文明礼仪'教育的实践与研究"，2009年我主持了济南市重点规划课题"关于在中等职业学校教育活动中渗透'和'文化的研究"，这两项课题的研究力求通过在职业学校开展有效的素养教育，促进学生、教师、学校、家庭与社会共同发展，达到"生生和谐、师生和谐、校园和谐、家庭与社会和谐"四者相互促进的共赢目标。课题确定以来，学校以活动课、主题班会、早自习、专业课、文化课教学为主阵地，强化专业课堂教学中素养教育的渗透功能，大力开展传统文化教育、中国梦教育、行为习惯教育、心理健康教育等活动。通过课题的研究，学校在渗透传统文化教育活动的工作中有了一些深入探索和创新做法，学生的专业成长、专业发展将在今后的职业生涯中有较好的提升，能快速适应社会、企业对人才的要求，提高就业能力和竞争力。课题研究不仅解决了我个人工作中遇到的难题，更对学校德育工作有整体的推动和提升作用。

2012—2015年我主持的山东省教育教学改革项目"中等职业学校学生职业核心能力培养的研究"和山东省重点课题"中职生人文素质的培养与研究"均顺利结题。学校在以往研究成果的基础上，继续实施学生综合素质评价体系，不断完善评价方式和方法。该体系包含：专业技能、出勤、礼仪、课堂、作业、卫生、活动等学生在校期间的方方面面，由班级负责考核，每月末汇总至教育处。班主任及教育处将对评价成绩高、进步大的学生进行表彰与奖励。各系各专业、各班级每周及每月定期评选"善行义举"四德榜，定期表彰先进事迹和先进人物，校园处处充满"正能量"，处处体现"和"文化。由我牵头设计的此套学生综合素质评价体系，能动态地反应每名学生在校期间的表现，对学生健康发展起到了积极引导作用，也成为课题结项的重要研究成果。我带领研究团队通过对本课题的研究，对于学校整体构建以就业为导向的职业道德教育体系起到建设性的作用。

2016年，正值教育部下大力气狠抓职业院校实习管理工作，由于工作需要我转岗担任招生就业科科长一职，也正是这一年，教育部联合五部委出台了《职业院校实习管理规定》。面对新的岗位、新的要求、新的问题，我除了尽快熟悉工作内容之外，依然想到用课题研究的方式来帮我解决和梳理工作中遇到的各类问题和困难。从2016年至今，我结合工作内容共申请立项并主持了省级课题四项："实习新规背景下中等职业学校岗位实习管理模式的实践与研究""关于中等职业学校创新创业教育的实践研究""职教赋能背景下中职学校构建交通类'三元协作双线互补'培训体系的研究与实践""基于校政企三方合作的中等职业学校创新创业教育的实践与研究"。有了这些课题的研究和引领，我在工作中遇到的各类新题、难题、偏题都会按照"问题导向"的方式进行有效解决。

回报匠心，硕果累累

对于一名老师的成长，不付出是绝对不可能的，付出得少，那也达不到"由量变到质变"的效果。回首我个人的经历，有几件事情，我认为是对我个人成长有很大推动作用的。一是要舍得付出时间。不论我是在政教科和团委的岗位上，还是在招生就业科的岗位上，我每天早上一定会早到半个小时至一个小时，早到后梳理工作内容，提前备课，把一天的工作安排得妥妥当当，这样能避免因杂乱无章而出现的很多错误。二是不要放弃教学工作。我担任团委书记兼政教处主任期间，那真是忙得马不停蹄，片刻不得清闲。由于有一段时间我放松了自己的专业教学，因此去参加市里的教研活动时，发现自己心虚不已，落后很多。从那以后，我便下定决心：不论多忙，专业教学一定不能落下，白天没时间，我就晚上补上。不仅这样，我还积极承担了技能大赛的辅导工作，繁重的工作不仅没把我压垮，反而让我的专业成长更为顺利。

20多年来，我立足本职，广泛学习，积极参训，深入企业实践，努力提升自己的专业素养。日常教育教学中，我努力深入探索，自觉反思，不断改革创新，形成了自己独特的教学风格。通过举办公开课、示范课、专题讲座、沙龙等发挥引领带头作用，带动青年教师成长。坚持教研教改，勤于总结，不断提炼，把自己的见解和思索以著作、论文或课题成果的形式呈现出来，为青年教师树立起前进的榜样。20多年以来，我严格地要求自己，加强师德修养，努力做学生欢迎、家长认可、学校满意的教师，做一个名副其实的优秀教师。今后，我更要以扎扎实实的作风践行工匠精神，帮助一个又一个选择职业教育的孩子创造自己的未来。

不忘初心　做中职教育的追梦人

鹿学俊

人物扫描

鹿学俊，现任济南理工学校副校长，电类专业讲师。被评为首届中国职业院校教学名师、齐鲁名师、山东省教学能手、济南专业技术拔尖人才等，获山东省教学成果一等奖。兼任山东师范大学硕士生导师。是山东省首批名师工作室、省技艺技能传承创新平台主持人，山东省职业教育教学创新团队负责人。

有一种事业，能够点石成金，帮许多孩子改变人生的轨迹；有一个地方，能够启迪智慧，将中考失利的学子塑造为高素质的劳动者；有这样一群人，甘于默默奉献，在平凡的岗位上书写扭转人生的壮举。这种事业，就是职业教育；这个地方，就是济南理工学校；我，就是这群人中的一员：一名平凡的中职教师。

我在 20 世纪 90 年代由企业进入学校，有幸能在国家大力发展职业教育的火热时代中播撒心血。我用积极的工作态度、踏实的工作作风，实现了由企业员工到骨干教师的成功转型；又一步一个脚印、一年一个台阶地从班主任到年级组长，从学科带头人到教务科长，再到教学副校长，稳步向"专家型教育工作者"的职业目标迈进。

从教 30 余年，我潜心教学，匠心铸技，齐心育人，慧心钻研，初心永继；在立德树人、科研课改等领域深耕细作。回首来路，欢乐与艰辛并行，收获与遗憾同在，那一个个成长的瞬间依然历历在目，令我终生难忘。

潜心教学，踏实走好业务成长之路

1991 年，我毕业于曲阜师范大学物理系家电专业，毕业后，我先就职于一家大型国有企业，负责电气设备维修工作。因实在难舍心中的"教师梦"，两年后我终于进入了校园，走上了讲台，成为一名中职工科电气类专业课教师。

因为喜欢，所以坚持。我喜欢教师这份职业，喜欢孩子们眼中求知若渴的光芒，喜欢学生们手中虽稚嫩但可爱的作品，我从心底里愿意为他们播撒青春和热情，用知识技能帮助他们长出翱翔的翅膀。但经过一段时期的教学，我发现，电气专业的理论太枯燥，学生学习的积极性不高，甚至有的学生在课堂上听着听着课就睡着了，学习效果不佳。怎么办？我开始思索寻求一条让中职工科课堂教学变得"生动有效"的途径。

我赴德国学习"双元制"，赴北京联合大学学习教学法，不断更新理念，反思教学，逐渐建立了"以学生为中心"开展教学设计的理念。我发挥家电专业特长，大胆改革，将饮水机、电磁炉、电动车等生活用品搬上课堂，将一个个枯燥的专业知识与实际生活的应用相结合，设计成一个个教学项目，再录制应用视频导入项目，通过"项目分析→项目实施→项目评价"引导学生"做任务""学知识""增能力"，我在做中教，学生在做中学，改变了"教师只管讲、学生懵懂地听"的传统教学模式，并辅之以小组合作、交流讨论的方式，培养学生的分析、思辨和表达能力。我的课气氛活跃起来了，学生善思能辩，课堂达成度很高，课堂面貌焕然一新。实践中，我不断提升凝练，逐步总结出了"问题引领、小组合作"的理论教学模式和"项目引领、任务驱动"的实训教学模式，并借助全市工科教学年会、专业教研中心等平台发布了研究成果，争取到更多同行的参与指导。

为检验研究成果，争取更大进步，我开始踏上各种"比赛"的征程。不记得有多少个夜晚，星月与我为伴；不记得有多少个黎明，我与朝阳同出。然而，我却走得那么踏实而坚定，因为我心中有一个不变的信念：尽快成长为一名真正的名师。

我曾连续6年4次参加市优质课评选，角逐获得省优质课比赛资格，在这一次次的磨炼中，我的教学设计日臻完善，组织教学渐入佳境，我仿佛能听到自己在专业上拔节成长的声音，于是愈加珍惜每一次业务活动。参加省课件评比，让我体会多媒体给课堂带来的生机；参加对口升学命题，让我领会专业的严谨和科学；参加论文评比，让我感悟教育理论之于实践的巨大意义；参加教材编写，让我从课程的高度重新审视教学的设计与组织。因为参与，所以感悟；因为感悟，所以获得。通过努力，我先后获得济南市优质课一等奖、山东省优质课一等奖、山东省课件比赛一等奖、山东省教案比赛一等奖；连续三年参加山东省职教高考命题；参编5本、主编5本国家规划教材。先后获得济南市教学能手、山东省教学能手、齐鲁名师、中国职教教学名师荣誉称号。一次次活动，一个个里程碑，见证着我一寸寸地成长，也让我越来越感受到肩上的责任与使命的分量。

心之所向，身之所往。如今，我已走上管理岗位多年，虽然日常事务庞多繁杂，但我仍然坚持上课，坚守讲台，因为这里是我梦开始的地方。多年的奋斗让我明白越努力、越幸运，机会总会垂青于努力之人，你若芬芳，蝴蝶自来，你若精彩，天自佑之。

匠心铸技，落实为党育人为国育才

职业教育是面向就业的教育，需要为国家培育能担当民族复兴大任的"大国工匠"。要培养"大国工匠"，教师首先要掌握高超技能，练就一身的绝技。为了传授规范实用的职业技能，我曾赴浪潮、海尔等多家知名企业调研，明确行业企业需要什么样的人才；曾深入星科、银座等企业顶岗实践，协助企业培训员工、改进设备、改善工艺，取得国家实用新型专利 2 项，国家软件著作权 1 项；曾参与六部委组织的全行业技能大赛，取得不输一线员工的成绩；曾利用业余时间考取了维修电工的技师、高级技师职业资格证书；更是在疫情期间组织师生参与防疫物资的生产，为疫情后顺利复工复产贡献力量。

为了培养企业适需人才，我开始基于真实生产任务开发《照明电路安装与检修》《电子技能实训》《PLC 技术应用》等实训课程；带领学生研发"照明电路故障查寻求教板""汽车基础电路求教板"等实用教具，获得山东省教具评比一等奖。我把一个原本平均分只有 39 分的"后进班"，带成了平均分达 86 分的"先进班"。2009 年起，我开始组建团队，指导学生参加各级各类技能大赛，把一个个中考"失败者"培养成各级技能大赛的"佼佼者"。2018 年起，我组织开展"双选会"，与海信、浪潮、奇瑞、京东等知名企业签订实习协议，为学生提供顶岗实习的宝贵机会；同年，在我的支持协调下，学校创新创业指导中心成立，先期有 76 名同学申请了个体经营许可证，开启了他们的创业之旅。

我专业技能的习得得益于曲阜师范大学的付吉孝教授，他是修理家电的专家，也是曲师大电教系的创始人。我有幸在大学期间邀请他担任我们无线电小组的指导教师，因而有机会天天泡在实验室跟他学修家电。没有材料他自费给我们采购，手把手教我们焊电视机，为大学师生修理各类家用电器，提升了我的技能，开阔了我的视野。他高尚的师德和无私的奉献也深深影响了我，成为我为师的终身榜样。也让我明白了"一个人能走多远，关键看他与谁同行"。为了我的学生能成为一心向党、心怀祖国的新时代劳动者，我也将齐鲁首席技师马迎新、优秀学子王悦等请至学校，分享成才历程、奋斗经验，以榜样力量激发学生学技报国的欲望，增强技能强国的信心。

齐心育人，扎实助推教师专业成长

学生成才动力在教师，专业建设谋划在教师，学校发展关键更在教师。教师是学校的生命线，是各项工作的重要支撑。然而，没有哪个学校仅靠一个名师就能发展好，必须要有一支业务能力强、综合素质高、梯次结构优的教师队伍，才能成为学校发展源源不竭的动力。

2016年，我牵头申报的第三批品牌专业建设获批；2018年我成功申报山东省职业教育名师工作室、山东省电子技能技艺传承创新平台，构建起工作室"1+3"运行模式。"1"是以打造一个中职骨干教师团队为中心；"3"是组建了品牌专业、课程资源、社会服务3个教学创新团队，提升学生综合职业素养。按照"名师引领、团队协作、全员提高"的思路，构建教学创新团队塔形结构。第一级为省市名师带头人及校外专家，第二级为市校级骨干团队，第三级为校级专业教师。该模式在省市平台交流，拟编入省名师工作室成果集，相关论文在国家级期刊发表，并在10余所学校推广。

我为自己有能力为中青年教师提供发展平台而由衷自豪，以能助推老师们专业发展为第一要务。前辈教师的传承薪火必须在我的手中接续不断。我与老师们组成指导小组，每当老师们申报项目、立项课题、参与比赛时，我们就既当指挥员，又当战斗员，为其修改材料，完善设计，组织协调。在大家的共同努力下，学校影响力不断扩大，口碑日益提升，省市项目纷纷落到我校，各级名师逐渐成长起来。

近年来，团队的助推铸就老师们在各类评比中摘金夺银。学校逐步构建起一支实力雄厚的师资队伍，教职工专任教师182人，42人次获市级以上各类名师称号。这些能手名师成为我校的中流砥柱、闪亮名片。

水尝无华，相荡乃成涟漪；石本无火，相击而发灵光。一个人的职业生涯是有限的，一个人的力量是渺小的，虽然我已年过半百，职业生涯进入倒计时，但是有了前人的帮扶，有了后人的接续，学校未来必将是欣欣向荣的，我也是欣慰且幸福的。因为，学校的昨天、今天、明天都有我的一份贡献。

慧心钻研，切实开展教育教学研究

教师的真正成长在于教师个人的内心觉醒。多年的教学工作让我深深地感到，实践与反思是唤醒教师内心最有效的两个方法，教学研究需要融合实践与反思，拓展思维宽度，这是突破职业瓶颈的重要途径。

自2006年起，我便积极投身教学研究工作，结合学校的发展重点，申报课题以研促建，用科研的视角规范工作，提高决策的科学性和实用性。我参与了国家规划课题"以就业为导向的职业教育机电技术应用专业改革的研究"；主持了济南市"十一五"课题"在中职实训教学中渗透职业意识的研究"；2011年主持省级规划课题"中职课堂教学质量评价体系创新研究"；2015年主持省级教育教学改革项目"一站式信息化教学管理系统的构建与研究"；2021年主持的"职教赋能背景下中职学校构建交通类'三元协作双线互补'培训体系的研究与实践"获省厅专项经费支持。十余年的教学研究，涉及专业建设、学校发展、教学改革等多个方面。研究中，我逐渐形成了清晰的工作思路，养成了条理推进工作的习惯，树立了科学分析的视角，我先后被聘为济南市电子技术应用教学研究中心主任、省市区规划课题评审专家、省教学能力大赛评审专家。我将自己的体会通过汇报、开展培训和参编教材等形式与老师们共享。

2022年，我再接再厉，汇集30年从教经验，梳理十余年改革实践，与商振梅、曲珊珊、刘洪杰等团队成员一起，完成了"中职工科专业：优质高效课堂的构建与实践创新"教学成果，获得省一等奖，被全国"三教"改革会议、山东省中等职业学校高质量发展论坛以及山东教育教学改革培育会推广。成果基于"三教"改革和"三全"育人精神，紧扣工科人才"系统性、实践性、综合性"新时代特点，提出"育人为本、学养兼修；系统设计、协同推进"的理念。立足大课堂观，从思政筑基、内容提质、模式划路、评价促改四个方面入手，有效拓展教学时空，构建集课程教学、专长培养和实战训练为一体的"三课堂"协同育人新体系，实现了学生厚基深融的专业发展、多元开放的专长培养，和充足高效的职场历练。

该成果系统规划改革路径，通过课程搭建、项目贯穿确保"三课堂"间协同互动，通过模式创新、名师培养、资源建设和评改机制有力支撑"三课堂"平稳运行。创新 LEEPEE 教学模式和 1+N 管控方式，落实"以学生为主体"的立体化教学设计和探究式教学实施；实施"因类施策、项目进阶、研训赛融合"的名师培养战略，更新教师教学理念，提升教师教学设计、实施、评价与改进的意识及能力；围绕思政立德、教学育人、实践铸技三主题，建设基地、人员、设备、软件、活动等多种形式的线上线下资源，促进课堂持续提质的长效机制形成；创设基于"互联网+"的课堂动态评改机制，广泛开展评改反馈、评比活动，用机制确保评价，发挥其对课堂教学的指导作用。

初心永继，夯实学校高质量发展之基

我作为一名 22 年党龄的老党员和现任校级干部，曾经历过职业教育的低谷时期，那时学校招生困难，生源质量日益下降，我们要承受社会的不认可，家长的不理解，学生的不努力，企业的不接受，我们各方面工作压力巨大。如今，我有幸迎来了职业教育发展的高潮。全国职教大会的召开，《国家职业教育改革实施方案》的落地，新《职业教育法》的颁布实施，党的二十大的召开，首个部省共建国家职业教育创新发展高地项目落地山东……一系列好消息，学校迎来越来越多的发展机遇。申请项目、承办比赛，虽然经常连续多日不能休息，但我更珍惜时代赋予的机遇、领导的信任，以及老师们的理解。我时刻在调整状态，保持良好心态，竭尽所能为学校发展增光添彩，以开朗活泼、乐教好为的性格影响更多老师和学生。

职业教育服务的群体是普通老百姓，帮助一个学生高质量就业就能帮助一个家庭，以致提升未来三个家庭的生活质量，这是广大职教人的初心使命。我在职教一线为广大家庭服务，通过教学改革培养孩子的专业兴趣，提升学习能力；开展职教高考和单独招生，帮助学生圆梦大学。通过产教融合、校企合作、共建岗位课程推动专业发展，实现高质量就业。我还组建团队助力东西协作，团队成员刘洪杰曾到湖南湘西州花垣职业高中挂职半年，参与指导学校专业建设、协助举办大赛等工作。其他成员6次通过线上研讨专业建设、教育教学，3次线下对花垣职高教师开展培训、示范课推敲等活动，"泉城—花垣"，携手共进，东西协作，同心育人。我还积极参与推进学校扶贫工作，这一做法被推荐为全国案例。

我做客大众网、海报新闻平台宣传职业教育，受聘为山东师范大学职业教育硕士校外兼职导师。从宣传职业教育、培养职教师资等方面着力，服务更多家庭，引领更多老师，助推更多学子。

如今，作为学校的管理者，我充分领会党和国家对职业教育的新定位、新要求，也深感肩上多了一分"达则兼济天下"的使命。在坚守讲台的同时，我将承担起职业学校更多的社会责任，踔厉奋发、勇毅前行。

"蓝工装"铸牢制造业强国基石

田恩胜

人物扫描

田恩胜，现任济南市历城职业中等专业学校数控专业教研组长，数控专业教师，山东省特级教师、山东省首批职业教育"齐鲁名师"、全国职业院校技能大赛优秀指导教师、山东省中职名师工作室主持人、山东省教学团队负责人、济南市杰出技术能手、济南市"五一劳动奖章"获得者等。

2004年，济南市历城职业中等专业学校（以下简称：历城职专）进行专业升级拓新，数控技术应用专业正式上线，凭着对专业的热爱，我决定接受挑战，我相信自己能够教好，也坚信孩子们能够学好，就这样我在这个专业赛道上奔跑了18年。

定位：我是一名穿"蓝工装"的老师

作为历城职专数控专业的第一位专业教师，我有着10年机电专业学习以及5年数控专业理论学习的经验。2004年9月1日，我无比自信地站在讲台上开始了数控专业的第一堂课。一双双求知的眼睛，让我不敢有一丝懈怠，生怕遗漏任何一个知识点。两周过去了，我明显感受到课堂气氛没有之前活跃了，孩子们的眼神中也带有一丝丝迷茫。是哪个环节出现问题了吗？难道是我讲得不够清晰？我开始借各种理由找孩子们聊天，他们说："老师，我非常喜欢听您的课，可是我脑子里对您讲的这些内容没有概念，慢慢就有点迷糊啦。"一句话点醒了我，原来是理论太抽象。

从那以后我就决定走进车间，把课本知识都动手"做"出来，从此学校便多了一个穿蓝工装的我。当亲自操作数控机床的时候，我发现，即使是理论扎实的我也不等同于实践优异，我也要从零开始。就这样，我开启了白天上课晚上研究，周末去企业实践考察的日子。

有很多人不理解我的行为，甚至对我说："田老师，教好理论课就可以了，整天弄得自己满身脏，值得吗？冬天车间那么冷，满手冻疮，真的值得吗？"这个问题我也想过，摸着石头过河很累，但是想到每每在课堂上与孩子们澄澈的眼神对视时，每当孩子家长握着我的手，说把孩子交给我很放心时，哪怕冬天的铁疙瘩再冷，我也要咬牙坚持，一定干出成绩，对得起孩子们的信任，对得起家长的期待。

慢慢地，我把课本上的零件都加工出来了，我的教学变得更加通俗、生动，课堂上我讲的每一句话都有理论+实践的支撑。在我的影响下，一大批青年教师纷纷穿上"蓝工装",成为我在车间里的"小跟班"。实践中得来的知识让课堂教学更富魅力,老师们"行家一出手便知有没有"的精彩展示让学生真切感受到"蓝工装"的"酷"和"帅"。

正是"蓝工装"的初始定位让我看到职业教育的坚实土地是扎根企业,学生们最终要到企业去工作。我要求自己必须要了解企业情况,做到熟悉企业,这样培养出的学生才能适应企业需求。因此,我与老师们每年定期去企业进行不少于一个月的实践,学习其生产要求、质量标准,同时有针对性地帮助企业解决专业问题,为工人进行培训,双方进行合作研究。历城职专有定点合作企业,除学校内拥有两个企业外,还与中国重汽桥箱公司等开展合作。桥箱公司每年的技能大赛都将学校作为比赛地点,合作已达 4 年,因此每年赛前训练时,他们都接受学校的软件编程等项目的培训,双方共同交流。同时,他们也将先进的实践经验与教师、学生们积极交流,双方共同进步发展。此类合作优化了人才培养过程,实现校企共育工匠人才。

职业教育的根基在于实践,在我的心里"蓝领"与"白领"没有高下之分。"蓝工装"之于我,如同医学院的"白大褂",如同袁隆平院士的"两脚泥",我身着的"蓝工装"时时刻刻向学生彰显着职业教育的地气、知行合一的底气与"工匠精神"的志气。

升级:不断提高"蓝工装"的含金量

随着我国制造业规模、质量的不断发展,职业教育迫切需要适应产业转型升级要求,转变发展方式,调整结构布局,打造"升级版"职业教育。

科技进步推动专业教学飞速发展,从开始的人工编程,到复杂曲线的宏程序编程,再到运用 CAXA、MASTERCAM 等软件的自动加工,对于我来讲,每一步都是新的,每一步都是挑战。为了让孩子们从更高层次了解并热爱数控技术专业,我将自己多年的教学经验编纂成册,让孩子们拿到适合自己的书籍。由我主编的《数控车工实训》《数控车削编程与加工技术》《机械制图》

《机械CAD》等教材陆续出版。2019年出版的《数控车削编程与加工技术》及配套的数字化资源，适合任何一个无技巧、无经验、零起点的孩子，立足于从易到难、由浅入深，形成实践感知——理论概括——探究提升——反哺实践的逻辑闭环，将"学中做、做中学、知行合一、学思结合"转化为现实化的教学模板。随着数字化教学的流行，作为山东省精品资源共享课主持人的我也紧跟步伐，将课程精炼、提升，把机床的操作加工录成视频，做成微课，让教材数字化，让孩子们随时随地，打开即学。

在打造"升级版"职业教育的过程中我愈发坚信，一个人可以走得很快，但是一群人才能走得更远。我聚焦团队建设，发挥品牌优势，着眼于提升"双师素质"。随着数控教研组专业建设的不断推进，我们团队的影响力也越来越大，在济南市乃至山东省起到引领和示范作用。2013年，数控技术应用专业被省教育厅评为第一批"山东省品牌专业"。2016年，我带领的数控技术应用教学团队被评为"山东省优秀教学团队"。2018年，我被选为"山东省中职名师工作室"主持人。2020年，在济南市教育榜样评选中，数控技术应用教学团队获"职教创新榜样"称号。2017年，我主持的"数控车工技术"精品资源共享课被山东省教育厅立项，现已进入验收阶段，2022年主持的精品资源共享课程通过济南市教研院验收。我主持的省课题"中职数控专业人才培养模式研究"于2018年正式结题。我带领的数控专业团队2018、2019、2021三年获得山东省职业院校技能大赛一等奖第一名，在学校指导下承办了2021、2022年全国职业院校技能大赛。2022年，数控综合应用项目再获全国职业院校技能大赛一等奖。

随着数控专业的发展，学校给予专业的认可也实打实体现在专业投入上。截至目前，学校数控技术专业拥有先进的数控车床、数控铣床等300余台，实训设备价值2000余万元。学校现有按标准配置光机电一体化实训室、PLC实训室、电子电工实训室等，满足学生专业课程的实践教学的需要。学校在数控技术专业发展稳步提升的同时，又根据时代需求开设了工业机器人专业。学无止境，我主动请缨，在教授数控技术专业的同时承担起工业机器人专业的教学。

"升级版"的职业教育更要打造"升级版"的培养出口。我负责的数控专业被确立为山东省"3+4"中职本科贯通培养试点专业,与山东交通学院联合办学,在中职学校进行3年数控技术应用专业学习后,参加转段考试,成绩合格者转入山东交通学院进行本科段学习,毕业发放本科学历证书,用7年时间合理规划打造机械设计人才,培养有较强动手能力和扎实理论知识的应用型技术人才。该专业2014年起开始招生,每年招生40人左右,现已有6届学生共200多人成功升入山东交通学院,转段合格率在济南市同类学校一直名列第一名,学生培养质量受到了省市领导和对口院校的高度评价。

就是在一轮又一轮的"升级"中,职业教育科学技术的"含金量"、教师队伍的"含金量"、人才培养的"含金量"不断提升,"蓝工装"有了更加广阔的成长天地,获得了更高的发展平台。

收获:新一代"蓝工装"勇于亮剑

一切教育的最终指向都是学生的发展。在对学生的教育中,我注重"见事、见人、见精神、见成长",新一代"蓝工装"已展现出令人惊喜的风采。

勤学苦练,"亮剑"技能大赛。我们团队瞄准技能大赛,向全市、全省、全国同类专业同学发起挑战。我们提出"理实企三位一体、能力梯次推进"人才培养模式,通过让孩子们参加技能大赛达到以赛促学、以赛促练、学练结合的目的,营造学技能、比能力的良好氛围,以大赛为平台,促进全体学生职业能力提升。多年来,我们不负众望,取得傲人成绩。2012年我们指导学生获得数控车项目全国一等奖。对于孩子来说,大赛比的不仅仅是成绩,更是通过大赛展示了学校数控技术应用专业的教学改革成果以及学生的通用技术与职业能力;检验和考核了学生基于工作过程的质量、效率、成本、安全环保意识的教学成效;考查了学生职业操守、团队协作、计划组织的综合职业能力。

聚焦细节关怀，磨砺"小切口"实现"大惊喜"。从最初入围省赛到省赛冠军再到国赛金牌，一路走来，是孩子们的拼搏努力，是团队教师们的陪伴付出。参加国赛训练的孩子们很拼命，不论严寒酷暑，扎根数控车间，这中间也有很多考验及磨炼。2022年的技能大赛可以说是梦幻开局，学校三位同学以第一名的成绩顺利通过市赛。在国赛前的两个月，小张突然找到我说："田老师，我的手腕疼得坚持不住了。"一句话让我如同遭受晴天霹雳：孩子的手腕伤得严重吗？会对他以后的正常生活有影响吗？接下来的比赛怎么办？一连串的问题打得我措手不及。检查发现孩子的手腕出现月骨劳损。回来的路上，小张告诉我："老师，我能坚持，我能上，相信我。"当我看到他用坚毅的眼神看着我的时候，我的回答是："好，你只管向前跑，我来做你的后盾。"从此之后，我们调整训练计划，在不影响学生健康的前提下进行训练。当训练让孩子们错过午饭时间时，我就做他们的厨师；要进行体能训练时，我就化身体能教练，陪孩子们一起到彩虹湖拉练；孩子们要对一天的训练进行精准复盘时，我就做他们的分析师，查缺补漏，不留遗憾。功夫不负有心人，3名同学在比赛中团结协作、沉着应战、发挥稳定，经过6小时奋战，在全国62支代表队，近200名选手中脱颖而出，勇夺金牌。

新生代魅力四射，"蓝工装"后继有人。2017年至2020年就读于历城职业中专机电系的小张、小许同学，2018年参与我指导的工业机器人项目训练，在校学习期间，两人参加2019年济南市职业院校技能大赛工业机器人项目比赛，荣获团体一等奖。同年两人参加山东省职业院校技能大赛（中职组）"机器人技术应用"竞赛项目并荣获团体三等奖。2020年9月满足单招免试优惠政策条件，被济南职业学院免试录取。进入济南职业学院的第一学期，两人根据专长及兴趣爱好选择了"新梦想——工业机器人"社团。经过不断钻研和刻苦训练，两人通过多个关卡层层选拔后脱颖而出，被选为机器人系统集成备赛人员。2021年5月，在全国职业院校技能大赛高职组机器人系统集成比赛中，两人荣获团体一等奖。在2021年12月23日央视《新闻联播》推出的系列报道《我们的2021 千年梦圆 新程再启》中，小许同学接受记者采访。

在《奔跑吧·黄河篇》第二季第二期"奔跑吧杯环球职业技能大赛"中，小张、小许参与了"寻找最厉害的两名学生"环节录制。刚刚参加完2022年国赛的历城职专团队的队长小张同学更是做出大胆决定，选择坚持自己的梦想，深耕数控技术应用这个专业，前往广州进行学习深造，练就过硬本领，将自己打造成为高素质技能型人才，立志代表国家参加世界技能大赛，要在青春的赛道上跑出当代青年的最好成绩。

聚焦人才培养，赋能发展，花香满园。俗话说"一枝独秀不是春,百花齐放春满园"。作为数控技术专业的第一位教师，我一直把数控专业当作我的孩子，精心培育，我也视每一位学生为珍宝，用心"浇灌"，待其成长。如今，我的学生已是青出于蓝而胜于蓝，有2人被评为全国职业院校技能大赛优秀指导教师，2人获泉城首席技师，2人获得济南市"五一劳动奖章"，3人被评为济南市杰出技术能手，3人被评为济南市技术能手，2人被评为济南市突出贡献技师，1人被评为济南市青年岗位能手，他们都在自己的岗位闪闪发光。

每当看着那些天真无邪的学生，我总爱为他们设想一个不远的将来，设想他们将在中国制造、中国创造、中国建造中居于什么样的位置，设想新一代"蓝工装"将如何改变中国和世界的面貌。

引领：让更多的"蓝工装"成为"大国工匠"

对孩子负责的同时我也紧紧把握住专业成长的机会。在2006年济南市专业教师大比武中，我荣获济南市数控专业教师能力第一名，从此在全市数控教师中崭露头角。2009年参加济南市职业技能大赛，2010年被济南市政府授予"济南市杰出技术能手"称号，同年荣获济南市"五一劳动奖章"。2017年被评为"齐鲁名师"，2021年被评为"山东省特级教师"。

我时刻珍惜这些崇高的荣誉，并时时进行对照和反思：我是否承担起或正在承担着这样的职责和使命。

作为山东省数控技术应用专业团队负责人、山东省名师工作室主持人，我充分发挥辐射引领作用，参与省数控技术应用专业教学指导方案开发、人才培养方案的修订等工作。为带动省、市学校和当地职业教育教学改革，我多次到商河职业中专、平阴职教中心送教送学。作为济南市数控专业中心组副主任，我定期组织引领数控专业教研，积极承担市教研院安排的各项教研工作。充分发挥个人专业优势，面向社会积极开展培训服务，满足社会对职业教育的多样化需求，为"中国制造"培育更多"工匠"。我还承担了对口帮扶学校——保靖县职业技术中等专业学校数控专业教师的培训工作，相互交流提升专业教师的数控水平和专业教学水平，做教育扶贫的奋斗者和实干家。

感悟："蓝工装"见证"中国梦"

回望来时的路，我走上数控职业教育岗位的这 18 年恰恰是我国从制造业大国迈向制造业强国的关键时期，作为一名职业教育工作者，我非常有幸地成为这一历程的见证者、亲历者、奉献者。"蓝工装"成为我职业记忆中最独特的标识，最耀眼的色彩。

2022 年 5 月 1 日，时隔 26 年新修订的《中华人民共和国职业教育法》正式实施，让我这位中职学校的教师倍感兴奋。我深切感受到这是为职业教育"香起来""热起来""活起来"步入新的发展"黄金期"提供了法治保障，对于我的学生来讲，更是前所未有的机遇。

教育很"大"，要培养堪当民族复兴重任的时代新人；教育也很"小"，每件小事都可能蕴藏着教育的机会。我始终坚信，教育讲究的是慢功夫，是润物无声。我很幸运我是历城职专第一位接手数控技术专业的教师，作为第一个"吃螃蟹"的人，一路走来，虽道路坎坷、布满荆棘，但现在已是花香满园。在教书育人的工作中不断创造新业绩的同时，也帮助孩子们扣好人生的第一粒扣子，找寻自己的目标。一辈子就做好育人这一件事，也是值得了。

满腔赤诚献职教　一片丹心铸师魂

江长爱

人物扫描

江长爱，现任济南市历城职业中等专业学校党总支副书记、副校长，机械数控专业教师。被评为齐鲁名师；现担任山东省齐鲁名师领航工作室主持人、山东省智能制造技艺技能传承创新平台主持人；为山东省精品资源共享课程主持人、山东省品牌专业建设项目负责人、山东省职业教育教学创新团队责任人。

从一名职教学子到职教老师，从一名学生信赖的"老班"到副校长，从"摸着石头过河"的实训处主任到著书立说的职教专家。守着一颗以生为本的初心，我从未停止过追求卓越的步伐，从教 28 年，我常怀感恩之心，感谢职教这片天地，不仅让我找到谋生之路，更让我找到心灵的依托，灵魂的归属。

"试试就能行，争争就能赢"
——用持之以恒的真心炼师生真情

在历城职专工作和生活的这 28 年，我一直坚信，每一个孩子都是一个家庭的希望，都是一朵需要阳光照耀的花朵。因此，我把"爱生如子"的初心，贯彻到工作和生活的每一分、每一秒。鼓励学生，帮助学生立志，增强其信心，重视"首堂课"思想工作，实现"入脑入心"，把握住每一次一闪而过的教育契机。

我所任教的班上，曾经有一位左手残疾的学生，第一次上课的时候，我就发现了他的"与众不同"，孩子一直把两只手放到口袋里，不认真听讲。课后，我第一时间把他叫到办公室，细致的问候和关心让他愿意敞开心扉。为了鼓励他，我每天都抽出一定的时间在网上搜集一些身残志坚的例子与他共同学习："你很聪明，别人能做到的，你也能做到。""你的右手可以完成别人用两只手才能完成的工作，你很厉害了。""相信自己，相信老师，我不会看错的，你有这个能力！"……久而久之，一颗自信的种子在学生心底发芽，他不仅爱上了所学专业，还代表班级参加了 2009 年 12 月 29 日学校举行的第十二届技能大赛并且成绩颇佳。

"试试就能行，争争就能赢"是我课堂上常用的教学口头禅，在我眼里，每个学生都是闪耀着光芒的星星，我都会用足够的亲和力，努力做孩子们愿意信任、愿意敞开心扉交流的朋友。

技能改变命运，教育阻断穷根。技能可以帮助每一个孩子找到适合他自己的道路，只要好好学，就能改变命运，反哺家庭。我带的第一届学生里，有一名来自一个小山村的李同学，他因为家境贫寒且身形矮小，在班上十分内向，很少与别人交流。我看在眼里记在心里，于是开始想尽办法接近李同学，我与他一同吃饭一同放学，慢慢地李同学的话多了起来，笑容也多了起来，当年的毕业照上，她是笑得最灿烂的那一个。如今，李同学已经开了一个中型机械加工厂，有了自己美满的事业和家庭。

"寻觅每个孩子的支点，让他们自信启航"
——用乐观向上的精神实现"逆风翻盘"

每个孩子身上都有闪光点，他们内心渴望被赏识。在与孩子们朝夕相处的这 28 年中，我甘做学生的伯乐，一直将"赏识教育"列为核心理念，寻觅每个孩子的心理支点，激发他们，从而让他们自信启航。

为了获取更多孩子的需求，发现更多孩子的闪光点，我主动在学校最需要班主任的时候，义无反顾地站了出来，而这一站就是十余年，在这长期的班主任工作中，我总结出了以下实践经验：

首先，以集体活动提升班级凝聚力。记得我带 2012 财会班参加运动会时，班上学生的报名积极性不高，我于是以各种奖项作为突破口，吸引孩子们参加。在准备团体项目时，我结合日常对孩子们的了解，帮助他们组建代表队，跟大家一起研究对策，在日复一日的相处中，班级凝聚力得到了迅速提升。

其次，日常管理要强调"第一"定势。学校、级部第一个月的量化公布后，我会及时召开主题班会反馈给学生结果，并对个人量化优异的学生提出表扬和鼓励，顺势鼓励学生写好"如何保持班级先进性"周记。班上有名同学就曾在周记中这样写道："我们班量化得了第一，我太高兴了，虽然成功在我们手中，但要保持成功我们必须坚持。"

另外，要创新班级文化建设。班级氛围会影响孩子的日常学习和生活，因此班级文化建设是一个班级的灵魂，必须加以重视。我曾带过一个入校成绩不是很理想的班级，刚接手这个班级的时候，我一看到入学成绩，心凉了一大半,但是转念一想,是挑战也是机遇。于是,我开始阅读大量有关特殊班级管理和特殊学生管理的书籍,向经验丰富的班主任讨教管理经验。深思熟虑后,我决定先从班级文化建设抓起,在校运会后就顺势确定了班训,从日常班训开始引导学生更积极地成长。当然,班级文化建设不仅仅是立班训,而是一个系统工程。为了帮助孩子们正确、积极地面对期中考试,我与学生们商量后,确定了班级的学风:"不比起点比进步,不比智力比努力;我学习,我进步,我成功,我快乐。"同时,我还注重班级小组学习、同桌互助的重要性,在种种努力下,班上学生们的学习成绩进步明显,各项活动也屡屡取得第一名的好成绩。

"摸着石头过河也能取得真经"
——用潜心钻研的执着谱职教新篇

时代的发展和进步让我看到了职业教育发展的光明前途,随着国家对职教的日益重视,职业教育的春天可谓生机勃勃。

2006年,学校投资数千万元建成了机电数控、计算机网络等五大实训中心,硬件设施的日趋齐全使得实训教学成为济南市历城职业中等专业学校教育教学的工作重心。基于我的专业素质、教育理念以及对职业教育的热爱,最终,学校任命我为实训处主任。

为了真正落实"工厂化学校,车间式课堂"的办学理念,我开始在工作之余坚持自学十余年。在阅读大量资料的同时,我积极联系附近中小企业争取实地参观的机会,虽然那段时间,经常吃到"闭门羹",但短暂的失望过后是一次次重整旗鼓,一趟趟"厚着脸皮"的请教。功夫不负有心人,我在反复的理论学习和现场实践学习的基础上终于取得"真经"。

于个人专业成长方面,"勤能补拙"是我的信条。每个人在教育教学方面都有自己独到的思考和探索,我喜欢在业余时间将所学的典型案例集合成册,加入自己探索出来的加工方法。日积月累得来的大量教学案例资料,成为我后来编写校本教材《车工技能与训练》的核心内容，这本凝练了我大量心血的书籍，于2013年9月由清华大学出版社出版。

当然，我并没有止步于此，2015年我带领团队申请的市级精品课程，经过专家审批成为首批市级精品资源课程建设项目，现已完成建设任务。山东省教育厅2017年开始实施省级精品课程建设项目，因为资源建设基础丰硕，使用率高，《车工技能与训练》又被山东省教育厅确立为首批省级精品资源共享课，经过总结、反思、提升，《车工工艺与技能训练》于2020年由机械工业出版社出版，本书成为山东省教材目录内教材，受到了省内同行的高度认可。

系统化理论的形成最终还需要落实到学生的管理和教育教学当中。为了将知识渗透到管理中，我总会跟全体专业教师共同探讨，一起尝试开展实训模块教学和项目教学，在摸索中逐渐积累了大量经验，虽是"摸着石头过河"，但取得的良好效果也得到了济南市教研院领导的高度评价。

为了提高师生学习技能的积极性和主动性，更好地服务于教育教学，我开创了"星光大道"模式——举行技能大比拼擂台赛，在全校范围内开展"天天练、周周比、月月赛"特色活动。每年累计都有上千人次参赛，在全校营造了学技能、练技能的良好氛围。对于从活动中脱颖而出的尖子选手，我都会积极主动为孩子们争取各类比赛资格。

比赛，考查的不只是技能，更是学生的职业素养、心理素质，所以每次比赛之前，我都会趁着休息的时间带指导教师和参赛学生适应比赛场地。2012年，国赛前期，在得知主赛场在天津机电工程师范学校后，我就马不停蹄地开始打听、联系，争分夺秒带着孩子们背上行李坐上高铁，直奔学校踩点熟悉赛场，并拍下照片回来研究，多方联系相似设备，给孩子们争取到了更多有针对性的参赛操作训练。

每年国赛开始前，都会提前7天公布样题，样题公布后，参赛选手们会立即开启"冲刺"。这时，我会第一时间为选手备齐所有刀具、量具，我们一起连夜试切，进行分件计时练习，完成一套成品后再综合计时。我常常会带着成品找相关专家提建议。记得有一年，我带着刚做好的零件，一人当天进京找专家提建议，早上9点带着自己的零件到了北京，专家给出了宝贵意见，中午12点坐高铁返回济南，再按专家的意见调整工艺方案。

在技能大赛的比拼中，其中仅加工零件的时间就是6个小时，比赛强度可想而知。不少参赛选手在备赛阶段，就因为高强度的训练，累得一句话都不愿说，我看在眼里，疼在心里，好几次忍不住流下了眼泪。这些场景被学生们发现后，他们还反过来安慰我，曾经有位参赛选手许同学告诉我："老师，您辛苦了。我不累，您别担心，咱们一定能行。"付出就会有回报，功夫不负有心人，在2012年6月30日全国职业院校技能大赛中，历城职专勇夺数挖车项目金牌。

教育上的投入，往往让我忽视了对小家的陪伴。记得那一年，我的女儿正值小升初，学业上有不小的压力，但是我却不能给予孩子足够的陪伴，上学放学都是孩子自己去，就连考试我也没能陪在孩子身边。当我陪着学生们从天津比完赛回家后，女儿对我说出的那句话，我至今记忆犹新，"妈妈，你要像对你的学生一样对我就好了"。这句简单的话语直戳内心，而面对女儿的心声，我也只能怀着这份歉意，对女儿说一声"对不起"。

"要求学生做到的，老师必须要做到"
——用职责和担当提升团队实力

俗话说"一枝独秀不是春，百花齐放春满园"，在我看来，一个人优秀不叫优秀，一个团队优秀才是真正的优秀，只有团队优秀学校才会发展得更快、更好，所以我在追求个人成长的同时，也尤为重视集体的建设和群体的成长，特别是对青年教师的培养。

2013年，我经过不断努力考取了数控车高级技师资格证书并获得国家级数控车考评员资格。随后，在2021年通过下企业实践半年，我成为一名车工高级技师。在自己"双师型"技能水平不断提高的同时，我也在两个方面强抓青年教师培养：

一是注重青年教师的技能培养。建设好、利用好青蓝工程，重视与年轻教师的日常交流，听课评课一次不落，始终以强化年轻教师专业技能培养为核心。自从2006年开始，我通过青蓝工程对接培养学校田恩胜、吕金梁两位老师，在教学相长之下，最终，在"蓝翔杯"济南市第二届职业技能大赛中，田恩胜老师获得数控车工第二名的好成绩，现在已经成为济南市杰出技术能手、齐鲁名师，吕金梁老师已经成为山东省青年技能名师。

小张是我2004级的学生，通过我的鼓励支持，他参加了学校的数控车社团，通过社团比赛他的技能操作天赋显露出来，后来他进入学校技能大赛梯队，成功获得国赛三等奖。毕业后，他选择留校担任实习指导教师，在任教期间发挥自己专业优势，辅导学生参加各级各类技能大赛，2022年他辅导的学生在全国职业院校技能大赛中获得一等奖的好成绩。

二是注重班主任队伍的培养。班主任处于学生管理的最前线，尤其是对于中职学校来说必须高度重视学生管理，正所谓"七分管三分教"，以管定教、以管促教，培养学生具备良好的品格和意志品质是保障教学效果的基础。因此培养一支忠于教育、认真负责、有担当、有智慧的班主任队伍一直是我进入管理岗位后不可忽略的一环。班主任必须具有高尚的人格魅力和较强的敬业精神；早上跑操、晚间放学；学校始终坚持"只要孩子在班主任就一定在"的陪伴教育。要求学生做到的，班主任必须先做到。

"尽早实现从'匠师'到'人师'的追求"
——用矢志不渝的初心成就职教名师

2014年春天，山东省教育厅下达了职业院校与本科高校对口贯通分段培养试点任务的通知。我得知后，激动得热泪盈眶，一个念头迅速闪现——历城职专必须要有"3+4"！

当时还是实训主任的我主动请缨，与省厅安排的三所高校联系，可是三所高校都有了对口的"3+2""3+4"联系学校。方法总比困难多，为了不留遗憾，第二天一早我便赶到了对口学校，把学校的办学情况、"3+4"办学申请以及我个人的职校成长故事讲给高校领导听，高校教务处负责人听了对学校非常满意，最终达成合作意向。在这期间，我每一步亲自落实，遇到困难第一时间想方法。终于，学校赶上了"末班车"，在最后截止时间前获得了"3+4"中高职对口贯通培养的机会。得知消息后，我非常激动，也暗暗告诉自己必须珍惜机会，尽全力做好，把国家的好政策落实好，惠及老百姓的孩子。

"3+4"项目获批不是结束，而是新的挑战的开始，机会落定后，我又带领教师队伍不断拓宽人才发展路径，改进更新教育教学模式。在实施"3+4"培养过程中我积极与高校对接，通过调研人才需求，形成初步的人才培养方案，2014年12月通过省厅答辩，在实施过程中不断完善。对培养的学生坚持"扶上马、送一程"，每年都到对口高校进行跟踪调研，了解孩子进入高校的具体情况，根据需要沉浸式跟踪，受到了高校的高度认可。同时不断修订完善人才培养方案，2015年，我申报的"3+4中高职对口贯通人才培养方案模式研究"项目被省教育厅确立为山东省教学改革重点项目，2018年12月顺利结题，为全省"3+4"贯通培养形成了可借鉴的经验。由于转段率高和高校的认可，目前历城职专是济南唯一"3+4"试点学校，已有两届学生从高校毕业，还有一名学生顺利考入山东大学研究生。在"3+4"的带动下，学校所有专业实施了三二连读，生源质量也得到大幅度提升，2022年"3+4"最低录取分数线已达到414分。

学海无涯，教海亦无涯。在今后的教育教学工作中，我将会继续努力，秉持初心，在继续追求个人成长，落实立德树人使命的同时，更要发挥好名师辐射带动引领作用，尽早实现从"匠师"到"能师"再到"人师"的孜孜追求。我将尽自己的绵薄之力为职教明天的发展增砖添瓦，成为一名无愧于心的献身职教事业的模范教师！

破茧成蝶　勇于创新

张君健

人物扫描

张君健，现任济南市工业学校汽修专业教师。被评为山东省特级教师、齐鲁名师、平阴工匠，省兼职教研员。多次获得省教学能力大赛奖项，指导学生获得省技能大赛以上奖项。主持和参与省级课题4项，省教改项目2项。撰写的教学成果获得省二等奖。主编教材5本，发表论文10余篇。

1997年在第一次参加学校的教学比赛时，我用了"辩论赛"课堂呈现方式，得了学校第一名。1999年我用了"知识竞答"课堂呈现方式，又得了学校第一名，当时听课的领导问我教学思路源自哪里，让我向全校分享教学模式。也还记得2007年作为班主任发言，我用了一种数字化叙述模式，在座的同行受到了启发，他们觉得我的发言耳目一新。

如何破茧成蝶，突破自身所处的层次，始终让自己保持竞争力，当好一名"现代化"教师，在变得优秀的成长道路上保持稳定性和持久性，我一直在思考。回顾从教的30年，我想这应该是得益于自己在班级、课堂，以及教研路上勇于创新，敢于突破。

构建有规则、有理想、有人情味的班级管理方式

我根植于职业教育的沃土，担任了20多年的班主任工作，始终坚持以德立身、以德立学、以德立教，模范践行社会主义核心价值观。班级学生不同，采取的管理方式也截然不同。我自嘲"在这20余年的班主任生涯中，虽然没有做出大的成绩，但也有快乐和欣喜；虽然没有波澜壮阔，但有的是惊心动魄；虽然没有丰功伟绩，但也留下了辛勤的汗水"。在接任班主任的第一个月，我就针对本班学生特点，与孩子们一起设计班风、班规、班训、班级理念、班级承诺等内容。让孩子们在一个有规则、有理想、有未来、有人情味的班级中生活。让孩子们有归属感，有家的感觉。

（一）创新早读、晚自习活动方式

针对孩子们主动学习积极性不高的特点，我采用布置任务、强制完成的方式进行管理。例如，挑战利用早读20分钟时间让学生背诵《道德经》和《论语》。我发现，几乎所有学生都能够完成任务。于是，第一学期背诵《道德经》，第二学期背诵《论语》，第三学期背诵成语，第四学期背诵汽车专业知识，坚持至今。早读背诵成为我班级一大亮点。

每周利用两个晚自习的时间，我会和学生一起做各种活动。演讲、辩论赛、

上课不走神、你来比划我来猜、零部件拆装、零部件认知、知识挑战赛，等等，通过各种活动来发现每个孩子的优点和闪光点。由于孩子们参与到活动中，产生了成就感，增强了班级凝聚力，他们就会喜欢这个班级，愿意在班级中学习和生活。

（二）打造有规则的班级管理方法

为了做好班级管理工作，我将每项事务的管理量化到方方面面，既执行个人量化，也执行小组量化。每月的量化项目少的时候有20项内容，多的时候有37项之多。从早上起床开始，早操、早卫生、晨读、每一节课、课间操、午休、午卫生、课外活动、晚休、等等。所有在校内的表现，只要是发生在当天的事情，量化本上都有体现。设计量化鼓励学生为班级服务，学生参加班级和校内校外的各种活动、做好人好事等都可以获得不同的加分项。对学生违纪的行为绝不姑息迁就，从而加强了孩子们自觉遵守校规校纪、班规班纪的意识。量化还能让孩子们逐渐具备竞争意识、增强团队合作意识、班级服务精神等。一般第一个月的量化工作几乎都是我一个人亲手完成，因为我需要近距离接触学生、了解学生、观察学生。我用最公允的心对待每一个孩子，公正、公开、公平地做好量化考核。

（三）创设有未来、有人情味的班级理念

每学期末，我会用一个月的时间给每位学生写评语，最少200字，最多的300字左右。每当临近期末，学生就会不停地问我："老师，评语写出来了么？写我的没？"我会针对每位学生的性格特点、学期表现、个人特长等写一条标志化的缺点、三条优点、一条祝福、一句调侃。互猜期末评语也成了班级的一个特色活动。

我还会跟学生聊天，设身处地站在他们的立场，谈学习、谈老师、谈家长、谈生活，在轻松愉悦的气氛中让学生敞开心扉，知无不言。

当班主任的20余年来，我带领的班级，几乎没有发生过打架、辍学等问题。我从心里尊重学生、爱护学生，也换来了学生对我的无限尊重和爱戴。日常生活中，家长把我当成了探讨孩子健康成长的倾诉者，孩子们把我当成了无话不谈的知心人。每到逢年过节时，学生祝福的信息铺天盖地重叠而至，那一刻我感觉自己就是天底下最快乐的人，我现在的办公室共有8人，其中6人曾是我的学生，我非常成功地将我的学生变成了我的同事。

探索汽修专业"三环五步四课堂八字"教学模式

针对汽车新技术、新工艺、新规范。以中职汽修专业人才培养目标为导向，结合人才培养方案，坚持立德树人和劳动育人为思政要素。打造课前导学、课中互动、课后拓展三环节，构建线上、线下、车间实训、企业实践四课堂协同育人。利用课前导学、布置任务、设定目标、课前预习、完成任务的课前五步学习方法让学生自主完成课前学习，达成课前学习目标；课中活动环节利用听一遍、写一遍、练一遍、演一遍、测一遍五步学习方式，通过这五步的反复学习和训练，在动静结合中学习到课本知识和技能知识；课后通过知识梳理、作业达成、成果展示、解惑答疑、小组互评五环节将所学知识进一步巩固和提高。将大任务分解成小任务，小任务总结为八个字来记忆知识点。通过"三环五步四课堂八字"教学模式，借助智能机器人和汽修学习平台、仿真模拟软件等智能化教学手段，有效达成了培养学生解决汽修企业实际岗位问题的能力和终身学习的好习惯。

（一）参加比赛是提高自己专业能力最快最好的途径

我尝试着参加比赛，特别是教学能力大赛，我告诉自己不拿奖没关系。我知道，只有参与，才能强迫自己去钻研教法、学法、教材，才能找到差距，才能获得真正的进步。2016年开始，我连续参加了5次教学能力大赛。每次的教学内容都不相同，每次的团队也不相同。我了解自己的缺点，普通话不标准、语言表现力不丰富，这些都是很难去改变的。只能在其他方面去弥补，比如先进的教育教学理念，多变的教学方法，熟练的教学内容，扎实的教学基本功等。我从网上找到国赛一等奖的视频进行反复观看，仔细研究比赛方案，琢磨教学内容。

通过参加比赛，人才培养方案得到不断修正，教学设计得到不断完善。当对组织教学得心应手、教材内容烂熟于胸的时候，教学改革也就自然而然应运而生，比赛也就变成了一种享受。一路比来，虽然没有取得骄人的成绩，但自己的业务水平始终保持在较高的水准。

（二）读书和学习能完善自己的知识结构和教学艺术

1. 自己读书和学习。

腹有诗书气自华。教师要勤教书，多读书。记得第一次硬着头皮走进教室，懵懵懂懂地不知道该怎样面对学生，感觉一节课的时间好难熬啊。背了一周的课十分钟就讲完了，当时在课堂上感觉好尴尬。一周后第一次领导推门听课，听完课领导给我写下的评语是"照本宣读、课堂涣散"。这几个字我至今记忆犹新。那时候没有网络，既不好意思向老教师请教，也没有其他可供学习的途径，更没有跟外界交流的机会。只能自己慢慢想办法。下班后我利用业余时间跑去书店，买来一本本业务书籍进行反复学习，不断地从多方面充实自己。我发现读书真的能够帮助到自己，读书可以找到解决问题的办法，可以教给你如何由一名小白老师成长为优秀教师。读书让我慢慢理解了什么是"老师有一池水，才能给学生带来一杯水"的真正含义。"立身以立学为先，立学以读书为本。"学生尊重老师是因为职责为先，学生喜欢老师更多的是因为老师学识丰富，有令人敬仰的个人魅力。

2. 跟身边人学习。

孔子曰："三人行，必有我师焉。"其实每个人身上都有优点和闪光点，看我们如何去发现。只要是带着学习的态度就一定能学到你想要的，有的时候还会有意外的惊喜。记得有一次听我们学校一位老师上课，他用了一种学生互动模式，甲传给乙、乙传给丙，依次向下传递。我感觉比较新颖，受到他的启发，我在课堂上开展分角色扮演、你来比划我来猜等活动进行汽修理论和实训教学，获得了很好的教学效果。

有一次在写一篇有关汽修专业双元制的案例时，我大约查询了几十篇论文，看了一周的文献资料，好不容易敲定了案例的题目。虽然看其他学校做得挺好的，但是写出适合我校现状的几千字却感觉非常困难。吃饭的时候，我问女儿，怎么才能将20个字的题目写成5000字的论文。她说："我有个办法，你试试，你先把你的题目进行拆字，拆开来赋予新的内容。然后你再对拆开的字进行新的组合，不要说5000字，1万字也没问题。"就是这样一句话，我茅塞顿开，从那以后不管是写课题还是写论文，都好像没有了太大压力。

3. 跟专家学习。

这几年国家的大好政策让我们参加了各种各样的培训，聆听了诸多专家学者的报告。如何从专家学者那里学到我们想要的，如何迅速提高我们的业务水平。我的经验是，首先要脱去浮躁的外表；然后静下心来向专家学者学习如何进行课堂教学、实训教学，如何撰写教案、书写教学反思等；最后付诸行动按照专家的指引来进行教学和教研。哪怕你只是学到了其中的一小部分，也一定是受益匪浅。

专家是我们的引路人，他们有渊博的学识、高贵的品质和人格魅力。他们不吝指教，我们更要倍感珍惜、忘我学习。

搭建县域专业成长、教科研发展的桥梁

（一）做专业的开拓者

作为学校的第一位汽修专业教师，那时候没有实训车间更没有先进的实训设备。为了让学生对汽车零部件有直观的认识，我就用木头、泡沫、纸盒等自制教具、自制模型来满足课堂需求。我的性格中天生就有一种不服输的精神。1996年开始，汽修专业有了学生技能比赛。那时的我们虽然没有设备，不知道比赛规则，也不懂操作规范，但是也报名参加了。第一次是去学习，而且是偷偷学。回来后把从兄弟学校学来的比赛规则、操作规范等经过改良运用到自己的实训课堂上，让学生一步步进行模拟训练。第二次是去比赛，跟济南市汽修专业的老师和学生进行切磋，虽然成绩还是倒数第一，但是看懂了比赛规则，弄懂了操作规范，关键是学校还购买了设备。第三次是去挑

战,我们有一个项目获得了济南市第五名。与济南市兄弟学校之间差距缩小,让我们增加了信心。

2007年的时候,我校汽修专业陷入低谷,只招来11名学生。作为一直从事汽修一线教学的我来说,看着汽修专业招生不景气,就暗下决心,尽己所能,助其辉煌。那几年,只要到了招生季,我就使出浑身解数,拼命宣传,把汽修专业的优势挖掘到了极致。来汽修车间参观的每一个学生、每一位家长,我都不厌其烦地反复介绍汽修专业的就业优势、教学优势、实训优势。

我知道,挽救汽修专业的唯一途径是在技能大赛上拿成绩。但实训缺少设备、没有车间怎么办?2011年,我利用课余时间与一名学生到济南市4S店学习汽车喷漆,学习了一年时间。2012年,我带此学生参加济南市职业院校技能大赛获得了第1名,并冲进了省赛。记得去参加省赛的时候,我带着学生,带着设备,坐着客车从平阴到济南,从济南到德州,比赛最后获得了全省第五名的好成绩。这时候学校开始加大投入打造汽修实训车间、购买实训设备。2013年,我又带领学生参赛获得了省赛一等奖。学校继续加大投入资金400万建设实训车间。汽修专业渡过了招生瓶颈期,2013年开始招生火爆,每年招生数量都能达到4个以上班级。2014年学校汽修专业申报山东省品牌专业获得立项。2015年该专业"3+2"高职开始招生。2015—2017年济南市汽修专业技能大赛在我校举办。2016年汽修教学团队荣膺山东省教学团队,同年汽修专业获得山东省现代学徒制试点专业。2021—2022年山东省机修技能大赛在我校举办。

(二)做老师的引路人

我2008年开始尝试着撰写课题,一直坚持到现在,共主持市级课题4项,省级课题4项,省教改项目1项,省教学成果1项。大约有40多位老师在我的课题组进行共同学习和研讨。在我的带动下,他们或多或少地参与过课题研究,对课题研究不再陌生。2021年在县教育局的推动下,我成立了工作室,同时,也申请了工作室公众号,利用公众号,我每天都会推送一些教学、教研方面的知识供老师们学习和参考。

县内中小学很多老师也认识了我，并找我咨询课题或者项目撰写事项。不管是谁，只要是找到我，我从来不拒绝，尽自己最大努力去帮助他们。

（三）做县域教科研的推动者

2021年，我被县教科室聘请为"县兼职教研员和教科研专家"。到目前，我已经指导了30个中小学县级教学成果的撰写和市级课题的申报。我与县教科室主任共同构建了县教科研"观点碰撞，经验引导"研论式课题开题模式，就是我用我的观点来碰撞你的想法，用我的经验来引导你的写法，用我们的智慧共同促进课题向更深的研究方向进展。我们共同打造了"三维六段教学研一体化"平阴县教科研模式。三维指的是各学校的教科室主任、草根专家、校长园长这三个维度。将这三个维度的课题专家纳入县级课题专家库，对各级各类课题的立项、开题、中期报告和结项工作进行鉴定和指导。

2022年的10月9日，我用了一天的时间，手把手辅导我县八位中小学教师申报济南市专项课题。从课题申报书的书写规范性、课题的创新性以及课题题目、研究框架、研究内容、研究目标、研究计划到研究结论，逐一进行修改、完善，并提出中肯建议。八项课题申报成功了六项，立项率75%，远远高于济南市立项率56.1%，助力我县教科研更上一个台阶。

30年的教育教学生涯，我从"黑板上修汽车"一路披荆斩棘，收获山东省特级教师、齐鲁名师等多项荣誉；编写教材五部、发表论文十余篇，并带领汽修专业和教学团队荣膺"省品牌专业""省教学团队"，深深扎根于职业教育"汽修专业"教学的最前沿，不断从经验与智慧走向创新与突破，并且会在职业教育的沃土上一直耕耘，继续走下去。

深耕半亩方塘　引来一溪活水

于　斌

人物扫描

于斌，济南职业学院教师发展中心主任，教授，首届中国职业院校教学名师、齐鲁名师、山东省教学能手、济南专业技术拔尖人才；荣获全国职业院校教学能力比赛一等奖、全国教学设计大赛一等奖、山东新动能软件创新创业大赛一等奖、省教学成果一等奖，兼任山东师范大学硕士生合作导师，济南名师、青岛名师特聘导师。

在职业教育政策阳光普照的大背景下，职业院校的孩子们需要更多人的关注与关爱。在我的眼中，这些职业院校的孩子们是国家技术技能人才的重要后备力量，卧虎藏龙，只要有一片适合自己的土壤，他们梦想的种子就一定能够生根、发芽、长大……

尊重——是我的从教秘籍

（一）激发学生潜能，让职校孩子拥有出彩人生

受父亲影响，我从小立志成为一名老师，而"成为一名学生喜欢的好老师"也成为我的职业追求。1994年，我第一次走上济南传媒学校的讲台，从事计算机教学工作，面对学生三成不爱学、半数学习不主动、九成学业无目标的学情现实，主动认领了3个难题：如何让学生爱上简单机械的操作？如何让不爱学习的孩子也爱上课堂？如何让安于现状的孩子看到自己出彩的未来？在那个没有百度的年代，作为职场小白的我开始了夜以继日地思索与追寻……

1.珍视学生的兴趣，带他们走进求知进取的新课堂。

20世纪90年代，速录技术可谓文秘专业学生的看家本领，但日复一日简单乏味的上机操练，让多数学生望"机"生厌。我精选契合文秘专业"五笔"编码分类的明快节奏音乐，创新了渐进式"节拍音乐教学法"，一经投入到速录实训中，会立刻引发学生的强烈兴趣，原本枯燥乏味的速录课变得生机盎然，音乐声、击键声、欢笑声，每次实训课都变成了学生欢乐的海洋。

2.珍视学生的拼搏，助他们站上展示特长的领奖台。

计算机专业的学生最爱也最怕的是编程课，白底黑字的无声代码总让大部分学生望而生畏。我自创"卡片式"编程教学模式，尝试将"模块化、可视化"编程理念率先植入BASIC、C语言教学，同时，运用"宫殿记忆法"帮助学生速记枯燥的语言指令及语法逻辑，创造了有鼓掌声、有讨论声、有成就感的新型课堂。两年后，所带班级产生了全市"速录"比赛四个一等奖，辅导的编程团队也成功入围省赛。而我，也逐渐成为学校课堂教学改革的定盘星。

3. 珍视学生的成长，为他们搭建起星光闪耀的舞台。

担任班主任期间，我创新"家校协同法""社区体验法""活动凝聚法""英雄事迹法""同伴互助法"，让安于现状的学生们眼中有光、心中有方向、脚下有力量，宽严有度、育人有法的"于姐姐"也成为他们健康成长的领航员。担任团委书记期间，协同搭建起艺术节、科技节、志愿队、活动月系列平台，让孩子们在学习之余展现自我、抒发情感、参与志愿服务，成为学生聚光灯后的指挥员。

"珍视"背后是我的从教秘籍——对每一个孩子的充分尊重。用长板带动短板，让每一位学生青春绽放，看到自己出彩的未来。

（二）致力双创实践，让所有学生享有发展空间

1. 让每一个走进学校的学生，拥有选择权。

负责学校教务工作期间，在省市两级专家团队和同事们的倾力指导和帮助下，依托"济南市中职创客教育研究中心"，引入创客精神和创客教育理念，构建起独特的 CHILD COURSE 课程体系，组建起济南市中职学校首家较大规模的创客空间"6 车间"。实现了创客与专业的连接、创新课程与社团课程的融通、正式学习与非正式学习的结合，让每一个走进学校的学生，拥有了创新课程的自主选择权。

2. 让每一位成为创客的师生，释放新动力。

将创客教育纳入学校课程体系，我们邀请山东工艺美术学院教授、动漫领域首席大咖、"非遗传承"大师走进创客空间，与本校教师创客们携手建成 60 余个创客工坊。全校师生共享课程菜单，以"心愿币"权重支持师生双向选择，打造"人人自愿、人人认同、人人满意"的创客共同体，达成兴趣、爱好、特长正向培养的"最大公约数"。遵循"科学规划、个性培养、同伴互助"原则，开展跨专业、跨年级、跨学科全员选修活动，释放出全校师生创新施教、快乐学习的新动力。

3. 让每一次发自心底的喜悦，提振荣誉感。

2016 年，我在《中国教育报》发表全国第一个中职学校创客教育实践案

例；在中国职业技术教育学会教学工作委员会 2016 年学术年会上进行首例职业院校创客教育经验分享，成为职业院校创客板块的代表性案例，被评为年会最佳实践项目；"一报一会"高峰推介引发蝴蝶效应，带动近百所普通教育、职业教育、高等教育学校开展创客教育实践。成就了创客师生的高光时刻，提振了坚守创客初心、肩负创新使命、担当技能报国的荣誉感。

五年的坚持，有汗水、有泪水、有困惑、有欢笑，过程很苦，但内心很甜。每一次创客活动，都是挑战、迷茫、发现、成功的新体验。众多陌生的学生，在一个个创客新家庭中找到归属感，从而爱上专业、爱上课程、爱上创造。

突破——N 个第一背后的苦行

（一）教学相长，成就学生也成就自己

1. 坚持学以致用，从一线教师成长为行家里手。

从教学新手到专业带头人，从培训中心、团委、教科室到教务处，我从未离开过课堂，从未舍弃过学习。紧跟计算机应用专业的改造升级，我先后执教的课程从 DBASE、CorelDRAW 到近年来的视听语言、影视后期，多达十余门。每教一门新课程，都是一次技术更新、方法迭代、教学相长的契机；每个新岗位，都是一次理念更新、自我蓄势、自我优化的历程。反思一天的工作，挑灯备课是生活常态；谨慎求证、学以致用是快速适应新角色、走向行家里手的不二法门。

2. 深耕职教课堂，从教学能手成长为教学名师。

从关注自己转向关注学生，是教师走向成熟的转折点，我的转变发生在 2001 年获得省优质课第一名之后。在省市推广、送课交流等展示课上，高潮迭起的"换位编程"合作探究，扣人心弦的读秒测"算力"师生竞技，对话式、情境式教学总能将陌生的环境变成思维碰撞与方法验证的活跃课堂，"超强表现力、驾驭力"这些溢美之词也一度让我沾沾自喜。而经历几次高峰展示体验后，一位专家的留言却让我陷入对自己教学的深刻反思："极具展现

力的教学形态可以被模仿但无法被复制""超强课堂驾驭力的另一面是什么？如同一枚硬币的两面，折射出对学生自主学习能力的忽视"。犀利而辩证的提醒如醍醐灌顶，打破了我多年的固有思维："教是为了不教"，把知识讲得深入浅出，有效突重破难只是"教"的起步；注重对话交流、组织引导，给学生展示舞台，也仅仅迈出了"教学"的半步；启发学生主动思考、主动作为，做学生发展的铺路石才是教师坚持不懈、久久为功的事业。从顿悟的那一刻起，我不再迷信自己的讲，不再霸气地设定课堂，而是放下身架，努力追踪学生思维，动态调整教学，不遗余力地促动"学"的发生，竭尽所能把学习变成学生自己的事情。之后，持续开展行动研究和实证研究，陆续在《中国职业技术教育》《计算机应用与软件》等杂志发表论文，形成以"多活动、快反馈"为特征的"演练——互动"协作教学模式，充分调动并保持学生学习的内驱力，致力于打造"有笑声、有讨论、有回声"的研究型课堂，成为引导学生"爱学、会学、学会"的良方，也为近年来迭代产生的"学教并重的'四驱式'教学模式"奠定了扎实的理论与实践基础。

2009年，我当选首届"中国职业院校教学名师"，成立信息技术名师工作室，在名师支教、教育扶贫、鲁渝协作、对口帮扶等公益活动中转化研究成果，推广改革经验，形成广泛的辐射效应。

（二）躬耕不辍，以"木铎"之心静待秋实

近年来，职业教育"三教"改革成为推动内涵发展、以质图强的发力点。我在教学实践中也正是从个人能力提升、教材编写运用和模式方法创新三个领域来回应谁来教、教什么、如何教的"时代之问"，走出了自己的"三教"改革新路。

1. 在大赛中磨砺，紧跟课堂革命新步伐。

坚持开拓进取，将"以赛促教"作为追求卓越的"法宝"。每次参赛都是一次逼自己快速跟上职教改革新步伐的契机。从1995年获得市优质课第一名以来，除了项目类评审，我相继获得省级教育教学类一等奖15项、国赛3金2银；辅导学生在省技能大赛、省双创大赛中获一等奖3项、国赛银奖2项。

很多人问："又忙工作又拼比赛，不累吗？"应该说，累而不疲吧！N个"一"的背后，是不离身的笔记本电脑，是放弃娱乐休闲的假期，是接送孩子甚至陪护老人住院期间碎片时间的点滴利用，是多任务模式下不降标准的坚持坚守……N个"一"的背后，更有其鲜明的非功利价值：是"学然后知不足，教然后知困"的自省自强，是跟上数字时代、跟进学生动态、保持强劲姿态，在良性竞争中师生并进、教学相长的昂扬状态。对我而言，比赛更是和学生、同行及专家进行交流、改进教学的宝贵契机，是以"空杯"心态检验"教"与"学"成效的最佳途径！

2. 在研究中沉淀，紧盯教学改革新方向。

坚持课题研究，将"以研促改"作为突破小我的"捷径"。近十年，我持续在信息化教学、教师教学能力提升等重点研究领域深研精耕，主持国家级、省级课题9项，主编教材4本，其中，"十二五"职业教育国家规划教材2本、"十三五"职业教育国家规划教材1本，《音频视频编辑》于2023年6月入选首批"十四五"职业教育国家规划教材。结合自身教学实践、各类师生竞赛经历及质量工程项目的评审经验，我把经年累月的教育教学积淀加以梳理，在研究课题中凝练提升，发挥名师工作室辐射、引领、带动作用，希望以小我的思考让更多职教同仁有所借鉴。

3. 在实践中收获，紧扣教师发展新需求。

坚持真抓实干，将"知行合一"作为助人自助的"阶梯"。近十年，紧扣高素质、专业化、创新型职业教育教师发展新需求，我在"教、学、研、创"融合领域持续发力。领衔省首批教学团队、省首批职教名师工作室，主持省首批精品资源共享课、省首批教改研究项目、国家首届信息化教学研究重点课题、2021年新时代职业教育重大课题。组建起结构合理的教师团队，树立起"以知促行、以行求知"的理念共识，迎来携手并进、百花齐放的共赢局面。2018年，我以综合考评第一名的成绩被省教育厅认定为"齐鲁名师"，先后被聘为济南名师、青岛名师及"济南未来卓越教师"的指导教师，山东师范大学硕士生合作导师。保有着"做一名好老师"的初心，保持着对职业教育的恒久热情，团结并影响着更多的职教人在逐梦的道路上风雨兼程。

跨越——为理想选择从头再来

（一）归零重启，成为高职教育"新成员"

源于一次信息化教学大赛的受邀辅导任务，我结识了济南职业学院一群同频共振的教师和冲锋在前的专家型领导，他们赋能团队，相邀同行。从中职到高职，意味着更优质、开阔的学研环境，但也意味着中职业绩的归零。经过短暂的思考，我选择从头再来。2019年底，我正式加入济南职业学院大家庭，从一线教师做起。时值疫情突发，我受命组建起"开学第一课"设计团队，以示范课标准，为万名学子构建起"抗疫、防疫、担当大义"的入校阶梯，也迅速融入多部门合作的师生团队中。在领导和同事的指导帮助下从教学事务处理，到带队参评34个骨干专业的绩效排名；从研制本科专业教学标准，到参与"双高计划"建设任务的顶层设计，我以一贯的认真严谨和不知疲倦的工作状态投入到高等职业教育广阔深远的新领域。

（二）攻坚克难，当好教师团队"冲锋员"

在教务处履新期间，我迎来的大考是新一轮教学能力比赛。激烈的竞争和为期一年的长周期艰苦备赛让很多优秀教师望而却步。如何让老师们踊跃参赛、安心备赛、自信比赛，是我要面临的新课题。"将工作再进一步就是研究"，我使出拓荒牛的拼劲，从完善"院校省国"四级竞赛体系开始，设计"三轮"校级赛制，建起"两线"专家团队，实施全员参赛、全程辅导、全面保障的"三全"支撑。同时，细化"六研"常态机制，组织赛事模拟、主题研讨及点对点答疑辅导近百场次。2020年，23支校赛团队中6支胜出参加省赛，摘得5金1银，国赛2银，续写大赛辉煌。2021年，受学院委派作为"数字芯片测试"团队一员参赛，以"挂图作战、少眠不休"的冲锋模式，捧回学院阔别两年的国赛一等奖。

参赛过程是一次荡涤心灵的难忘经历。芯片技术的"高、精、尖"决定了课程开发资源的"希、缺、难",而国产高端芯片的"卡脖子"问题,更牵动着每一个中国人的心。作为未来芯片测试岗位上的学生们,如何在这个高技术密集的产业链条上找准自己的岗位坐标,以扎实精湛的技术服务民族产业、助力科技创新?这是一个有着超高期待值的参赛选题,师生团队凝结"校企研院"多方合力,付出了无限的智慧与心血。

我永远记得备赛时第一次向学生讲完"教学实施报告"的情景,一位平时不善言语的大男生霍地站起身来,斩钉截铁地说:"老师,您的报告让我感到中国的芯片产业,要腾飞了!"何止是学生,整个备赛过程我内心的澎湃也从未消减,总有一首曲子以"单曲循环"的方式流淌在心底,那也是我课堂实录中首尾呼应的旋律——"我和我的祖国"。通过对参赛作品的创新设计,让高精尖的技术以真实的项目走进课堂,让终其一生追赶超越的科技领军人才刷新学生的追星标准,让"点沙成芯"的科学成才观照亮"微电子专业"学生的成才之路。正如实施报告中我的教学感言:回顾芯片制造全流程,经历上千道艰难严苛的制炼环节,沙子——重生为芯片,坚信我们的学生,同样会在芯片测试道路上,破茧成蝶,百炼成才!

在相继推动的混合式教学、立体化教材等核心领域的深入教研中进一步崭露头角。2021年,我创设"三融三向"递进式课程思政建设模式,持续推进课堂革命走心、走深、走远。形成雁阵效应,促动更多优秀教师从教学思考走向教学思想,从理念更新走向实践创新。当年,学校产生课程思政示范课程校级12门,省级2门,国家级1门,学院荣膺"山东省课程思政教学研究示范中心"。

(三)吃苦耐劳,做好教师发展"绘图员"

2022年,我转岗任教师发展中心主任,兼任党委教师工作部副部长,从教学前锋转身为教师的成长伴跑者、驻守擎灯人。我一如既往发扬吃苦耐劳的老黄牛精神,一步一个脚印地踏实工作。用半年时间,适应新岗位,找准新方向,取得新实效。我多次在省校联席会、国培省培项目中做教师发展典型报告,助力更多优秀教师成为专业共同体的知识建构者、有影响力的专业实践者。

从一线课堂到教研教改，从教务管理到教师发展，我珍惜每一个紧跟时代、更新观念、开拓视野、服务师生的平台。我希望成为这样的"好老师"，能够助力学生、教师和个人生命共同绽放；能够立足新时代，以"四有"好老师标准做好学生引路人。

最爱南宋朱熹《观书有感》：半亩方塘一鉴开，天光云影共徘徊。问渠那得清如许？为有源头活水来。诗中那种灵气流动、思路明畅、活泼自在的境界，着实令人神往，也时常让我觉得，从教30年的职业教育恰如那鲜活明澈的半亩方塘，因为常有活水的注入，才如明镜一样，清澈见底，映照出旖旎天光。

职业教育高质量发展的关键在课堂，核心是教师。作为新时代的教师，更应因时而进、因势而新。守好一段渠，勤思不辍，为职教学子的出彩人生守望奔赴；种好责任田，深耕半亩方塘，让以创新为源的教育生动鲜活。由此，怀木铎之心，赴素履之往，奔跑在职业教育通达多彩的道路上，不停歇！

不啬微芒　造炬成阳

胡星鹏

人物扫描

胡星鹏，现为济南工程职业技术学院辅导员发展中心负责人，副教授，被评为全国模范教师，山东辅导员名师工作室、济南名辅导员工作室主持人，曾获第八届、第十三届全国高校辅导员年度人物提名奖，第四届全国高校辅导员素质能力大赛国赛二等奖、区赛省赛一等奖，第六届山东高校十佳辅导员、济南"身边好老师"等荣誉称号。

18年来，我工作在一线，成长在一线，用行动关怀学生，用思考影响他人，一步一个脚印地从一名普通辅导员成长为全国模范教师。在每个工作阶段，我都不忘立德树人，始终把学生工作看作是一份神圣且快乐的事业。工作不计得失、勇于承担，勤于为学生管理工作发展建言献策，形成了"踏实、务实、真实"的工作风格。

温暖心灵，陪伴青年学生成长

"做一个有故事的人"是我对自身的要求，"做一个有价值的辅导员"是我对职业的要求。十年来我始终热情如初，用温暖关怀学生，用正能量去影响他人。从思想引导到学业指导，从班级建设到社团发展，从个人职业能力的积累到成立辅导员工作室，带动全校辅导员提升职业素养、拓宽工作领域，始终把学生工作看作是一份神圣且快乐的事业，让自己成为工程学院"有故事"的辅导员。

故事一：用行动助力学生的成长。

"奔跑吧，少年"，这个故事对于2014级的学生都不陌生。14级一位身患小儿麻痹后遗症的男生，要参加运动会5000米长跑。我与该生交流后，决定陪学生一起完成比赛。当100余人的陪跑大军浩浩荡荡地呐喊助威时，现场众多师生流下感动的泪水。我深深地感受到一个病困学生想要证明自身价值的渴望，作为辅导员应该陪伴学生实现他们的愿望。赛后，我安排专人照顾该学生的生活，密切注意学生的身体状况。在我看来，陪伴是辅导员对学生最大的鼓励，用行动关爱学生，让学生打开心扉、吐露心声，学生的问题也能及时化解。

故事二：用关怀解开学生的心结。

"老师，我不想让别人去我家。"这是一个关于自尊心的故事。记得有一年走访困难学生家庭，安排好行程后，突然一个女生悄悄来找我，"老师，我不想让别人去我家，我家穷，比较简陋，不想让别人看到……"感受到学生的自尊心正在颤抖，为了打消学生顾虑，我与学生促膝长谈，介绍走访政策和学校期望，在我的开导下，学生后来欣然接受了走访安排。不过这件事对我日后的工作产生了重要影响，我知道凡是可能触及学生内心的工作，即使初衷是善意的，也要谨慎处理。多调研，多摸底，做好学生心理疏导，服务管理才能见实效。学会尊重学生，了解学生真实的想法，是一个辅导员成长的必修课。

故事三：用教育唤起沉睡的心灵。

"成功的路上并不拥挤，因为懂得坚持的人不多。"这是一件温暖的小事。有次，我收到学生小郭发来的微信，"老师，我正在复习考研，学习真的很累，但每次想放弃时，都想起您讲的一句话'成功的路上并不拥挤，因为懂得坚持的人不多'。老师，又想听您讲故事了，要是您还能再给大家开个班会多好！"这句话，是一次励志班会上我讲到的，令我意外的是毕业后的学生居然还记得。正是因为有着学生的怀念，此后的我更是精心设计班会，从"国家公祭日"到"刑法修正案九"，我坚持思想教育必须与时俱进，要用最流行的词汇、最热门的话题引发学生共鸣，促进学生成长。我认为，要做内心有格局的辅导员，这样才能培育有责任、有担当的学生，也更能体现辅导员的职业价值。

价值引领，诠释模范教师使命

作为全国模范教师，铸魂育人是我对专业的要求，守正创新是我对职业的向往。我不断思考"辅导员怎样做，才能引导学生把理想信念变为现实"。为此，我不断鞭策自己读原著、学原文、悟原理，深入思考大学生价值引领方式，形成"11333"价值引领体系，强化学生政治责任，筑牢信仰根基。

（一）学思践悟，知行合一

"学，只是途径；用，才是目的。"我围绕思想政治教育规律，踏踏实实地向学生弘扬党的优良传统、鲜明特色、政治优势。从入学教育到主题班会，从日常管理到思政课堂，我总是站在理论教育的第一线，引导学生补足精神之钙。我组织辅导员、学生干部成立两支学习贯彻党的二十大精神理论"宣讲团",集体备课,亲自指导,在学校完成五场宣讲任务,筑牢学生的信仰之魂。在改革开放四十周年之际,我积极开展"话改革、筑信仰、勇担当"系列主题教育活动,强化学生的责任意识。为庆祝建党百年,我又组织策划 20 期"辅导员大讲堂"——"四史"教育专题活动,带领辅导员学习党史、总结党史、研究党史、运用党史,让广大学生学史明理、学史明志,赓续伟大建党精神,增强文化自觉。为引导青年坚定理想信念,我结合系部特色,举办了"五四红歌会""中华经典美文诵读"等主题教育活动;举办了"缅怀先烈革命事迹,弘扬济南红色文化"的主题活动,带领学生在临沂山东省政府旧址举行"爱国主义"教育基地挂牌仪式,增强在校大学生的爱国主义意识。在我的指导下,学生们不断厚实专业素养,学思结合,明确了价值引领的向度。

(二)责有攸归,忠于事业

我坚守"责有攸归,忠于事业"的职业理念,践行辅导员既是教师又是管理者的双重身份。作为教师,我不断提高教学水平和专业素养,积极参加高等学校骨干教师培训,学习《管理学》《经济法》《青年教师职业生涯规划与发展专题高级研修班》等课程。利用《思想道德修养与法律基础》《形势与政策》《就业指导》等课程的教学环节,帮助学生端正学业态度、制订生涯规划、实现升学目标。作为辅导员,我围绕重要工作节点,制订"辅导员班会课程化体系",实现高质量完成核心教育,高效率完成热点教育,及时把大事件、大新闻融入教育主线中。引导学生深入阐释、积极感悟、关注时事、紧跟前沿。组织庆祝建党百年之"10 个一百"活动,与学生共同进行经典解读,讲述"党史"故事,并积极参加"榜样,你好"全国百名思政工作者讲党史人物活动、山东团省委"这就是中国青年"微视频展示活动等,为学生声情并茂地送上一堂堂鲜活的思政课。学生干部小李对理论理解较浅,在我的引导下,他积极探究马克思主义真理,对马克思主义哲学产生浓厚兴趣,在学生中开展多场交流活动。通过教育引领,学生的"心"活了起来,学习关注时政，学会深入思考，实现了师生之间的政治价值共识与情感共鸣，提升了价值引领的温度。

（三）砥砺深耕，革新笃行

围绕辅导员"三辅三主六导四员"的要求，我不断深耕，创新铸魂育人的"333"管理模式。学生管理工作是琐碎的，但是本着学生工作无小事的态度，我坚持做好每件事，帮助学生成长，引导学生成才。第一个"3"，积极探索"三段式"思想教育体系，提出做"合格工程人、优秀职业人、卓越社会人"的三段式教育，积极引导学生认知校园文化、强化职业技能、勇担社会责任。第二个"3"，以意识形态教育为核心，通过班委培养、学业帮扶、就业指导三大工作板块，构建"一核心三步走"的班级管理模式，分阶段、有目标、有主题地开展常态化班级管理工作。第三个"3"，积极探索"三结合"学生生涯指导规划，依托"学风建设、学业指导、科技竞赛"等专业需求，实现辅导员与班主任、辅导员与行政干部、辅导员与企业导师"三结合"育人方式，组织多方会谈，亲自走访企业，探讨多元共治，助力学生职业技能的提升，确保价值引领的厚度。自学院启动大学生科技创新立项活动开展以来，我指导多名学生完成立项活动，涉及"会计专业学生就业形势调查与分析""高职院校学生理财规划调查研究""大学生综合问题疏导工作室的建立与运行""高职院校学生社团的建立与发展研究——以济工院为例""韵达物流实训室的建立与运营"等内容，促进了学生动手动脑能力和创造力的提升。学生小刘学业迷茫，在我的鼓励下申报科技创新项目，我全程参与指导，并引荐专业教师强化专业教育，成功完成立项后，激发了小刘的学习兴趣，毕业后考取了省内知名院校的研究生。

身先士卒，助推职业共同体发展

自获评全国模范教师后，我更深刻地认识到扛在肩头的责任，不仅要成为学生心中满意的辅导员，也要成为年轻辅导员的"辅导员"，不断挖掘辅导员工作内涵，积极辅助学校开展队伍建设，全力探索高校辅导员职业化路径。

（一）凝神聚气，强化职业发展归属感

复兴始于教育，成败在于队伍。为推动学校辅导员队伍建设，我围绕辅导员职业能力标准，提炼出"仁爱乐业，砥砺笃行"作为学校辅导员队伍建设理念，推进辅导员队伍发展。在获得辅导员素质能力大赛国赛二等奖后，我带领学校辅导员队伍勤学、苦练，在工作中扎实实干，激发了整个团队奋发向上的精神，有5人先后获得省级以上辅导员素质能力大赛一等奖，也使学校成为在该赛事全国唯一四次入围总决赛的职业院校，鼓足了学校辅导员群体的勇气，坚定了职业化发展决心，吸引校内外多人转岗投身辅导员事业，提升了学校辅导员团队的归属感和凝聚力。

（二）投桃报李，传递理论研究新经验

淬炼成匠，点亮他人。我潜心于总结学生日常管理工作的经验、辅导员队伍建设的经验，接受中国石油大学（华东）、郑州大学等46所本专科院校邀请，开展"新形势下辅导员职业能力提升""职业共同体视角下辅导员队伍建设""高校辅导员危机事件管理"等主题交流50余场，指导齐鲁师范学院、山东农业大学等多所兄弟院校辅导员参加比赛。作为山东高校辅导员名师工作室主持人，前往多个高校开展工作建设经验分享。受邀参加2019年广东省教育工委主办的南方辅导员工作论坛，在会上展示了山东辅导员名师工作室的建设成果。

（三）勇开先河，打造队伍建设新品牌

星垂平野阔，月涌大江流。作为高校辅导工作的探路者之一，我不断挖掘，开阔思路，越干越勇，树立了多个辅导员工作特色品牌。成立了首家辅导员学校，常态化开展学习型辅导员队伍建设；利用工作室建设契机，打造了"辅导员真人图书馆""辅导员，开讲了"以及"辅导员大讲堂"等品牌项目；带领学校辅导员团队，成功申报了山东省辅导员省培基地，承办了省教育厅辅导员省培项目，承接了兄弟院校山东轻工职业学院、临沂科技职业学院等高校的辅导员假期培训任务，扩大了学校在省内高校的影响力；配合济南市

开展"东西协作"计划,亲赴临夏调研,与甘肃现代职业学院、临夏县职业技术学校开展结对帮扶,助推西部学校学生工作发展,服务乡村振兴建设。

厚积薄发,用文字纾解成长之困

向下扎根,向上树人。自从参加辅导员素质能力大赛之后,我意识到青年辅导员和大学生在成长中都会遇到诸多困惑与问题,但现实中的解答存在脸谱化简单勾勒现象,对一些似是而非的观点未给予正面的剖析,更缺乏利用马克思历史唯物主义和辩证唯物主义观点进行深入分析。为深入解决青年辅导员和学生的思想疙瘩,我着手对辅导员职业能力提升及学生动态开展理论与实践研究,进一步推动价值引领,向下扎根,纾解立德树人工作中的难题。

(一)思维导图——用线条勾勒职业图谱

博观而约取,厚积而薄发。我围绕辅导员职业化、专业化发展难题,多方调研,收集资料,听取专家意见,形成《高校辅导员职业核心能力提升思维导图》一书。基于思想政治教育工作重任,立足高校辅导员职业需求,提出高校辅导员职业发展的"三个维度",即基础维度——职业能力,目标维度——职业行为,核心维度——职业信仰,以此引导辅导员职业化发展。构建高校辅导员职业核心能力提升"四位一体"体系,通过四大核心能力,即政治能力、学习能力、创新能力、发展能力的搭建,配合职业发展的24个要素,形成职业核心能力提升图谱,以此培养发散思维,引导行为逻辑,促进辅导员专业化发展。

(二)百问百答——用思考体现专业智慧

积善成德,而神明自得。为解决学生困惑,助力学生成长,我选取贴近学生、贴近时代、贴近现实的问题,一道道搜集,一条条解答,整理出版《百问百答——新时代学生思想领航》一书。该书通过问答的形式体现辅导员专业智慧,不仅为青年大学生提供了最直接的帮助,也为其他辅导员同仁提供了丰富的工作思路与方法。同时,《百问百答——新时代学生思想领航》还增加了"学生评论"版块,以学生视角点评辅导员提出的建议,形成了掷地有声的回应效果,达到了以情动人、以理服人的目的,以此为学生成长答疑解惑。

(三)勤于尝试——用研究展示育人情怀

驽马十驾,功在不舍。我致力于学生工作的研究,让科研与育人水乳交融。在新冠疫情期间,我积极关注居家学生心理的变化,撰写《由媒介恐慌引发的强迫、焦虑行为——疫情背景下的心理育人案例》,通过辅导员视角,引导学生全面地看待疫情,客观地使用网络媒介,完善自身的认知体系,该案例后入选省教育厅暖心战"疫"优秀成长辅导案例。我以辅导员身份参与《"四课堂、五联动、多平台、四协同"大思政教育体系》教学教改项目,推动学校"大思政"格局的建设,该项目获得山东省教学成果奖一等奖、基础教育国家级教学成果奖二等奖。先后发表《高校院校辅导员工作室培育策略研究》等论文多篇,参与编写《中华优秀传统文化读本》等教材4本,主持或参与"高校院校辅导员职业能力提升研究"等课题8项。通过对不同问题的思考,更进一步展示了个人的职业能力与育人情怀。

因多项工作表现优异,我在单位连续八年考核优秀,工作事迹被大学生在线、大众网、《济南日报》等媒体报道,先后获评第八届、第十三届全国高校辅导员年度人物提名奖、"济南身边好老师"等奖项。于2019年被人社部与教育部联合授予"全国模范教师"的荣誉称号。

"不啬微芒,造炬成阳。"经过多年的成长,我更加深刻地理解人生导师的意义和知心朋友的分量,不断孜孜以求,鞠躬尽瘁地发挥着辅导员的作用:"辅"学生成长,"导"学生成才,"员(圆)"学生梦想。面对每一次挑战,我都不会胆怯,我始终相信,价值引领永远在路上。虽然个人能力是微弱的,但集中辅导员队伍中每一个人的微芒,终将汇聚成指引学生成长的朝阳。

永葆初心　做温暖的点灯人

张　青

人物扫描

张青，现任山师大二附中学科组长，语文教师，被评为齐鲁名师、山东省特级教师、山东省优秀教师、全国优秀语文教师、泰山名师等，获全国语文优质课评比一等奖、全国微课评比特等奖。兼任山师大硕士研究生导师、省学科工作坊主持人、省基础教育教师培训专家、人教社社外培训专家、济南市未来卓越教师成长共同体建设工程导师。

30年来，我始终驻守在教学一线，坚持立德树人、启智润心，持续开展生态语文建设，为学生的未来发展奠基。30年的教育教学实践，我没有轰轰烈烈的故事，没有惊天动地的事迹，只是踏踏实实、兢兢业业地在教育的沃土上潜心耕耘，做一名温暖的教育筑梦者、点灯人，引领学生自强不息怀壮志以长行致远，厚德载物携梦想以达己达人。

初心如磐——路漫漫其修远兮，吾将上下而求索

"欲事立，须是心立"，初心明确，信念坚定，方能行稳致远。1990年7月，中考填报志愿时，怀揣着萦绕心头多年的教师梦，我毅然选定了"师范"专业，成为一名心有梦想的"中师生"。三年的勤学苦练、书海遨游，1993年7月，我以班级第一名的优异成绩毕业，回到了我的母校，一所淳朴、热情而富于活力的乡村学校——肥城市过村中学执教语文。我如饥似渴地阅读着为数不多的教育教学资料，孜孜不倦地向老师们请教着，勤勤恳恳备课、上课、写随笔，也在迅速地成长着。当在书中读到于漪老师"一身正气，为人师表""我的理想是做一名合格的教师。所谓合格，就是不负祖国的期望、人民的嘱托"的殷殷心声时，我被深深地震撼，于是立志做一位像于漪老师那样心有大爱、胸有深情、树魂立根、教文育人的合格老师。

毕业伊始，我的教学成绩始终列乡镇同级第一名，热情洋溢、丰富灵动的课堂教学风格也颇受大家喜爱。1996年9月，22岁初出茅庐的我受学校委派参加优质课评选，连续获得肥城市第一名、泰安市第一名、山东省二等奖第一名，1997年我被评为"泰安市优秀教师""肥城市青年岗位能手"。

1999年9月，我放弃了调往泰安市直学校工作的机会，来到肥城市一所新建山村学校，开始了为期三年的辛苦追梦历程。我以最美的青春年华陪伴着这些质朴热诚的山村孩子，和他们一起住在简陋的学校宿舍，一起沉浸于语文的晨读晚诵，一起在山顶放声高歌，一起在名家经典里深情徜徉。我就像一盏灯，在漆黑的夜里守护他们，温暖、照亮这些淳厚可爱、向光而生的

少年。期间，我获评"泰安市教学能手""山东省优秀教师"等，多次执教市、县公开课。

2002年9月，我调往肥城市龙山中学，继续担任教研组长、班主任，同时担任肥城市兼职语文教研员，负责泰安市语文学科基地管理工作。我坚守"为党育人，为国育才"的信念，注重培养学生的文化之根，开启智慧之门，始终把学生语文能力和语文素养的提升放在首位，引领孩子们在听说读写中涵养性情，厚德积能——"生态"语文教学的种子根植于教学实践中，雏形渐成。我被评为"全国优秀语文教师""山东省优秀语文教研员""泰安市学科带头人""泰山名师""泰安市课程改革先进个人""肥城市优秀党员""肥城市三八红旗手"等。

2010年11月，我通过名师引进，加入了山东师范大学第二附属中学这个温暖有力、精诚团结的大家庭。我初心如磐，秉持"教书育人""立德树人"的使命，始终保持向上的姿势，和团队老师们一起耕读沉淀，且思且行，且改且记，坚定地陪伴学生一路成长，逐步沉淀形成自己的"生态教育"理念。我先后被评为"山东省特级教师""齐鲁名师"等，担任山东省"互联网+"工作坊主持人、山东师范大学硕士研究生导师、山东省基础教育教师培训专家、人教社社外培训专家、济南市未来卓越教师成长共同体建设工程指导专家等。

思想淬炼——千淘万漉虽辛苦，吹尽狂沙始到金

"人民教育家"于漪老师一直是我的榜样，她曾经说过："我一辈子学做教师有两根支柱：第一根支柱是勤于学习；第二根支柱是勇于实践。两根支柱的聚焦点就是，不断地反思。"她一辈子学做教师的精神与实践成为激励我不断前行的方向与力量。我不断摸索、实践、改进，经过近20年的努力，"生态"教育的理念与策略逐步成型并且日益成熟。什么是"生态教育"？简而言之，"生态教育"就是指我们的教育教学的出发点是以生为本、以学定教、以教促学、教学相长，它是健康、美好、和谐、有生命力的，也是最贴近学生成

长需求的，更是符合教师教育教学理想的教育方式。

（一）"四有"语文，激活学生语文体验

我逐步实现了语文教学由"讲授场"向"学习场"的转变，使语文学习成为"教、学、做"合一的过程，我努力秉承对语文教学的虔诚、质朴与清灵之心，努力做到以下几点：1. 眼中有人。以学生为主体，重视自读能力的培养，重视合作探究的实效，重视创新思维的激发。2. 手中有书。立足教材又不拘泥于教材，学会沉潜，生发出对教材的独到见解，然后和学生一起寻微探幽，对话文本与作者。3. 心中有情。做有情怀的语文人，不仅是做传道授业解惑的夫子，更要有举手投足间的文化气质引领。用智慧点燃智慧，用生命唤醒生命。4. 胸中有识。语文课堂应该是纯净的、生态的。老师心灵登高，课堂自然就行走从容，有活力、有成效、有期待、有欢愉。

（二）生态课堂，舒展学生生命活力

生态课堂，师生之间应当建立起一种民主、平等的"对话"关系；生态课堂应该创设"独立精神，自由思想"的学习氛围。我的课堂总是力创美好和谐的语文课堂心境，力创自由融洽的师生亲情关系，充分发掘语文教学的审美因素。我坚持引领孩子们大量阅读，倡导整本书阅读和群文阅读，根据书的层级和学生情况，积极推行"坡度式"阅读。在学校"1+N"课程改革中，我推出的文学鉴赏课与走进国学课成为学生的最爱。我和学生共读国学经典，感受国学清风拂面般的洗礼，触摸到它们似乎遥不可及而又触手可及的温润；我不断勉励学生去做有家国思想、有担当有抱负、有见识有见地、讲孝道能守礼的谦谦君子，努力成为"民德归厚，义理深远"的"新时代君子儒"。2015年我获得全国"教育艺术"杯课堂教学比赛一等奖，2020年获得"语文报杯"全国微课评比特等奖，2021年在全国初中语文教师教学基本功大赛暨教学观摩研讨会中获优秀课例一等奖。

（三）生活语文，丰厚学生语文积累

我鼓励并引导学生走出课堂，走进社会，链接起广阔的生活空间，使语文学习拥有更加丰富的储备；我引领学生从自己的生活经验和生命体验出发

去解读课文，认识世界，体会生活的苦与乐，感受无数作品中流露的悲与喜。喜马拉雅广播系列、班级读写公众号系列、学生名家名篇讲座系列、研学主题报告系列、诗词文言鉴赏系列，让语文变得更加灵动与多姿多彩。"根深才能叶茂，登高方能望远"，生态理念烛照下的语文教学，就让学生厚积薄发，实现了语文素养与灵魂诗意的比翼双飞。

（四）生态写作，唤醒师生创作热情

多年来我一直持续做"有痕教学"。我坚持阅读大量教育教学书籍，反思、改进、实践，使自己的教育教学更加丰盈、生动。每当读书学习、思考教学、感受生活略有所得时，我就会及时用手机编辑文字或录音来捕捉闪现的点滴思考和灵感，然后再抽时间静下心来反复思量、多次修改，最终成文。我带领团队的老师们基于统编语文教材，构建了生态写作的课外行走课程和课外自由读写课程。学生作品屡见报刊，在全国、省市获奖100多人次，在各级报刊发表作文100多篇。学生在全国"人教杯"经典诵读中一举夺魁，在中国诗词大会的舞台上展现风采。2016年我出版专著《高效作文教学的探究与训练》；由我担任主编、副主编的各类书籍有15部，参编的有多部；在《语文建设》《中学语文教学参考》《语文教学通讯》《中国教师》《中国教育报》等报刊发表文章近40篇。

研读、培训——晴空一鹤排云上，便引诗情到碧霄

我连续多年任教2个班的语文教学，并担任班主任、名师工作室主持人以及培训专家等，在较为繁重的日常教学与管理之余，坚持阅读教育教学书籍、期刊、知网、公众号文章等。我阅读了《于漪语文教育论集》《国文国语教育论典》《大师语文课》《富有想象力的语文教学》《万千集》《我就想浅浅地教语文》《小说教学教什么》《中国文化课》等200多部著作，把略读与精读相结合，写下了100多万字的教育教学思考，影响和推动了自己的语文教学与班级管理。我自费订阅过多种教育教学期刊，也曾多次被委派

甚至自费听名师、专家授课。每一次阅读、每一次聆听都像一次次头脑风暴，我被深深地感动与感染着，也在默默地探索与努力实践着。

2019年7月开始，我开始参加齐鲁名师培养人选工程的系列培训，得到了潘庆玉、张伟忠、孟祥英、郝敬宏、法洪雪等几位导师的悉心指导，倾听了几十场专家报告，写下了30余万字的教育反思；2021年11月，我在上海参加了教育部国培全国骨干教师高级项目研修，聆听王荣生、邓彤、李海林等专家报告，写下6万余字的研修笔记与反思。我见识到了不同专家的卓越风采，感受到了不同思想观念的智慧碰撞、执着教学改革的激情澎湃，视野更开阔，眼界更高远，信念更坚定。

课题研究——且将新火试新茶，诗酒趁年华

教而不研则浅，研而不教则空。我秉持"工作即研究，研究即创新，创新即课题，课题即进步"的理念，与志同道合的老师们一起把研究创新落实到课堂中，落实到课外活动中，落实到教育管理中。2005年、2009年分别获得山东省教育科研成果二等奖、一等奖；2006年主持泰安市课题"快速作文及评改一体化研究"结题；2010年主持山东省重点课题"个性化阅读与文学教育"结题；2015年主持教育部"十二五"课题"少教多学在中学语文教学中的策略与研究"结题；2017年重点参与实施山东省重点课题"综合实践活动的德育渗透"结题；2019年主持中国教育学会课题"高效作文教学的建构及评改一体化研究"结题；2021年重点参与山东省教育规划重点课题"基于学情的阅读教学新课堂研究"结题；2022年重点参与山东省研究生教育优质课程建设项目"语文教学设计与实施"；2022年5月作为核心成员参与"融合·建构·创新：初中语文'专题读写'教学廿年探索与实践"研究获山东省基础教育教学成果特等奖，同时获2023年国家级基础教育教学成果二等奖……

2019年7月，我基于学生的读写现状，开始探索实施齐鲁名师建设工程

研修课题"初中生青春文学阅读与写作策略的研究"。3 年的时间，我与课题组成员同心同德，从"生态"语文的核心理念出发，坚守"青春文学"的阵地，建构"一体两翼"框架、"三元六维"模式，从阅读与写作双线进行探究并实现突破。课题组在探索实施中编写了独立的阅读课程、写作教程共 10 册，在全校各年级推广使用。在课题实施过程中，学生的阅读与写作逐渐从他律走向自律，从自律走向自觉、自为，进而走向成长、成熟，获得阅读与写作的幸福感、成就感，同时获得了可持续发展。

生态管理——丹心化作春雨洒，赢得桃李满园香

担任班主任 23 年以来，我坚持以爱为圆心，为学生的成长搭建适切的"脚手架"，创设"生态"班级、"自治"管理。我和学生制定了公共约束下的文明规则——班级班规，营造了适合学生个性发展的文化生态。小组合作、班级量化、积分银行、班级绿卡、星级评比、每日一谈等策略实施生成了系列班本课程；撰写心理分析说明书和推行值日班长负责制增强了班级凝聚力和向心力。班级活动在新华网、大众网、齐鲁壹点、《齐鲁晚报》等多次报道。疫情网课期间，我又紧贴学生成长需求实施了"五声协奏"多维管理模式，使得学生在居家备战学考的特殊时期，依然深刻感受到老师与班级的温暖与力量，保持着蓬勃向上的进取精神。《坚持生态管理，唱响"五声"协奏》等"生态管理"系列论文在《中国教师报》《山东教育》等发表。

调入济南 13 年，我和老师们一起培养了大量优秀学生。2018 年济南市学考中，两个班 52 人顺利升入山东省实验中学、山师附中、济南外国语学校，2 人到日本公派留学，创下学校最好的升学记录；2019 年、2020 年学考成绩再次名列济南市前茅。我所带领的班级连续被评为"济南市先进班集体"，我也获得"济南市优秀班主任""历下区未成年人思想道德先进个人"等多种称号，担任历下区名班主任工作室主持人。2022 年我又获得"山东省家庭教育指导师"称号。

示范、同行——一花独放不是春，百花齐放春满园

为充分发挥名师的示范引领辐射作用，我多次通过线上交流与线下活动相结合的方式，定期举行公开课、举办讲座，为区域教育教学发展贡献智慧和力量。

2020年疫情期间我为"学习强国"学习平台提供课例，为多地提供多节网课。2020年11月，我为《齐鲁晚报》做关于写作的专题讲座，实时有4.6万人在线观看直播；2021年为齐鲁壹点推出2次写作微讲座。多年来为北京、河北、新疆、威海、泰安、莱芜、历城、长清、历下等地提供50多次课堂示范或经验分享。2021年12月，我前往新疆乌鲁木齐送教并做"生态备课，为读写注蓄青春活力"讲座，为新疆喀什送教做"基于核心素养的青春语文阅读与写作策略探究"讲座，深获好评。为坚定文化自信，弘扬革命传统文化，我执教了《木兰诗》《纪念白求恩》《谁是最可爱的人》《祖国啊，我亲爱的祖国》等课例，提供了红色经典课文的教学示范，把教材变成了立德树人的"红色引擎"。

我深知"独行速，众行远，同行方可致长远"，坚持在平凡的岗位上践行立德树人、教书育人的光荣使命，用自己的爱心与热情传递力量、温暖他人，携手逐梦。作为学校首席教师、学科带头人、泰山名师与齐鲁名师工作室主持人、山东省语文学科工作坊主持人，我热心投身于青蓝工程，用思想和行动影响和引领老师们在语文教学之路实现专业成长。我带领工作室成员进一步完善了统编语文教材配套阅读读本十几册，建立并充实了阅读与写作的资源库。工作室与各区学校的互动与交流成为常态，年轻教师迅速成长。

近几年来工作室成员获全国、山东省微课程评比一等奖各一项，8位年轻教师获得山东省"一师一优课"奖。2位老师在全国初中语文教师教学基本功大赛中获优秀课例一等奖。多位老师执教省、市、区公开课，到济南市其他区县送课，疫情期间为济南市录制十多节网课。多位老师在《中学语文教

学参考》《山东教育》等报刊发表文章，参与编写著作十多部，完成校本教材编写十多册，主持、参与省、市、区在研课题5项。我与团队成员设立公众号"读写留痕""爱文字"等，发表学生作品和个人教学心得，多次被阅读、转发。

我长年担任山东师范大学本科生、硕士研究生学科指导老师、班主任导师，被聘为山东师范大学硕士研究生导师，指导多位毕业生顺利应聘理想教学岗位，有的1-2年就在区域崭露头角，成为教坛新秀。

"衣带渐宽终不悔""长风破浪会有时"。30年的孜孜耕耘，我深深懂得，专业上的收获，是一个吸收与产出的过程，也是一个自己成长与强大的过程，更是一个能守住初心、砥砺前行的过程。我曾扎根山村教育，为培养了全国"张海迪"式好少年而自豪，为培育了山村最优秀的一届初三毕业生而无比幸福，为冰雪天滑倒而导致怀孕七个月的胎儿引产而痛苦！2014年，我在看望同事的路上遭遇车祸，牙床骨折、牙齿脱落，身体多处擦伤摔伤。为不影响毕业班学生功课，出院后我牙床打着钢板就回到了教室。我用一张张精心制作的PPT和手势带领同学们顺利完成了学习任务和自我管理，收获了班级期末考试在学校同级名列第一的好成绩，更收获了孩子们的信任与爱戴。2022年9月1日，我在上班的路上被逆行的车辆碰倒，左手臂骨折，身上多处摔伤。在医院正骨包扎处理后，我选择回到了毕业班的讲台上，以坚强与执着温暖学生，陪伴他们踏实学习、稳重前行。我30年如一日，以自己满腔的热情和不懈的耕耘、以自己蒲公英般的精神气韵与人品学品，赢得了学校的信任、家长的认可、学生的喜爱，我的事迹在省、市电视台，《齐鲁晚报》等多次报道。

青春远了，皱纹添了，但我教育的初心依然朝气蓬勃。我愿意和所有的同仁一道，做一名温暖的点灯人，秉烛暖心，陪伴孩子们的成长；提灯领航，引领孩子们的方向；我愿意成为一束光，为祖国的教育事业永远绽放属于自己的青春光芒！

名师引领促成长　扬帆起航正当时

杨丽娟

人物扫描

　　杨丽娟，济南市辅仁学校数学教师，被评为齐鲁名师、山东省特级教师、济南市高层次人才、济宁市有突出贡献的中青年专家、济宁市十佳教师、济宁市小学数学教学能手、济宁市优秀教师、济宁市中小学优秀班主任等，出版专著《创新思维下的数学教学探究》。

社会是课堂，实践是砺石，他人是吾师，自强是关键。教师成长固然离不开好的教育教学环境，但起决定性作用的往往是自己的心态和作为。20多年来我始终告诫自己：只有务实肯干、积极进取、开拓创新，才可能有机会在自己的工作岗位上取得一点点成绩。

心怀梦想，砥砺前行

1995年，我考进济宁师范学校。三年后，我被分配到家乡一所乡村学校任教。在农村的这段生活虽然艰苦，却是我最开心、进步最快的一段时光。由于师资紧张，除了教数学我还教过音乐、美术、科学等几门课程。四年下来，不仅所带班级数学成绩一直名列前茅，我还常常不自觉地把音乐、美术等学科知识渗透到数学学科的教学中，思路开阔了，教育梦想也心生萌芽。

小时候没有读过多少书的我，当上教师以后更觉得腹中空空，于是买书、读书便成了我生活的执念。无论工作再怎么忙，我都挤出时间读书学习。教育教学类书籍填满了家里的角角落落，《小学数学教育》《小学数学教师》等杂志都成了我生活的伴侣。在儿子小的时候，老公经常出差，我常常边带孩子边学习。因为担心儿子的安全问题，就索性把两张书桌放到了客厅，没想到这一摆就摆了10多年。正是这个看似奇葩的决定，养成了我们一家人爱读书学习的习惯。在家人的持续陪读下，我用了7年时间拿到专科和本科学历，并顺利考取了学士学位。

我上课总爱玩新花样，再加上日积月累，书读得多了，课听得也多了，讲课功底上有了些积淀，就更不喜欢因循守旧。2003年我终于有了第一次上县级公开课的机会，执教《圆的面积》。一次次修改教学设计，一遍遍借班试讲。为增加趣味性，在家制作了多个教具。方案推翻了，再重来……煎熬了一周多，功夫不负有心人，那堂课以巧妙的情境预设，精彩的课件展示，生动的语言，活跃的氛围，打动了在场所有学生和听课教师。从此便有了更多在县级、市级公开课中历练的机会，从备课组磨课，到片区研讨课，送教下乡课，到县级专题研讨会，讲课的任务一个接一个。到现在，记不清上过多少节公开课了。幸运的是，每次讲课，都有备课组长、教务处主任等前辈跟着磨课，批评起来不留情面，指导起来不厌其烦，至今回想起来仍感动不已。

通过一次次历练，我越来越感悟到：课堂教学真是一门艺术，光凭自己研究琢磨远远不够，要多学多练才能有突破，有领导、专家指导的公开课更是提高教学水平的快车道。平常我努力把每一节课都当成公开课来讲，驾驭课堂越发得心应手，教学水平也明显提高，2004年获得了市级小学数学教学基本功一等奖。

经过多年的课堂打磨和积淀，我对教学有了自己的理解和认识。2013年，我迎来了教学生涯最重要的一年，那年推荐评选山东省特级教师，我经学校推荐到县，再从县选拔到市，经过一轮轮的说课答辩，终于脱颖而出，如愿获得山东省特级教师称号。那年我35岁，是全县小学教师中获得此称号的第一人。

35岁的我，依然是老师眼中的"孩子王"，也仍是孩子们口中的"老杨"。几乎在每次课前，当我拿着课本从走廊上匆匆而过时，两个班的孩子都会兴奋地喊起来："老杨来啦！"我喜欢课堂，学生也喜欢我，每节课我都能感受到童真的快乐，我每次上课前总要琢磨一个点子，想一个让孩子眼前一亮的话题，比如自编"当小老师讲课三句半""思维导图4亮点""同伴互助1对2"等活动，在课堂上玩出新花样，玩出新高度，在孩子们争先恐后、喜笑颜开的氛围中，开始一天愉快的教学，让知识悄悄地流入孩子们的心里，让学生感受学习的快乐。

在教学设计时，我更多选择那些贴近学生实际的素材来激发学生学习兴趣，并不拘泥于教材。在课堂教学中，即使是同一个教案，在不同的班级也要根据学情采用不同的方式进行教学。在教学理念上，改变"一言堂"的教学方法，通过设置问题情境和探究活动，让学生自己提问，合作交流，从而激发学生的创新热情，逐步形成了以学生为中心的课堂教学模式，这些都是我始终一贯的探索和追求，多年来也积累了一些经验。

超越自我，不断蜕变

勤于钻研，上有价值的数学课。教学经验的积累，不是简单的时间沉淀，而是靠着自己不断地研究、学习得来的。只有善于总结和反思，才能真正成长起来。我一直坚持研透教材再上课，只有研透教材，才能活用教材、创造性地使用教材。我的教案、教参、课本、查找的文献上有密密麻麻的批注和笔记，同事们都知道我是"问题"老师。对外及时请教，对内不断自省。在教学之余我也经常写下一篇篇教学反思，记录数学课堂上的精彩瞬间，同时借助反思复盘，不断提升教学专业水平。

博采众长，自主创设特色课堂。记得京剧艺术大师梅兰芳说过这样的一句话："不看别人的戏，就演不好自己的戏。"演戏如此，教学亦如此。每次公开课后，年轻的教师总喜欢追问："杨老师，你的课上得这么有吸引力，有什么秘诀？"我开玩笑地说了一句，"偷师"学来的。闭门造车不是办法，其实就是多听、多看、多研究，集众家之所长，为我所用。在从教的前几年，为了让课堂活跃起来，我变着法子找点子，研究哪些地方能"抖包袱"，哪些环节可以做成亮点，我想尽办法收集名师的授课视频，力求做到教学设计独具匠心、课堂节奏精准把控、解决问题从容自若。不断学习，让我仿佛找到了指路明灯，也影响着我的教学风格。从模仿、借鉴到重构、质疑，教学的视野逐渐开阔起来，学习的脚步却始终不敢停歇下来。细细想来，是专家的引领让我登高而望远，他们的课堂教学艺术一直激励我至今，并慢慢成为我研究课堂教学的动力，也帮助我逐渐树立了"求真务实、求实求美"的课堂观，形成了"趣、实、活"的教学风格。

2017年9月，我通过人才引进来到山大基础教育集团旗下的济南市辅仁学校，很荣幸加入这样一个理念先进、团结务实的团队，我的专业发展也进入新阶段。

学校教育教学水平高、科研氛围浓，为我提供了无数学习、练兵、成长的舞台与机会，校园里每天都有我忙碌的身影。除了完成正常两个班的数学教学工作外，我还兼任学科带头人。骨干教师示范课、区教研团队展示、集团校区课程建设推进、集团跟岗种子教师培养等工作，都开展得如火如荼。另外，我还带领团队给新苗们一次次磨课，查资料、定主题、找特色。时间紧任务重，晚上没空周末补。我的点滴成长都在一学期4本听课记录那五六十节记录点评中。

2017年，正值集团十二年一贯制课程建设拉开帷幕。作为数学学科的课程负责人，我经历了一次次封闭式培训，一次次汇报，有机会与华东师范大学杨向东教授、杭州师范大学张华教授这样的顶级专家近距离接触，学科大概念、核心素养、项目式学习这样的新鲜词汇扑面而来，不断与我已有的认知产生碰撞。每当我把一个问题想通并转化为课程设计，每当将课程设计落实于教学实践并取得良好的效果，再将教学实践向专家汇报并得到认可时，那种内心的愉悦和成长的幸福感油然而生，让我有动力把更多精力投入到教学研究之中。

我的教学风格也从"研究型"向"学术型"悄然转变，我开始认真研究新课程标准，带领老师们实践探索质疑式教学，关注并研究学生思维发展的路径，引导学生在"做"中感知，在"探究"中建模，努力践行从"教"到"学"，从"以成绩论成败"到"共享生命成长"的"全人教育"理念，不知不觉，我的专业发展又突破瓶颈，走上了一个新台阶。

回顾进入辅仁学校的六年时光，让我懂得了要想成为一名优秀的教师，仅靠个人的教学热情和专业追求是远远不够的，要做一个有思想的人，要有目标、有信念、有行动、有坚持，紧跟教育发展的潮流，持续研究学生、研究教材，研究课堂，不断适应教育形势的新变化。

追求卓越，专业引领

乐于思考，做有思想的数学人。要想实现专业的持续发展，就要不断地更新、学习先进的教学理念，多年来我坚持阅读各类专业书籍，床头、案边随处可见。在进行理论学习的同时，以问题为导向，积极大胆地进行教学改革和实践，参与、主持多项省市级课题研究。从参与济宁市的"十一五"规划课题"小学数学教学中学生问题意识的培养研究"，到主持济宁市"十三五"规划课题"课堂教学中学生积极情感的实践研究"，再到参与省级课题"小学数学教学中学生探究性学习的实践研究"，再到刚刚结题的省级教学研究课题"大单元教学背景下的小学数学项目化学习实践研究"。撰写的论文《小学数学课堂情境创设的研究》，获山东省中小学教育科研优秀成果一等奖。

立足课题，教研相济。教科研是软实力，是教育教学的第一生产力。依托集团"以学生为主体，以问题为主线，以质疑为特征"的教学理念，提出了名师成长课题"小学数学高段教学中质疑式学习的实践研究"，旨在通过对学生的质疑意识、质疑精神、质疑能力的培养，使学生的自主合作学习更有针对性和实效性，促进学生的思维创新和探究能力的发展。课题组成立以来，我带领研究团队成员大胆实践，以小学数学课堂教学改革为突破口，以提高学生的问题意识、质疑能力和创新精神为目标，探索小学高段数学教学中质疑式学习的实施路径。并且运用这些教育理论指导教学实践，研究落地方案让课堂迸发出生命的活力。我的数学课堂一直是开放的、充满不同声音的。学生是学习的主体，课堂上我只是抛出一个又一个关键问题，引发学生思考并主动进行探究。学生常常会为了一个问题展开大胆的质疑和辩论，有理有据、头头是道、敢想敢说，而我则悄然退后，把课堂还给了孩子。由于我的不断"示弱"，课堂气氛日益热烈，变得越有"看头"，孩子们专注、有想法、眼里有光，解决问题讲究方法和策略，无形中培养了学生的问题意识和质疑能力。通过不断研究和总结提炼，2021年，我的专著《创新思维下的数学教学探究》由吉林人民出版社正式出版。

学术引领，共建专业学习共同体。依托集团办学理念，基于校情，创新路径，实施"学—教—研—培"一体化的培训模式。我深知，新课程理念下的教师应该继往开来，让经验成为进步的出发点，以新课标为统领，成为课程的建构者、践行者、创造者——既要改变传统的教学理念,更要改变每天都在进行着的、习以为常的教学行为。通过对教育教学的深入研究,进行进一步的整合与创造,形成既符合课堂教学实际,又能促进集团校进行课堂教学改革,提高学生课堂学习质量的科学的课程体系,这是每个教师都需要思考的一个问题。几年以来,我们教研活动以课堂教学改革为立足点,推进新常态课堂教学模式研究,让学生发生真实性学习,使课堂更扎实有效,逐步提升师生的学科素养。在教学科研中形成了"重学情,抓研究,扬个性,促和谐"的教研活动特色。

课程建设,专业引领。我带领集团课程组经历了主题式单元整体设计、单元学习规划设计、学习路径的改进,明确了项目式课程的开发思路、实施效果与改进措施。并针对深度学习的"深",以案例的形式进行了解读:体系化备课,从找准切入点到结构化教学,从找准生长点到关键问题引领,探索教学设计经历了抽象到建模的过程。在青年教师的培养上,借课题研究促成长,用数据阐述如何把团队建设从制度的约束走向行动的自觉。明确了团队建设思路:从理论学习促提升到案例分析促研究到课堂实践促内化。作为多年的数学学科带头人,积极组织各类教研活动,学习各种先进的理论知识:项目式学习、逆向教学设计、结构化教学、大概念统领下的大单元教学等。通过名师工作室和"互联网+教师专业发展"的平台,经常与同事们就一些教育教学问题进行碰撞和交流。通过各种方式,探讨教育教学的核心问题,提高团队教师的反思意识和反思能力。同时组织线下各类活动,积极引领老师们在学习的同时实践、反思,带领出了一支精诚团结、锐意进取的数学团队。

不忘初心,一路前行。从教 25 年,依然痴心不改,在平凡的岗位上践行着自己的教育格言,"永远用欣赏的眼光看待学生,永远用宽容的心态面对学生,用心凝聚一束光,照亮学生前进的方向!"

逐梦语文　一路芬芳

陈万太

人物扫描

陈万太，现任山东省济南实验初级中学语文教师、语文教研组长、教科室主任，被评为山东省特级教师、齐鲁名师、山东省教学能手、济南专业技术拔尖人才。获山东省初中语文优质课一等奖等。兼任山东省中小学教师远程研修课程专家、齐鲁师范学院特聘教授、济南大学校外实践导师。

苔花如米小，也学牡丹开

1991年，我中师毕业，被分配到一个偏僻乡镇任教。中师的目标是培养小学教师，但由于这个乡镇的初中缺少教师，领导就把我留在初中任教，没有去小学。学校安排我住的房间，是土屋子，没电，需要我去学校后勤领蜡烛。至今我还记得，那位后勤主任高兴地说，小陈啊，你可来着了，今年学校条件改善了，点蜡烛了。原来，以前是领煤油，点煤油灯照明。于是，我就开始了教师兼厨师的生活。

一起分配来的老师是数学专科，所以领导安排我上语文课，当班主任。于是，我就教语文，上语文课。一开始，就是糊里糊涂地上。想想做学生时，自己的语文老师怎么教，自己就模仿着怎么教；看看老教师怎么教，自己就学着怎么教。当时每节课的基本步骤是：时代背景——作者介绍——段落大意——中心思想——写作特点。每篇课文都是字词句篇，语修逻文。当时有个幽默的说法，叫"八字宪法，诸神归位"。

教着教着，我就觉得不对劲了。我发现语文和数学不一样。数学课本有例题，语文课本没有例题。再往深处看，数学、物理、化学，这些学科的教学内容，教材基本上都给呈现出来了，教学内容是明确的，甚至是逻辑化的、结构化的，乃至序列化的。这些学科，是以概念、定律、原理、法则为核心组织起来的一个非常严谨的教学内容序列。不同的数学老师教同样的一个章节，在教学内容上，没有大的区别，区别多在于呈现教学内容的方式。

而语文就不一样了，语文教材就是一篇篇的课文，一篇篇的文本，没有呈现明确的教学内容。数学是清清楚楚一条线，语文是模模糊糊一大片。

我朴素地认识到：语文课不能都是这么字词句篇、语修逻文、八字宪法、诸神归位、面面俱到、十全大补式地教；语文教师不能对每篇课文都用相同思路来教，不能课课全面出击、篇篇平均用力。这样的语文课会造成巨大的浪费——教师精力的浪费，学生学习兴趣的消耗、学习时间的抛掷，更为重要的是对文本自身特质资源的浪费。

我清醒地认识到：必须要区分文本。语文教师要根据不同的文本确定教学内容。不能机械地教教材，而是要学会用教材教。叶圣陶先生说："语文教材无非是个例子。"也正是这个意思。

基于以上的认识，在自己的语文课堂上，我悄悄地试验这些想法，也取得了越来越好的效果。

反观我在农村学校任教 18 年的经历，现在越来越深刻地认识到这是我人生中的一笔财富。它让我从迷茫开始慢慢思考，从思考开始慢慢实践。

人无远虑，必有近忧

时间到了 2007 年，我 36 岁了，这也是该做有心人的年纪了。

那年暑假教研活动，时任乐陵市初中语文教研员的鲁连增老师说，这几年到学校听课，没听到一次满意的作文课。可能鲁老师说者无心，但我这听者有意了。我心里就记着这件事了。

于是，我开始积极地准备一节作文课。一次偶然，我读到《听李镇西老师讲课》这本书，里面有一篇作文的教学实录。李镇西老师设计了 6 个板块：榜上有名、佳作亮相、片段欣赏、出谋划策、恕我直言、老师试笔。这给我很大的启发。于是，我就模仿着李镇西老师这堂作文课的设计，准备了一节作文课，课件也都做好了。

2007 年 10 月 12 日上午，我经历了一次试听课。

当时，我正在办公室批作业。王敏智校长急匆匆地走进来，对我说："教研室来视导了，连增想听一节课，听你的吧。"我说，好吧。他问，讲什么呢。我说，讲作文吧。他就向后转，急匆匆地走了。

鲁老师，来听课了。上完课，我做谦虚状："鲁老师您多提意见。"他笑笑，走了。下午，月考。我收完试卷往回走，遇到王校长。他说："连增让我问问你，德州有教研活动你想不想参加。"我说，嗯。

每次讲到这里，我都对年轻教师说："一定不要忽视对你的每一次听课，尤其是教研员对你的听课。"就是这次听课，开启了我的优质课之路。如果没有这次听课，也就没有了我后来的一系列的讲课。我深有感触地写下这句话：机会光临有准备的人，而且是准备得很充分的人。

古人学问无遗力，少壮工夫老始成

青年教师培养交流研讨活动后，德州市初中语文教研员徐立人老师找到我，让我好好准备明年的德州市初中语文优质课。他说，一个老师是需要一节课来为自己命名的，这节课会成为这个老师专业的高度，也往往成了这个老师的名片。这节课，就是优质课。

于是，我下定决心，要好好备课——

一是熬夜备课：

当我意识到，讲课有可能改变自己命运的时候，我开始了艰苦备课。2007年的冬天，晚饭后，我就在家楼上那间没暖气的屋子里，穿上羽绒服，戴上棉帽子，戴上我家属给我织的只露出手指的手套，全副武装地备课，一课一课地备。我仔细搜寻每一篇文章的解读、设计、课件，学习，甄别，积累，创新。有时候，晚上备课备得兴奋了，就是一个通宵。我当时鼓励自己的座右铭是：白天忙工作，晚上忙发展。就这样，我备课备了一年多的时间，一直到2008年底。再也不能这样熬夜了，身体吃不消。生物钟都颠倒过来了。这一年的时间，我参加了德州市初中语文优质课评选，获得了第一名；又参加了山东省初中语文优质课评选，获得了一等奖。

备课的过程中，还要练习语文教师的基本功。语文教师要练习朗诵，这一点，很重要。但是一开始，我对朗诵很不感冒。一看到那些朗诵的，我就觉得冷，酸文假醋的。文章，只要默读，潜心会文就可以了。但是，徐老师说，语文教师要通过朗读去感染学生。于是，我就在寂静的夜里，开始小声练习朗诵。一开始，还没有感觉。渐渐地，对文本有了感觉。在备课《土地的誓言》

时，当朗读到"夜夜我听见马蹄奔驰的声音，草原的儿子在黎明的天边呼唤。这时我起来，寻找天空中北方的大熊，在它金色的光芒之下，乃是我的家乡"，不禁悲从中来，潸然泪下。

徐老师还要求我，尽量背诵课文。人到中年，记忆力下降，背得慢，忘得快。于是，我就把课文抄在小纸条上，利用路途、吃饭等闲暇时间背诵课文，当遇到不熟的地方，拿出小条来瞄一眼，再继续练习背。多篇课文就是这样背诵的。再到上课的时候，就会游刃有余一些。

二是学习名家的课堂实录：

备课的过程中，我努力学习名家的课堂实录。一开始，通篇看下来，觉得没什么收获。后来就琢磨出这么个方法：拿到一篇课堂实录，先用本子将全篇蒙住，然后将本子一点点往下拉，只看到上面未遮住的部分。当看到教学点时，就此打住，然后进行思考。比如，当看到学生回答完问题，先暂停，想想如果是自己，自己会怎么评价，自己会怎么处理。再看看名家是怎么评价、怎么处理的。如果不一样，就会进一步思考，自己和名家的差距在哪里。如果一样，就给自己一个鼓励，接着往下看。就这样，通过对名家优秀课堂实录的猜读，我的课堂设计和掌控能力逐渐提升了。

后来，看名家的教学视频，我也采用这个方法。

对于名家的课堂实录，我还会这样来用：从名家的教学实录中抽取出教学设计来，再进一步把教学设计还原成教学理念。这样很累，但是非常管用。还可以再返回去，用教学理念形成自己的教学设计，再把自己的教学设计进行扩展，丰富成自己的教学实录。

三是向小学语文老师学习：

有一次听小学的语文课，发现小学的语文课堂特别灵活。于是，我就有意识地去关注小学语文。慢慢地，我知道在小语界有"四大天王"：于永正、靳家彦、支玉恒、贾志敏。还有王崧舟、窦桂梅。于是，我就慢慢和人家学啊，和于永正我学会了情境创设，和支玉恒我学会了反复引读，和窦桂梅我学会了铺垫造势，和王崧舟我学会了咬文嚼字……于是，我就拿着这些从小学教师学来的招数在初中语文课堂上施展，还获得了不错的效果。

四是读专业的书籍：

当我沾沾自喜于这些上课招数、方法技巧的时候，一次偶然的阅读经历却给了我很大的震撼。

金庸《笑傲江湖·聚气》这样写道：

岳不群一瞥之间，见群弟子除令狐冲、陆大有二人外，均已到齐，便道："我派上代前辈之中，有些人练功时误入歧途，一味勤练剑法，忽略了气功。殊不知天下上乘武功，无不以气功为根基，倘若气功练不到家，剑法再精，终究不能登峰造极。可叹这些前辈们执迷不悟，自行其是，居然自成一宗，称为华山剑宗，而指我正宗功夫为华山气宗。气宗和剑宗之争，迁延数十年，大大阻挠了我派的发扬光大，实堪浩叹。"他说到这里，长长叹了口气。

我想，岳不群的这段说法是正确的。我只学剑宗，只重招数，但是根基不厚，没有教学思想做支撑，课堂终还是掩藏不住"浅薄"二字。于是，我开始读语文教学论方面的书，给我启发最大的三本书：一是王尚文的《语感论》，二是李海林的《言语教学论》，三是孙绍振的《名作细读》，其中李海林的《言语教学论》最难读。教育教学方面还有一本书，就是苏霍姆林斯基的《给教师的建议》。实话实讲，我不聪明，领悟慢，读书真不多。但是我也有优点，就是逮着一本书，反复读，我相信苏轼的话："旧书不厌百回读，熟读深思子自知。"慢慢地，就读出字里行间的意思来了，原来人家作者还有这样或那样的意思。慢慢地，一些教学理念，就能运用了。

独上高楼，望尽天涯路

我追求的语文课堂三境界——

第一境界：投石击破水中天

语文教学是在师生平等对话的过程中进行的，而对话的前提就是要有问题。随着对话的深入，讨论的问题会呈现出一系列的新问题，这些新问题又会把师生引入一个又一个全新的境界，让师生共同感受一次又一次成功的快乐。这也许正是语文课堂教学的魅力所在吧！从这个意义上讲，教师自己要善于设问，并善于引导学生提出新颖而有讨论价值的问题。我们在预设问题时，要尽量靠近学生，贴近学生的心灵，乃至站在学生的角度，换位思考学生会提出什么问题。这样，我们的问题就不会让学生感到是老师强加给他们的，而是学生自己正想要提的问题，学生自然就会积极主动地思考问题、回答问题。

当然，我们要摒弃那种肤浅的、杂乱的、学生不需要深刻思考就可以回答"是"或"不是""对"或"不对"的"伪问题"。只有"投石击破水中天"的问题，才能激起学生思维的涟漪，点燃学生思想的火花。

第二境界：石破天惊逗秋雨

在实际的课堂教学中，由于学生对文本的多元化、个性化解读和创造性解读，常常会随着对话交流的深入，出现学生提出或讨论的问题超出教师的教学设计这种问题。如何看待这一问题呢？我们知道，新课改是以建构主义为理论依据的。建构主义课程观强调用真实的情境呈现问题，并在真实的教学情景中解决问题，以帮助学生在解决问题的过程中运用知识，把事实性知识转化为解决问题的工具。建构主义课程观与传统课程观的最大区别就在于：后者注重事实与原理的知识传授，在课程内容呈现方式上以文本为中心；而前者强调情境的真实和复杂问题的解决，在课堂内容的呈现方式上超越文本，密切结合生活实际和学生的生活体验。由此可以看出，教师可以预设问题和解决问题的方法，但不能以此排斥、取代课程的生成过程。"预设"是"生成"的前提，但"预设"最终要服从"生成"。在这个意义上讲，教学内容的实质不是现成的文本，而是学生的多元思考。所以，在教学设计时，教师要站在学生的角度尽量做出多种假设；在课堂教学中，教师要善于从学生的思考中发现有价值的东西，以此作为"生发"点，并由此生发开去。这就要求教师有更深厚的教学功底和更灵活的课堂调控能力，从而达到"从心所欲而不逾矩"的境界。

但要注意，超越文本不等于脱离文本、架空文本。对文本的多元化、个性化解读和创造性解读，其前提是要立足文本。"有一千个读者就有一千个哈姆雷特"，但毕竟还是"哈姆雷特"，而不是"李尔王"，也不是"奥赛罗"。可以相信，我们既立足文本，又超越文本，既精心预设，又激发生成，在我们的语文课堂上，师生会一次次邂逅无法预约的精彩，一次次体验"石破天惊逗秋雨"的惊喜。

第三境界：晓来谁染霜林醉

新课标指出："应让学生在主动积极的思维和情感活动中，加深理解和体验，有所感悟和思考，受到情感熏陶，获得思想启迪，享受审美乐趣。"刘勰在《文心雕龙》里说："夫缀文者情动而辞发，观文者披文以入情。"要引导学生"入情"，教师必先"入情"。教师只有感动了自己，然后才能去感动学生。教师在课堂上要准确把握作品蕴涵的思想感情，用富有感情的语言去感染学生，启发和调动学生的情感因素，师生的情感相互交融，共同营造一种浓郁的课堂情感氛围。

实话实说，营造一种浓郁的与教学内容相适应的课堂氛围，不是一件容易的事情。它需要教师准确地把握文本基调，深入地拓展文本空间，将抽象概括的内容具体化、形象化；需要教师深入地了解学生，善于从学生的实际出发，设计恰如其分的问题，拓展学生的心理空间，引导学生积极主动地展开联想和想象；需要教师用至真至诚的情感、酣畅淋漓的语言、浓墨重彩的渲染，激起学生心灵深处真善美的共鸣，师生共同绘就浓郁情感的美丽画卷。

最后补充一点，我想，这三种境界并不完全是递进呈现的，三者应是有机统一的。有时就课堂某一点而言，很难说清它是问题之妙，生成之奇，还是情感之美。

蓦然回首，那人却在，灯火阑珊处

君子务本，叶落归根，让我再谈一下自己对初中语文的想法和愿景。

语文，美在水光潋滟，山色空蒙；语文，美在清水出芙蓉，天然去雕饰。语文课堂，美在行到水穷处，坐看云起时；语文课堂，美在桐花万里丹山路，雏凤清于老凤声。

我喜欢以学为主的语文课堂。从学生的独立体验起航，并以此生成问题、生成课堂，教师再由此参与教学，形成师生的智慧交锋、碰撞、融合与升华。那是学生的问题小溪与老师预设的问题大河在流动中汇合、交融的无穷乐趣、泉水叮咚，那是师生之间倾情交流的神思飞扬、山花烂漫。我沉迷于课堂上那种不可预约、师生携手冒险的美丽，期待那份石破天惊逗秋雨的惊喜。

我喜欢充满语文味的语文课堂。著名特级教师陈钟梁先生说："语文课是美的，这种美潜伏在语言的深处。语文课要上出语文味儿，要向学生传递语言深处的美。"语文课从语言开始，最后再回到语言。踏踏实实地回归文本，聚焦于语言文字本身，凸现语文课堂的本色，着力于学生的语言"内力"。一沙一世界，一花一天堂，把无限放在手掌，永恒在刹那收藏。深抠关键词，选准切入点，在语言的香径上徘徊，语文真的很有滋味。

我喜欢激情澎湃、个性舒展的语文课堂。语文天生浪漫，语文天生多情！语文课堂襟怀坦荡、灵感迸发，语文课堂自然天成、激情洋溢。瑰丽想象与青春激情共同营造的"晓来谁染霜林醉"浓厚情感氛围，让语文学习在一种愉悦生动、情感激荡的状态中进行，让学生被语文课堂深深吸引而欲罢不能……语文课堂，是游刃有余，是挥洒自如，是回眸一笑，是蓦然回首，是拈花为剑，是折草作刀，是崇尚个性，是陶冶心灵，是即使满头飞雪，仍然童心未泯，是永远荡漾着的童真童趣，是舞真善美之彩练，是蹈春之声的圆舞，是追求一种"天人合一"的境界。

虽不能至，吾心向往之。

当我们人生这突满枝头的鹅黄和新绿，成长、成熟为人生那挂满枝头，满目的火红和金黄的时候，我们知道，是今天的探索和努力，点拨、点化、成就了我们自己。

当我们都老得走不动、哪儿也去不了的时候，我们相信，今天的艰辛劳作，也定会成为我们那时幸福而温暖的回忆。

在追问中前行

褚爱华

人物扫描

褚爱华,现任济南育英中学副校长,数学教师。从教35年,一直坚持在一线从事数学教学及管理工作,被评为全国模范教师、山东省特级教师、齐鲁名师、山东省优秀教师、山东省教学能手、济南专业技术拔尖人才等,获全国数学优质课评比一等奖。兼任山东师范大学、济南大学研究生导师。

从教 35 年，我从一名普通教师成长为山东省特级教师，2021 年被聘为正高三级教师。在繁重的管理工作同时，依然坚持在初三年级任教一个班的数学课及初三拓展班的数学课，因为作为教师的我挚爱数学教学，责任与使命都要求自己不断跨越！30 余年来，我不断追问自己应该有怎样的教育追求，就在这追问中，走过了自己平凡但不平淡的教育之路。

追问一：我的课堂教学追求在何方

名师之"名"，应该有独特的教学风格与教育思想，一方面要跳出学科教学来看教育，从整个教育来理解和把握学科教学的地位、功能和价值；另一方面也要从具体学科入手来探索课堂教学的规律。

1988 年，我带着初为人师的热情走上讲台，成为一名数学教师，我首先思考的问题是：数学学科的价值是什么？如何让学生爱学数学、学好数学？作为教师，单有爱岗敬业的热情和热爱学生的赤诚是不够的，还要有把这种爱转化为引导学生在知识的海洋里获取真知，把繁重的学习变为内在的需要，让学生切实感受到学习的快乐的能力，这才是师爱最完美的体现。在不断探索中，我逐渐形成了数学教学的核心理念——"以知生情"，即带领学生在研究中学习数学，通过激趣、启智，在解数析形中实现数学学科的育人价值，这就是我一直追求的数学教育目标。

激趣。在课堂教学中，我注重创设启发学生思考、开启学生智能的教育情境，让学生感受解题的乐趣，体会数学学科独特的魅力。在教学中，我关注学生生活，强调数学与生活的联系，例如利用跳棋的棋盘图讲解枯燥的平行线等分线段定理，结合数学知识让学生设计地板图案，用足球球面引导学生学习拼接，接着用拼接知识设计地板图案，用轴对称的知识设计美丽图案，通过多种形式的拼图得到三角形内角和 180 度。为了学习利润、利息等问题，我把课堂延伸到银行、电厂。学习打折销售时，我组织小型义卖会；学相似的时候，我组织学生测量旗杆的高度。这样的课堂，给抽象、枯燥的数学注入生命力，可以达到三重境界：有趣味，有用途，有挑战后的快乐体验。从学生兴奋的求知目光中，我深深地体会到教师不仅仅是一项职业，更是值得为之奉献的事业。在日常工作和学习中，我更加注意观察和总结，现在已积累了几百个与教学有关的素材，上课时能得心应手，使数学课生动、丰富而有意义。

自2004年起，我连续19年奋战在初三教学一线，开发了初三年级数学学科高中先修课程，并连续执教15年，使得我校历年高中推荐生录取人数都在济南市名列前茅；我利用业余时间辅导学生参加各级数学竞赛，所送的毕业班先后有一百多位学生获全国数学联赛一、二等奖，我也多次被评为全国数学竞赛优秀辅导员，2010年起至今为中国关工委全国教育专家指导中心特聘专家。

启智。我经常鼓励学生："不是聪明的学生才能学好数学，而是通过学习数学可以让你变得聪明。"

我在数学教学中始终贯穿着思想方法的教学，比如数形结合、分类讨论、化归与转化、建模思想、由特殊到一般、由具体到抽象等。这些方法对增强学生的数学观念、培养学生良好的数学素质起着重要作用，也利于培养开拓型、创造型人才，我始终认为：教会学生如何想远比怎么做更重要！课下，我还让学生写数学日记和周记，把一些典型题目的思路和方法提炼一下，重视学生反思能力、归纳能力的培养。

为了更好地促进学生创新能力的提高，我坚持教学改革，打造探究性、开放性数学教学模式，切实减轻学生知识学习的负担，为学生留下创造性思维培养的空间。例如在设计难点《梯形的中位线》一课时，我打破常规、创造性地借助学生非常熟悉的跳棋棋盘图，巧妙地把三角形和梯形中位线的位置关系、数量关系形象化，学生兴趣大增，除解决了课本证法外，又探究得到了5种不同的证法，开阔了学生思维，培养了学生自主探究的能力，真正体现了数学探究的价值。我以这节课为例进行总结，撰写的论文《例谈引导——自主探究的教学模式》在《中学数学杂志》发表。以此为开端，与数学组的老师成立了对这种模式进行研究的课题组，经过一年的探索，不仅推动了数学组的工作，而且"引导——自主探究的教学模式"还被评为市中区优秀教学模式。我的研究课题"探究性、开放式数学课堂教学模式"，入选济南市教师优秀教育经验提升工程，在全市推广；我独立承担的市级教师专项课题"培养初中学生数学研究性学习能力的策略研究"，顺利通过市级鉴定结题。近几年，我先后撰写了《问题探究式情景教学模式的思考与研究》《以问题为载体为学生创设思维与探索的空间》等多篇教学论文，在《中国数学教育》等国家级和省级数学专业核心刊物发表，多次获得山东省中小学教师优秀教育科研成果一等奖，并于2008年出版了《走进名师课堂》一书。

育人。落实立德树人根本任务，要通过适切的育人模式和课程来实现。这些年，我不仅仅在教学理念、课程建设、课堂实践中探索创新，还更注重对学生品德修养的培养。所以，我一直不遗余力地结合数学学科的教学，充分挖掘和运用学科的育人功能。

我利用数学中严密的推理、论证，通过错例分析、检验解题过程的合理性及条件的等价性等，来培养学生严密思考、言必有据以及实事求是、不轻率盲从的科学态度和作风。例如，几何证明题要求从条件出发，一步一步推论下去，每步都必须有理有据，用几何定理作为保障，不能随意发挥，随意增删条件。这就是缘于数学赋予的严谨、理性、务实。课上，我通过一题多解、难题巧解等手段，培养学生勇于探索创新的精神，学生也能从攻克难题中培养顽强的意志。

在教学的同时，我也在探索解决常见的教育问题。例如，在班级集体学习中，如何进行因材施教、分层教学就是急需解决的课题。我采用了多种方式来着力于解决这个问题，并构建了学校分层课程体系，包含高中先修课程、学科高端课程、国家课程、阳光课程四个层级，成为科学实施因材施教、全面育人、个性化育人的保障，在全市推广，也得到省内外前来交流的同行的广泛好评。我也多次应邀到四川、广西、天津及山东省各地区、济南市各学校作报告并开设公开课，这些都将激励我不断进取。

追问二：我的生命追求在何方

我非常喜欢苏霍姆林斯基的一句名言："教育技巧的全部奥秘在于如何爱护儿童。"这是充满爱的心声。如果说教学的成功让我体会到为人师的喜悦，那么从事班主任工作的几千个日夜以及从事教育管理的几十年，更让我体会到了教育的价值。我在担任班主任工作和教育管理的过程中倾尽爱心，始终坚持"蹲下来"用平视的目光，用对等的语言，与学生进行心与心的交流，使教育真正取得"润花著果"的效果。正如陶行知先生在他的《创造宣言》中说的，"教师的成功，是创造出值得自己崇拜的人；先生的最大快乐，是创造出值得自己崇拜的学生。"这已成为我的人生追求！

持续学习。教师必须不断充实提高自己，只有在学习中提高，在提高中奉献，才能应对日日发展的教育和时时变化的学生。记得在2001年，我担任初三（7）班的班主任，带三个班的课，在忙于教学和教研活动的同时，我又报名参加了在职攻读教育硕士的入学考试。我曾经想过放弃，但一想到如果我退缩，又怎么有底气教育学生面对困难、激流勇进呢？最终，挑战自我的信心使我投入到积极的应考之中。当时正值初三复习的关键时刻，在一次班会上，我给学生讲述了我顶着压力、克服困难积极备考的真实感受："现在我和大家一样，也面临着一次挑战和选择，每次我想放弃的时候，一想到你们就充满了继续拼搏的勇气，让我坚信即使到了最后一刻，只要不丧失信心，付出百分之百的努力，就会有赢得成功的希望。"我的肺腑之言与每一位学生产生了强烈的共鸣，我们共同制订了《冲刺计划》，互相督促，互相鼓励，班里掀起了空前的学习热潮。回想那段时间，很苦很累，但我们共同得到的是一种精神上的满足与充实。在最后的冲刺阶段没有一个学生放弃努力，都以理想的成绩实现了他们自己的选择；我也以超出分数线几十分的成绩被山东师范大学教育硕士数学方向研究生录取，我们都从奋斗中体验到了成功与喜悦。努力换来了学习提高的机会，在读研期间我读了几十本书，进行了教育实验，并在工作之余完成了近6万字的论文，理论水平得以迅速提高。

科学育人。班主任工作是一门艺术，需要一定的方法和技巧，结合工作实际我进行了一些尝试。比如针对初中二年级学习任务重，产生两极分化，一部分学生失去信心的现象，组织以"自信、奋进、成功"为主题的班会；初三阶段是学生关键的转折期，他们开始思考人生的价值和前途，思想工作尤为重要。初二的暑假，我给学生布置了一项特殊的作业，每人采访一位初三毕业生，写出采访记录及体会，开学后进行交流。学生们真实地记录了他们对不同类型学生的了解，体会了他们在中考后的感受，有一位学生还谈了他在人才市场进行采访的体会，全班同学受到了一次深刻而又现实的教育，学生们进入初三后学习自觉性明显提高。

在教育管理工作中，我注重开展系列主题教育活动，激发学生动力。学习是一种高门槛的快乐，最根本的区别在于学生以怎样一种状态投入进来。当学习成为自己的需要，即使是艰苦的学习过程，内心也会充满着愉悦体验。我没有一味降低教学要求，而是把学习过程作为培养学生学习品质的过程。我探索多元评价，使评价过程丰富化。我们评选最亮星、规范星、文明星、礼仪星、诚信星、智慧星等十种星级学生，设立学习先锋、优胜奖、学科首席、带头人奖，针对学习进步设立进步奖、飞跃奖、超越奖，大面积表彰先进，激励学生不断进取，不仅夯实了学生学业基础，也提升了学生的学习品质和学习力。

倾注爱心。育人首先要育心，育心就必须交心，要成为学生心灵的挚友，用爱为他们领路、引航。每周我通过周记和学生进行交流，尽管这项工作花费了我很多精力，但我还是坚持认真地倾听学生青春的心语，捕捉他们闪光的思维，探究他们敞开的心扉，斟酌着写上每一句话，与学生进行着心与心的沟通与交流。作为班主任我不愿放弃任何一个学生，对待班里学习有困难的学生，从不歧视，而是给他们更多的关心。多年来，我每天中午都是在教室里和学生们一起度过的，义务为他们辅导数学，不仅使孩子们的成绩不断提高，也使师生在同甘共苦中以心交心、以情换情，孩子们亲切地称我"阿褚"，全然没有对"校长"和"老师"的畏惧，这是难得的师生之情。所带的班级多次被评为济南市先进班集体。正是凭借优异的成绩和良好的师德，我曾入选济南市优秀教师师德报告团，在济南市及各县、区作了15场专题报告，受到广大教师一致好评。

言传的作用是生动的，而身教的力量是无穷的，在推动学生成长与进步的同时，只有自己不断地充实和发展，才会形成坚实的教育动力。给学生以激励、帮助和爱，将是我教师生涯永远的追求。

追问三：我们的教育追求在何方

教育之本是塑造人的灵魂。当今的初中学校，很难避免以"分数指标"来定义学生的学习生活效果的现象，忽视了学校的教育使命。学校教育的目标不仅在于传授知识、技能，发展学生的各种能力，更重要的应该是能够为国家、为民族培养出心中有信仰、肩上有担当的一代新人，培育有思想、有灵魂的学生。

我在思考，什么样的教育是最好的教育、最公平的教育。显然，适应学生个性差异的教育是最好的教育，是最公平的教育。目前，在我国大班额的教育背景下，只有加强对学生个体差异的研究，注重学生个性化的培养，才能真正实现我们的教育先哲提出的"有教无类""因材施教"的教育思想。

作为教师，我们不能袖手旁观，要重构学校和教师的文化价值观，走出仅靠分数指标来评价教育效益的惯性，从学生全面发展、学校内涵建设和教育人本价值角度做理性思考和实践回应。

立德树人包含在德育、体育、美育之中，包含在各门课程之中，包含在课内课外活动之中。课程变，则教育变。我带领老师们历时三年开发实践《基于铸魂教育"育·英"红色文化校本课程群》，实现了对传统教育、教学的突破，获得济南市优秀教学品牌成果。课程体系分为修身课程、学术力课程和发展力课程三大课程群。"修身课程"指向学生人格品性修养、家国情怀；

"学术力课程"指向国家课程校本化，夯实学生学业基础；"发展力课程"指向学生创新实践能力的培养。

作为数学教师，我也在思考：如何让数学走进学生的心，实现从知识到能力到素养的转化。我和数学组老师们历时三年研究，以数学文化为载体，指向核心素养的培育和综合能力的提升，开发了基于数学核心素养的"走进数学，启智育德"系列选修课。包括以下五个系列：数学文化课程、数学综合实践课程、动态数学实验课程、跨学科项目式学习课程和数学分层思维训练课程，涉及多学科、多角度、多层次，对培养学生素养具有协同作用，对学校实现育人目标起到支撑作用。其中数学文化课程，依据初中学生的年龄特点和数学学习规律，开设了"数学教育剧课程""数学文化讲坛课程""数学研究性学习课程"，目前已坚持了七年，为全国首创，成果丰富。基于课程的原创性和内涵的丰富性，为了实现有效教育效果，我们组建"数学创新教育教学团队"，将教学团队中具有不同水平、知识结构、认知风格的教师进行优化组合。根据课程内容，采取"任务驱动"的团队协作方式，组建每一门课程的教学小团队，分解任务，低负高效，保证效果。

2018年11月，在省互联网+教师发展工程线下会议上，作为全省数学课改的典型，我做了专题报告"课改新样态：数学文化走进数学课程"，广受好评。论文《从思政课程到课程思政》在《教育家》杂志发表，我的事迹《立德树人做好学生引路人》刊登在《济南日报》。

我坚持学习，不断提升自己的数学学科专业素养和跨学科素养，带动身边的老师一起研究，一起进步。2018年10月成立了济南育英教育集团名师工作室，通过32位核心成员，带动集团内428位老师共同研究，完成了济南市教育科学重大课题"互联网+背景下中学课程、教学及管理研究"，2019年至2022年我校教师共获得各级奖励473项，师德高尚、善于学习、业务精良、深爱学生、敬业奉献的高素质队伍，成为育英最响亮的品牌。

2017年，我作为核心专家参与"未来高素质人才学习素养构成度和评价体系研究"，并顺利结题。2017年起担任山东省"互联网+教师发展工程"

省级工作坊主持人。2017年9月,受聘中国教科文体卫全国委员会举办的第一届全国中小学青年教师教学竞赛评委,担任评委组主任。自2011年9月至今,我担任山东师范大学教育硕士数学专业研究生导师,2018起担任济南大学教育硕士研究生导师。近几年,我先后为各地市进行数学教师培训、教学干部培训、新教师培训等30余次,2021年9月又远赴甘肃省临夏市,为临夏市校长和数学教师分别做专题讲座,并与临夏一中结对,完成济南—临夏东西部交流协作任务。

用微笑感动学生,用师爱与学生形成良性的互动。数学教育成为承载着我作为教师的人生价值载体,也让我在追问中不断进步。

做一个被学生"请"下讲台的老师

李妮妮

人物扫描

李妮妮,现任济南济微中学副校长,语文教师。全国模范教师,山东省特级教师,山东省优秀共产党员,齐鲁名师,山东省首批齐鲁名师名校长领航工作室主持人,山东省富民兴鲁劳动奖章获得者,山东省教学能手,济南市第十三批专业技术拔尖人才等,曾获山东省初中语文优质课一等奖,兼任山东师范大学研究生导师。

今天，我被学生"请"下了讲台，却满心欢喜，请跟我到课堂上看一看。

做生命精彩的促成者、倾听者、欣赏者

室外秋风萧瑟，落叶飒飒。

我和学生正在一起阅读欣赏苏轼的《记承天寺夜游》。

我们很快在朗读中了解了短文大意，我说："同学们对本文的理解还有什么问题吗？"小魏同学说："老师，本文的中心事件是'夜游'，苏轼为什么会在晚上外出行走呢？为什么一下子就想到要去找张怀民呢？"小豪接着说："苏轼为什么称自己是个'闲人'呢？这个'闲'就是指'清闲'吗？"

我心中一阵窃喜，学生们已经初步具备质疑的能力："来吧，大家各抒己见。"

子钰首先站起来，侃侃而谈。他从苏轼的遭遇谈起，说到苏轼一家在黄州的拮据与苦涩，他越说越激动，猛地把书摔在地上，几大步走向讲台，诚恳地看向我说："老师，您请到我的座位上休息，我来讲吧！"全班同学都大笑起来，我也笑了，点头走下讲台。

子钰站在讲台上，脸上泛起了红晕，声音越来越大，"文章结尾的一句'何夜无月？何处无竹柏？但少闲人如吾两人者耳'，可谓五味杂陈啊！年少时有志于'致君尧舜上，再使风俗淳'，而今空有一番抱负，落魄于此，这份'闲'实在太心酸了，两个问句，紧跟着一声回答，尤其是句末的'罢了'，一声叹息，万千无奈与郁闷啊。"子钰眉头紧锁，"啪！"他用手猛拍了一下桌子。

班里有"小先生"之称的昊哥站起来说："你刚才的观点我持不完全赞同的看法。"昊哥从知音难觅这个角度谈了东坡此时与友人张怀民一起赏月时的欣喜，他走向讲台，和子钰说："你先下去休息，我来！"全班又是一阵哄笑，子钰还要坚持，还是被昊哥送回座位。

昊哥接着说："我想文中月亮和松柏这两种自然景物，固然是写实，但是有没有特别的用意呢？大家来看这几个意象，月光、水、竹、柏，这其实

都是东坡心志的体现,他在向世人宣告,我'一片冰心在玉壶',我会如松柏一般坚守本性,你奈我何?我现在就是如此潇洒沉浸在这融融月色,我这个'闲人'就是这江山风月的主人,你们有我这般自在吗?"

我环视教室,发现每一个孩子都聚精会神,听得津津有味,每个人脸上的专注让我感受到思想的共鸣所带来的愉悦。"有一好友相随,饮一杯皎洁月光,品一壶风月老酒,优哉游哉!大家来看,这就是东坡,谁能有这样的闲情逸致?谁能有这般的奔放洒脱?有些路,走过,也无风雨也无晴。所以,子钰老兄,不要这么低沉,东坡的快乐你永远不懂……"昊哥摆着手摇着头,洋洋自得。同学们又是一阵大笑。

接下来,又有几位同学谈了自己的理解和看法,他们说,在接近两周的苏东坡专题阅读中阅读了大量的美文,更重要的是真正认识了东坡这个传奇人物,苏轼的诗词成为滋养、丰富他们精神世界的重要源泉,成为提升寻常生活趣味的涓涓溪流。他们喜欢这样的语文。

回到办公室,我激动的心情久久不能平息。这节课,我被学生"请"下了讲台,我成了一位"清闲"的老师!而这正是我所期盼的,也是我努力的方向。

这个学期,我新接手一个八年级的班级,八年级上册的第三单元中有苏轼的《记承天寺夜游》,按照新课标的引领,我决定做一个苏东坡专题群文阅读,按照苏东坡的人生经历时间为纵轴,以苏轼作品的名家鉴赏及其传记为横轴,选择作品。在师生的共同推荐下,完成了一个任务驱动型的群文阅读《每个人心中都有一个苏东坡》。近两周来,同学们围绕这个专题往阅读的纵深推进,由单篇到群文,再到整本书阅读,以达到阅读的博而专,广而精。继续和深化批注阅读,运用多种阅读策略,如浏览、猜读、跳读、群读、细读、复述,还有古诗文必不可少的诵读等。同学们逐步进入苏轼的文字世界和内心世界,体会他乐观、豁达的人生态度,探索他的儒道释思想和智慧。在阅读过程中,我尊重学生个性,展示学生个性,发展学生个性,培养学生创新意识和思辨能力,促进学生智慧发展、精神成长。

在大量的阅读之后,本节课的精彩可以预见。这节课学生们在发言中引用了《与范子丰》《二红饭》《书临皋亭》等文章中的句子，许多苏轼的诗词名句都自然嵌入其中，最宝贵的是很多学生从中汲取言语智慧和精神养料，胸中有丘壑，自然口若悬河。

做言语田园的建设者、养护者、守望者

要想让教师走下讲台，让学生充分沉浸式交流与表达，就要把握"厚积薄发"这个规律，多年来我抓住阅读与表达这两个突破口，做学生言语田园的建设者、养护者和守望者，培养了一大批热爱阅读、善于表达的学生。

（一）语文老师首先要做"读书种子"

语文教师要用自己健康强盛的言语生命，引领学生踏上言语人生、诗意人生之途。语文的人文性很强，教师的学养和人格素养格外重要，唯有语文教师喜爱阅读，沉浸在书香雅韵之中，才能沉淀厚实精神的底蕴，才能"善养吾浩然之气"，从而带动学生喜欢阅读。

多年来，阅读与思考已成了我每天的必修课。读教育教学的杂志专著，读经典的文学名著，读社会经济文化方面的书籍，等等。博观约取，静水深流，边读书边思考边写作，慢慢丰润内心的田野。只有教师有厚底蕴，有大格局，才能在指导学生时"有底气"。我深信，良好的阅读习惯是一名语文教师的基本功，语文老师的书卷气就是播撒在学生心目中的"读书种子"。

（二）为终身成长而阅读

"每天都读书，每天都像迎着朝阳走路，精神底色必然是明亮的。"这是我经常对学生说的话。在这个信息化快速发展的时代，数字化的阅读形态快速影响人们的生活，阅读趋向碎片化，传统意义上的纸质阅读受到了严重冲击，真正意义上的深阅读越来越难。我与学生们座谈，深入了解学生在读书过程中遇到的困难，不断实践研究，逐渐摸索出了一系列指导学生阅读的做法。

教材整合为阅读赢得时间。我大胆整合教材，典型课文重点学，重要知

识点专题学，自读课文自主学，相关文章群文学，解决了学生没有时间读书的问题。我提出了"5+2""1+30"的阅读计划，一周在校时间 5 天，一定要用 2 节课用来进行阅读交流；每周有 2 天只布置阅读的作业。每天的语文作业一定要有 30 分钟时间用来阅读；每天要有 30 分钟时间自信表达或大声诵读；每 30 天要精读 1 本书等。

在语文课上，学生们有时静心读书，教室里虽然安静得只有学生翻书写字的声音，但是每个孩子都在进行着独特的头脑风暴；有时激烈讨论，人人积极参与，或慷慨陈词，或凝神思考，或侧耳倾听。交流让学生在阅读过程中找到了展示的平台，让他们真正体会到"腹有诗书气自华"的自信，体会到读书带来的快乐。

"读书有法"使得阅读走向深处。在总结前人经验的基础上，我不断反思实践，注重阅读策略教学，总结出了一系列的阅读导读方式，比如"圈点批注法""鲸吞牛吞法""情感共鸣法""独立云端法""有来有去法"等。

为了激发学生阅读兴趣，一系列读书活动成为固定节目。例如，"好书推介会"，老师和学生一起来决定阅读书单，既有语文教材中要求的必读书目，也有毕业校友们推荐的书单，还有每个人的特色书单。"我的读书轨迹"清晰地记录着学生的阅读轨迹，师生激励，生生伴读，让这份阅读轨迹越来越深远。"让学生站在舞台中央"是我的教学理念，"今天我主讲"是最受一级一级学生欢迎的读书活动。小郑同学说，为了做好这个主讲人，他把《西游记》反复读了 6 遍，原来觉得自己读懂了这本书，越读疑惑越多，思考越多。他说，悟空从"心生到心灭""魔生到魔灭"是一个渐悟的过程。他逐渐放下了自己的杀戮之心、执念和浮躁之心，变得不再纠结、不再贪婪。所以与其说唐僧师徒西天取经战胜众妖魔，不如说是唐僧师徒不断战胜内心的"心魔"，不断成长，求得一颗真、善、美的佛心的过程。小雨同学说："看到同学们读书这样深入，有了这么多的思考和感悟，我感觉读书多的同学气质都不一样了，我也一定可以做到。"在我的策划下，"济微读书达人秀"活动成为全校学生的狂欢节，先评选班级读书达人，再评选学校读书达人，晒阅读轨迹，读书感悟演讲，读书辩论赛等。

（三）为生命美丽而表达

阅读是输入，表达就是输出。作为新时代的社会公民，不仅要热爱阅读，还要养成关注现实生活、自主思考的习惯，形成求真求实、冷静客观的思维方式，学会准确、负责任、言必有据的表达。表达包括口头表达和书面表达，这两种表达方式同样重要，透过"说写"的背后——其实更重要的说什么、怎么说，说得有意义、有思想、有见解，才是表达存在的意义。

我带领学校语文组老师，研究写作的阶梯性层级训练，由情趣到情理到家国，由小我到大我，由观察感受到思考感悟，从生动记事到细致描写，从完整架构到修改完善。我坚信"只有说才会说，只有写才会写"。

教师要做一盏灯，要做一团火，唤醒学生的心灵，培养学生表达的兴趣。"尊重、倾听、认同、欣赏"是我的法宝。老师首先要做倾听者，发现者，鼓励者，让每个学生体会到表达的成就感、荣耀感、幸福感。但班里总有一些孩子在课上沉默不语，置身课外。晓晓同学性格腼腆，上课从来不举手，点名回答问题时，满脸通红，声音很小，甚至直接沉默。我和晓晓多次沟通，每次都是几个"嗯""是"就结束了谈话。我多方了解晓晓的业余生活和个人爱好，得知她很喜欢养花。于是我借办公室里一盆鹤望兰出现了黄叶现象向她请教，打开了她的话匣子，她眼睛里闪烁着迷人的光彩，在她慢条斯理、柔声细语的话语里透露出对生命的热爱与呵护，让我感动得热泪盈眶。我和她约定，让她为全班同学上一堂课，来讲讲家庭绿植的养护，她答应了。一周以后，一场名为《每个生命都值得温柔以待》的讲座在全班惊诧的目光中拉开帷幕，她不仅为大家讲解了各种适合家庭养殖的绿植的习性，而且为大家呈现了每一种花的性格脾气与精神内涵，一句句写花的古诗词在她的讲述中缓缓流淌，浸润着教室里的每个生命。那一刻，岁月静好，而我分明听到了花开的声音。

就这样，学生们慢慢地体会到表达是生命的需要，于是一场场自发组织的交流会随时在课堂登场，看到他们自信大方、逻辑清晰的表达，我激动；看到他们越来越关注社会、家国情怀、国际形势，我骄傲；听到他们立志学成、服务社会、报效国家，我欣慰。

为了激发学生写作的兴趣，我最善于"小题大做"。在写作教学中，没有比学生不想写更糟糕的了，我喜欢拿着放大镜发现他们的优点，想尽千方百计去表扬他们的闪光点，事实证明，只要假以时日，学生的优点就像五月的荷叶浩浩荡荡地生长，占领整个湖面，而那些缺点也被挤占得无容身之所。写作晋级"琅琊榜"和"文学创作年度人物评选"活动是学生最爱的活动，班刊《文心》和校刊《倾听》是学生心中最高级的文学作品。

由此可见，要想做一位被学生"请"下讲台的老师，主要功夫在课外。语文教师的职责在于建设好学生的言语田园，让学生感受到深度阅读的快乐与厚重，感受到真实表达的舒畅和美好，进而萌发言语创造的理想和信念。这样，学生们就会慢慢走上讲台，教师就成了一个"守望者""欣赏者"。

做教育人生的传递者、践行者、创新者

从教 26 年来，我对教师这一角色的理解在不断发生变化。从"独霸讲台"到"走下讲台"体现了我对教育的理解。

曾经，我认为讲台就是我的舞台。每节课前我都要对照教学用书，把上课要说的每一句话都写在课本上，导入新课如何幽默风趣，结束新课要怎样慷慨激昂，都作了精心备课。然后在空荡荡的教室里一遍一遍地试讲，直到熟练背诵。第二天的课堂上，我按照原定的"剧本"，没有悬念地"演出"，赢得了学生热烈的掌声。课下，学生们虔诚地围着我，表达他们对我的崇拜，当时的我是多么自得！

大概是因为我在课堂上的表现力，让我有机会参加各级各类的赛课。这期间，我阅读了大量语文名师的文章、课例、著作等，一有机会就到现场学习名师课堂，于是于漪、余映潮、魏书生等名师各具特色的课堂让我大开眼界、深受启发。语文教学是一汪湖水，静水流深；语文教师应该是一眼泉水，内涵深邃、生生不息。而我大概只在岸边徘徊，竟敢自觉看遍风景！不觉汗颜。

于是，沉潜下去，努力扎根。

朱永新教授曾说："教师读书不仅是学生阅读的前提，而且是整个教育的前提。读书可以改变教师的专业结构，增强教师的专业智慧，提升教师的专业精神。"阅读成了我生活的常态，读书笔记写了一本又一本。学习了名师课例，就试着默写课例，再到课堂上模仿课例，课后再反思优点和不足，然后再次尝试。

慢慢地，我少了锐气，多了底气。

后来，我渐渐明白，教师不应该是课堂的主角，学生才是学习的主人，他们应该主动学习、积极探究，不能被动接受。教学中，我逐渐"后撤"，把学生推向舞台，初步探索形成了"主问题引领下的诗意语文"教学模式，拒绝老师陶醉式表演，避免课堂上零敲碎问，以能起到提纲挈领、直击文本核心价值的主问题引领学生深度思考、合作探究、深度学习，注重提升学生的思维品质和精神成长。我学会了等待，鼓励更多学生展示自己的学习成果，让他们在课堂上激扬文字，张扬个性。

课下，学生依然愿意围在我身边，但他们是在和我探讨读书的感悟，生活的思考，很多时候，他们神采飞扬地说，而我面带微笑地听。

而现在，未来已来。教师不仅要培养学生获得知识的能力，而且要培养学生在信息化时代让学生与别人有效沟通、合作共赢，能够整合多方资源创造性解决现实问题，成为自主坚韧、敢于担当、创新进取的时代新人。近几年来，我开始重视学科科学的研究，借助脑科学和认知心理学的研究成果，利用人工智能和大数据对学生的学习行为进行科学分析，对学生的学习过程进行数字画像，教师在适当的环节对学生进行必要的高效的指导、帮助、评价、反馈，最终引导学生实现有效的自主学习。

于是，我开始帮助每一个孩子把未来"清晰化""风景化"，和孩子们一起对目标任务、山川路径、奔赴过程进行清晰描绘，根据孩子的需求提供工具支持、广阔资源，让学生们有方向、有力量、被支持、可驾驭、有方法、有信心。在新课标的引领下，我努力创设丰富多样的学习情境，设计富有挑战性的学习任务,例如大单元整合下的单篇教学研究、任务驱动下的群文阅读、整本书阅读、跨媒介的阅读等,在阅读实践中发展学生的阅读能力、思维能力、审美能力和文化吸收能力,积淀其丰厚的人文素养。让学生的精神世界、存在意识与诗意生存能力获得提升和发展。

课下,学生们还是围绕着我,他们让我推荐文章、推荐作家作品,他们在向我争取课堂上的发言权。我成了一个随时被"请"下讲台的老师。课上,我自得着学生的自得。

2019年12月,在层层选拔后,我有幸成为山东省首批齐鲁名师领航工作室主持人,一群小伙伴同向同行,志同道合,彼此扶持彼此鼓励。习总书记说"有高质量的教师,才会有高质量的教育",培养带动更多年轻教师走向优秀,是我的责任与担当。多年来,有一百多位年轻教师的成长路上有我的身影。我和他们一起读书、学习、研讨、辩论……磨课仍继续着,我成了观课者,和年轻教师一次次修改、一遍遍演练。我更愿意把自己走过的这几十年教育故事讲给他们听,告诉他们教师是一个多么伟大的称号,激励他们热爱伟大的教育事业,在教育人生的道路上走出自己的深深浅浅。

昨天,今天和明天,教育风景如画。心之所向,我必素履以往……

做激发学生内驱力的唤醒者

刘福强

人物扫描

刘福强，现任山东省济南汇文实验学校物理教师，被评为国家级骨干教师、齐鲁名师、山东省物理课程专家、山东省初中物理工作坊主持人，曾获全国优质课一等奖、山东省教师素养大赛一等奖、山东省微课程设计一等奖。为济南市"五一劳动奖章"获得者、济南最美教师、济南市教书育人楷模、济南市首届教育榜样、济南市第一届双领军教师、济南市教学能手。

我叫刘福强，是一名初中物理教师。21年来，我受到学校党组织，以及各级教研组织、各位专家的悉心培养。我热爱济南这片沃土，我更热爱教育事业，热爱可爱的学生们。漫漫从教路上，我一直坚守"做激发学生内驱力的唤醒者"这个初心，与学生一起砥砺前行。

先从"三封信的故事"说起

我长期在外来务工子女定点学校工作，外来务工人员的子女身在异乡为异客，我每当面对孩子们那纯真而又无助的眼神时，就暗下决心，要真正帮助到每一位学生。我知道他们除了需要家庭父母的爱之外，更需要能接纳他们的环境，能让他们融入其中的环境。我坚信，爱是教育的真谛，我更坚信，教育教学工作是生动的，是生活的，是生长的，是生机勃勃的，教育的本真是育人。因此，我确立我的教育思想是：用生命影响生命，一颗爱心慰心灵。

我喜欢和孩子们在一起，所以我喜欢当老师，特别喜欢当班主任。在班主任岗位上我已经走过21个年头。我的班主任经历和大多数老师不一样，我是一名物理教师，学科的原因，每次都是中途接班，很多时候接的是"问题"班级。而我从来没有放弃过任何一名学生，哪怕是别人眼中"最特殊"的孩子。因为我理解的教育就是用生命来影响生命，工作中，我要用爱唤醒学生心中的内驱力，将一个个所谓的"乱班"变成富有凝聚力的"治班"。其中是如何转变的，我想先从"三封信的故事"说起。

第一封信

"刘老师，您不仅是孩子的老师，更是我们的老师，谢谢您，是您教育孩子成人，是您让我们对孩子重燃了信心，今后我们一定和老师共同努力，培养好孩子！"

——学生家长

这是一位学生父亲的来信。他的孩子是我接的02级某班的学生。我校的学生大多是外来务工人员的子女，多数学生的父母忙于生计，无暇顾及子女的教育。这个班是我印象最深的一届。刚接班几天，这个班的小阳（化名）就进入了我的视线：他不遵守纪律，不服从班级管理，顶撞老师，与家长之间矛盾很深。在充分了解了小阳的情况后，我准备和家长联手对孩子进行教育。但他父亲是抗拒的，不接受我的邀请。经过我多次家访，反复沟通，慢慢地，他的父亲最终同意配合我试一试。

一次班会课上，我对学生说："也许我不是最优秀的班主任，但我要成为最勤奋的班主任。谁能够监督我？"同学们心领神会，一致推选小阳担任班主任监督员，同时大家要求小阳做到两点：1.陪老师一起进行教学管理；2.每天回到家用5分钟，把老师一天的工作说给家长听。

从那天起，我坚持每天早晨7点前到校组织学生自习，中午、课间、两操都会到教室陪伴学生，和孩子谈心，了解孩子们的需要，对孩子进行疏导。晚自习我会在班里等到所有学生离校后再离开，小阳也一直陪伴在我左右。从最初的新鲜，因为要管老师了；到后来的痛苦，管别人自己也要受约束；最后他坚持了下来，慢慢地发生了改变。首先是他变得懂事起来，关心集体活动与班级管理，学习成绩也有了很大进步。在期中家长会上，同学们自制了大红花为家长佩戴，与家长相拥，表达对父母的感激。当小阳给爸爸佩戴上红花时，他父亲眼睛湿润了。小阳在周记里写道："以前总是跟老师、父母作对，是您的教导，让我找回了自己，谢谢您，刘老师。"

真情付出，坚持不懈，用生命影响生命，换来的是班级风气悄悄改变，孩子们有礼貌了，爱家人了，会学习了。毕业前，这个班被评为市级优秀班集体。生活需要阳光、梦想和努力，教育需要尊重、欣赏和鼓励。由乱到治，我用智慧与汗水，更是用真情走进了学生的心里，让班级变得更美。

第二封信

"刘老师，我曾经很伤心，是您给了我笑容；我曾经很迷惑，是您给了我方向；我曾经很无知，是您给了我知识。笑，因为有您伴随；乐，因为有您教诲。时光如水，长大后我也要成为您！"

——学生 小月

这是曾经八年级某班一位女学生写的。2015年我接任八年级某班班主任工作，在第一节物理课后，我对同学们说："现在我还没有物理课代表，哪位同学对物理感兴趣，又想为同学们服务的，可以来找我。"课间，小月（化名）来到办公室对我说："老师，我的成绩不是很好，但我很喜欢您的物理课，我可以申请当课代表吗？"孩子的声音很小，很不自信。看着她的眼睛，我痛快地说："没问题，老师相信你能做好。"我特意在班会上宣布了对小月的任命，并现身说法，其实老师在初二以前也不是优秀的学生，就是因为有了物理课，从喜欢这门课，到爱上整个学习，逐步成长，最终考上了大学。

我指导小月在身边寻找实验器材，指导她尝试制作潜望镜、小孔照相机等器材，课上就用她的作品做演示实验。在她的带动下，班里形成了一股实验热潮，尤其是那些不爱学习的调皮男生，在动手中发现了学习乐趣，获得了从未有过的成功的体验。爱上物理是第一步，但要让学生变得优秀还需要有教师的智慧。我精心设计讲学案，将知识目标化、系统化，精讲精练，当堂完成，尽量不留课后作业；同时培养了一批小月这样的小讲师，让他们主讲，录制实验微课在班级群里分享，提升自己，带动小组，有效地提高了学习效率。当学生的主体地位得到提升时，其他一切都简单了。我因势利导，由物理到化学，由理科到文科，越来越多的学生获得了成就感，优秀率、平均分、及格率都大幅提升。付出就有回报，后来小月同学获得市级优秀班干部的称号，考入重点中学。新学期的教师节，她回到学校给我报喜："老师，在高中我继续当物理课代表呢，谢谢您！"

教育的真谛是用生命影响生命。我用策略与真诚，走进学生的心里，让学生变得更自信、更坚定，让孩子们的路走得更顺畅。

第三封信

"好美的一场雨 / 落在我心里 / 回荡起 /——那份珍藏的感激

打开日记 / 您和雨——是个谜

我们荒废了成绩 / 是您的疾风骤雨 / 让我们——惊醒、惭愧 / 与奋起

我们坠入了险地 / 是您的绵绵细雨 / 让我们——勇敢、坚强 / 与珍惜

我们耍孩子气 / 是您的毛毛雨 / 让我们——有笑、有泪 /——更有回忆

而如今 / 您不必惊喜 / 也不用怀疑 /——我们已经猜透了谜底

请收下 / 我们深深的敬意 / 与这场属于您的 /——最美的心雨"

这是14级毕业学生用诗的形式写给我的一封信，我珍藏至今。每当疲惫时、倦怠时、委屈时读起它，内心都会变得平静、安宁。那个孤僻、倔强、不羁的大个子男生，那个逃学、打游戏、夜不归宿的调皮鬼，还有那个眼神飘忽、始终躲在角落里的小女生……一个一个肖像，在我脑海里鲜活起来。看到你们现在的成绩，我很欣慰。也感谢你们，赠我以最美的心雨。

送走的班级一个接一个，在和学生共同成长的过程中，我深刻地理解了什么是"教学相长"。教师在传授知识的同时，自己也在不断地提高。教育的本真是育人，但是育人先育己，更要学会激励、唤醒和鼓舞学生，因此，我也走上了"做激发学生内驱力的唤醒者"的探索之路。

多维多点多思路，做学生成长路上的摆渡人

工作中，我以情感教育为抓手，以活动育人为途径、以家校合作为桥梁、以自我发展为示范，做一个激发学生内驱力的唤醒者。

(一)遵循规律,为学生成长付出真爱

学生对班主任的情感认同是提高班级凝聚力的基础。工作中,我遵循"开学第一课——情感唤醒之发端;整个学期中——情感唤醒之发展;学期末总结——情感唤醒之升华"这一发展规律,积极开展情感教育活动。

每逢开学初,我都会给孩子们准备小礼物,拉近师生之间的距离。通过线上线下两种方式,邀请优秀毕业生介绍学习方法,讲述成长经历,表达对母校的不舍与对老师的感激。这样既是对毕业学生的一种激励,同时通过榜样的示范作用,让班内学生怀揣着对老师的尊敬与信任开启学习之旅。

学期过程中,在校的每一天则是情感唤醒的发展期。每天,让阅读装点班级的教育生活。开展学校、家庭、学生三位一体共读活动,通过师生共读、家校共读,充实孩子一天的教育生活。积极营造和谐温馨的班级环境,做学生们最真诚的倾听伙伴,对于孩子们的优点,我会及时反馈,给予点赞;对于孩子们身上存在的问题,我会用策略纠正,让孩子们不断改正。

学期末是学生情感唤醒的升华期。我为学生撰写独一无二的评语,送上最用心的成长祝福,当学生看到老师的评价时,感到这是老师对他们的充分肯定与信任,会感受到这是老师专门送给他们的礼物,从中感受到老师真切的关爱。同学们从评语中获得的是感动、力量和希望。

在与学生一同成长的过程中,我深刻感受到,为师者要想成功,就一定要爱学生,而这爱,一定要让学生从心底认同接受。只有这样,教育才会发生作用,孩子才会发展得更好。

(二)尊重科学,让学生创造更好的自己

美国著名教育家杜威认为:教育中永远成功的方法就是给每个学生一些事情去做,不是给他们一些东西去学。工作中,我努力为每一个学生搭建成长的平台,让每个学生在这个平台上能够施展发挥。我为学生搭建的平台是"一点、两面、四线"。"一点"是抓住学生"核心素养提升"这一核心点,"两面"是依托"校内、校外"两个面,"四线"是拉住"岗位、演讲、科技节、实践活动"四条线,为学生提供多维多元的成长平台,调动每个学生的主观

能动性，唤醒他们的内驱力，帮助学生获得不断发展的能力。

1. 校内。

设立值日班长，让每个人都参与管理。在班委会正常运行的基础上，在班级内设立每天的值日班长，学生们依学号轮流上岗值日，记录一天中"晨读、课间、午餐、自习"等几个环节，监督卫生值日，处理班级内出现的各种问题。设置值日班长，不仅为孩子们提供了参与管理的岗位，更让孩子们在管理与监督他人的同时，学会了约束自己，实现自我教育，提高责任意识。

举办每日演讲，让每个孩子能自信表达。针对学生们存在的害羞心理，不敢在众人面前、正规场合发言说话的现实，举办每日演讲活动，提高每个学生的当众表达能力。活动开展以来，孩子们逐渐克服紧张、害羞的心理，走上台前分享故事，表达观点。同学们对演讲人表现的关注，远胜于故事内容。同学们看到演讲人的变化提高，侃侃而谈，大家都跃跃欲试，渴盼着赶快轮到自己演讲，以展示自己的水平。这个活动影响了自己，也影响了别人，有力地唤醒了大家的内驱力。积极向上的正能量，在班级内逐渐扎根沉淀。

组织班级科技节，让每个孩子都享受动手的成功。结合物理教学的学科特点，我因"科"制宜，在班级内组织班级科技节。科技节上，安排制作成功发电机的孩子上台分享制作过程，还为成功制作出电磁铁的学生颁发奖品。通过科技节，孩子们在享受成功的同时，也深刻感受到物理学科所蕴含的科学思想、科学方法、科学态度和科学精神。学生们在小小的科技世界中，不仅培养了科学探究的能力，也在改善自己的学习方式方法，一场静悄悄的学习革命在班级内悄然发生。

2. 校外。

开展社会实践活动，让学生在实践中体验成长。读万卷书，不如行万里路。开展社会实践活动，不仅让孩子们的团队观念在活动中得以强化，而且也能让孩子明白自己身上的责任，培养其独立自主的意识。活动前，我提前谋划，让每一个孩子认领自己的任务，有的是生活组成员，负责后勤服务；有的负责宣传报道，担当小记者，及时组织报道；有的是创意策划师，策划各种有意义、有意思的活动；有的是小导游，需要写导游词，每到一个景点，给同学们做好讲解。实践活动的开展，让孩子们在真实的社会中得到锻炼，在有设计的活动中培养他们的角色意识、责任意识和担当精神，让他们在责任的压力下，通过自己的努力去完成相应的任务，收获自身的成长。

实践告诉我，作为班主任老师，要带着期望走进班级，为学生搭建成长平台，让学生在自由、自信的氛围中绽放自己。激励学生一路奔跑，在一次次锻炼中完成自我的完美蜕变，在美好的教育中，成长为最好的自己。在未来的路上创造最好的自己。

家校结合，架起学生成长的桥梁。通过观察研究，我发现班级里一部分学生出现的厌学现象，很大一部分原因来源于家庭教育的缺失。我意识到弥补缺失的家庭教育，是提升孩子内驱力的重要方面。近年来，我积极搭建多维家校畅通平台，召开新型家长会，组织家长进班听课，深入几百个家庭进行家访，传播先进家教理念。提高家长对学校、对班级的信任。在我的影响和带动下，越来越多的家长认识到家校合育的重要性，积极学习家庭教育理论，热情参与家校活动，家庭、学校相辅相成，取长补短。同学们看到老师与家长关系这样和谐，互相配合默契，从心里感到愉悦、自豪，就更加热爱班级、热爱学校，迸发出更强的学习干劲。

我认识到，作为一名教师，其工作的意义绝非"教与学"那么简单，我们的工作对象是一个个生动活泼的孩子，因此唤醒学生的内驱力，调动学生的主观能动性，以及激发其对学习对生活的热情，让孩子们健康地成长，是教师不可动摇的初心和责无旁贷的使命。

不忘来时路，为学生做感恩的榜样

我刚参加工作时，我们学校只有两位物理教师，每人负责一个年级。为了获得更多的学习机会，我联系各个区县的大学同学，到他们所在的各个区县听课，积极向名师学习。由此得到了许多专家、名师的指教和帮助。记得

2006年参加济南市优质课评比，我对此一无所知，迫切需要有人给指导一下。当时巩晓雁老师还是在29中任教，她得知消息后，立即调了课，骑自行车来到我校指导，当时的情境至今历历在目。在历次的优质课、观摩课中，巩老师、陶老师带领物理组全体成员，从教学设计，到教具的改进，事无巨细，都力求最佳，尽全力保证我能取得优异成绩。在济南名师、齐鲁名师评选中，鄢青霞科长、巩晓雁老师、王兴武老师帮助我提炼教学思想和教学思路，力求使课上得有特色；帮助我修改答辩文稿，逐句推敲，直至凌晨。在历次的班主任大赛中，团委张秀丽书记带领着全区的德育团队全程提供智慧保障。正是有这些领导与老师的悉心指导与全力帮助，又有学校，及市、区教育局作为强大后盾，才有我自身教育教学水平的一次次突破。

2019年我调入现在任教的学校，四年间，接手了四个毕业班。我继续坚持开放课堂，欢迎老师们来听课。几乎每节新课都有老师来听，这对我是一种鞭策督促，我也争取把每节课都上成优质课，在相互交流中，实现互相的帮助。我继续积极参加省、市、区组织的各级各类培训与教育科研活动。积极发挥个人在教育科研方面的优势，积极带领省、市、区工作室团队成员，准确把握课程改革方向，开展课题研究，通过不断学习、研究与实践，攻坚克难，着力解决教育教学过程中遇到的热点问题，重点难点问题。在理性认识中丰富自我，在吸纳中充实自我，促进专业素质的不断提高。继续向省、市、区同行开放课堂，积极开设观摩课、优质课、公开课，积极参加名师送教、名师讲坛等活动，积极开设专题讲座，线上与线下相结合，指导促进全省教师的专业化发展。

我积极开展教育教学研究，从教路上，一直努力前行。先后主持、参与6个省级课题，均已结题；有《物理教学改革实践》等十余篇文章发表于国家级核心期刊，有《基于课程标准的教学设计：物理》等两本教学专著出版；指导的青年教师多人次获省、市、区优课、区教学能手、区优质课一等奖。

我的爱人也是一名光荣的人民教师，一名班主任。我们有一个女儿，生活单纯而平静。每晚回到家，我们更多的时间是在备课、写材料，与学生家长电话交流。因此，很少有时间陪伴在女儿身边。女儿非常听话，可是女儿越是听话乖巧，我们内心越是愧疚，唯有通过自身不断的努力，为孩子做一个认真做事的表率。

"冗繁削尽留清瘦，画到生时是熟时。"教育教学的理想境界，就是使学生发展。一路走来，不忘初心，我热爱济南这片沃土，热爱教育事业，热爱可爱的学生们。教育关乎民生，发展需要人才，发展需要创新，面对机遇与挑战，我干劲十足，漫漫从教路上，我将坚守"做激发学生内驱力的唤醒者"这个初心，与学生一起砥砺前行。我将不断地探索与实践，让人生变得更美。

隐性的左手

李寿岸

人物扫描

李寿岸，现任莱芜区茶业口镇汪洋学校副校长，物理教师，被评为中国好人、齐鲁名师、山东省优秀教师、山东省教书育人楷模、济南市高层次人才，齐鲁师范学院"名师名校长工作站"特聘教授等。曾获山东省物理优质课评比一等奖。

我叫李寿岸，来自济南市莱芜区一所偏远的农村乡镇中学——茶业口镇汪洋学校，是一名普通的物理教师。从教25年来，教了25年毕业班物理，担任了23年毕业班班主任，在各级领导和老师们的关心帮助下，我立足三尺讲坛，把一颗火热的心交给学生，交给心爱的教育事业，取得了点滴成绩。

命运永远垂青于那些执着向上的人

九岁那年，因为一场事故使我的人生发生了转折。当我被送进医院时，胳膊已经被感染，为了保全生命截肢成了唯一的选择。当我醒来时，发现我的一只胳膊不见了，我痛苦地叫着、寻找着，甚至有段时间变得绝望和彷徨。不愿见到任何人，整天少言寡语，只愿独处。小学毕业后，我以优异的成绩升入汪洋中学，在学校我克服了常人难以克服的困难，在老师的耐心呵护下，走出了阴影，逐渐地融入集体中。三年的高中生活，使我学会了自立、自强、勤奋、刻苦。

1995年我参加高考，被一所医学院录取，但体检却成了我永远过不去的门槛。后来在领导、老师以及好心人的帮助下，我走进了莱芜电大数学班的课堂，开始了新的人生。两年的电大生活，磨练了我的意志，在学校我全面发展，成绩优异，各项活动从不落后。1997年毕业后，我回到了母校汪洋中学，开始了我所向往的教育人生。从教的第一天我就告诫自己，"我是山里的孩子，为孩子们撑起一片属于自己的蓝天是我的使命；既然选择了这个我所热爱的教育职业，就要像园丁一样辛勤耕耘，无私奉献"。

让学生在感受爱的过程中理解爱、学会爱

特殊的人生经历，使我比别人更懂得关爱在孩子成长中的分量。连续23年担任毕业班班主任，我一直用自己的人格去感染他们，用自己的经历去激励他们，用自己的真诚去唤醒他们，用耐心和真诚与孩子们沟通。我班学生

小阳，原本有个幸福美满的家庭，但一场突如其来的车祸导致他的父亲瘫痪在床，这件事情对他的打击很大，后来父母的离异使他变得性格孤僻，最后辍学回家了。了解到这一情况后，我踏着崎岖的山路到小阳家家访，路上突遇大雨，再加路况不熟，我从自行车上重重地摔了下来，导致右锁骨骨折，在泰安骨科医院进行手术治疗，右臂还不能抬起时便回到了心爱的讲台，丝毫没有耽误学生的学习，但那剧烈的疼痛只有我能体会到。我的真诚感动了小阳，他又回到了同学们中间。之后我不断地和他谈心，在生活上我给予他无微不至的关怀，垫支生活费和学杂费是经常有的事。在学习上给他加油鼓劲，使他对学习充满信心，最终他以优异的成绩考入高中。三年后，当他拿着山东大学的录取通知书向我报喜时，感激地说："李老师，谢谢您，没有你的关爱就没有我的今天，是你的爱心使我对未来充满了希望，是你的帮助使我重新找回了自己，我要深深地感谢你。"说完哭得泣不成声……

2018年秋天，我校发生了大型流行性感冒，许多兄弟班级里有十几位同学因重感冒请假回家，一周内无法正常上课。听说山里的野柴胡预防感冒非常有效，我便利用周末带上工具到山上去寻找。周一我把野柴胡熬的热水带进班里让孩子们喝。没想到这平凡的举动却收到了很好的效果，我班孩子没有一人请假。我想这与其说是这些措施的功效，倒不如说是精神的感动。因为课上仍有被孩子们压低了的咳嗽声，课下在孩子们的桌子上，还有没被收起的感冒药。但当我询问他们的身体状况时，他们总会很轻松地告诉我："老师，我很好，你的土方法还真管用。"其实，那时我真的很感激孩子们的"谎言"。多年后，有孩子们在来信中写道："老师，你知道吗？每当从母校的门前走过时，我总能想起那浓浓的中草药味，真的，这是我对校园生活的最美好的回忆。"现在的我，总会这样想：学生都是我的孩子，只要能像对自己的孩子一样去关心他们，去要求他们，去培养他们，就能取得他们的信任，成为他们的知心朋友。

"捧着一颗心来，不带半根草去"，2013年，我校一名物理教师因车祸住进了医院，我便主动承担起8个毕业班的物理教学。2015年，我跨年级教了4个班的物理,并主动承担起了全校师生学习资料印发的任务,共印资料14万多张,从不抱怨。2001年女儿出生了,她带给我欣喜,但同时带给我对妻子永远的歉疚,因为就在孩子出生的前一天晚上,我还让妻子拖着疲惫的身体给学生上了两节晚自习。在女儿刚刚满月时,由于当时师资缺乏,我就劝说妻子走进课堂。2005年女儿生病住进省立医院,一边是生病啼哭的女儿,一边是即将毕业的孩子,我心急如焚,心想无论如何都不能耽误这级孩子呀,女儿病情刚一稳定,我便投身于紧张的复习授课当中。25年来,我一直严格要求自己,坚持出满勤、干满点。不管自己生活中遇到多大的困难,我都会千方百计安排好工作与生活,始终把工作摆在第一位。

做教师,就要成为一溪源源不断的活水

我一直从事物理教学。物理是一门以实验为基础的学科,动手做实验对于常人来说不是什么难事,但是对于我来说确实有一定困难。记得在做电学实验时,为了准确无误地连接电路,我在实验室中反复练习单手连线,有时为了把导线的绝缘皮剥掉,手脚并用也很吃力。有时因为缺少另一只手的辅助,导线缠着缠着又松动了。经常练得身心疲惫,但我毅然坚持把实验做得非常成功。现在实验课上我能熟练地进行一手操作,精准、迅速,经常赢得学生的掌声。在讲解导体在磁场中受力而运动时,利用到了"左手定则",虽然我没有左手,但是我却用一只隐形的左手向同学们诠释着这一内容。不但没有影响学生的学习,反而使学生掌握得更加牢固,记忆犹新。在区组织的实验技能抽考活动中,我指导的学生连年成绩优秀,受到区教研室领导的好评。

2007年10月,我代表原莱芜市参加山东省第九届青年物理教师优质课比赛活动。接到这一任务后,我深感责任重大。在教学准备过程中,我克服了许许多多难以预料到的困难,制作了许多教学自制器材,单手焊接了电加热器、电动机等十几组器材,由于身体条件的限制,有时用牙咬着单手焊接每一条导线。为了把课上好,我从练习普通话开始,精心设计、反复修改教

学中的每一个环节，反复磨课，反复试讲。学校听了教办听，教办听了区教研室听，区教研室听了市教研室听，不知修改了多少次，不知试讲了多少遍。两个月的磨课、练课，异常艰辛，时常夜里一两点才睡觉，时常手里拿着馒头便在沙发上睡着了，时常睡梦中还在给学生上课。10月20日，我带着准备好的四大箱实验器材，从淄博坐车到潍坊，经过一路颠簸，到达广文中学。顾不上身体的疲惫，就开始逐一检查教学实验器材是否正常。为了节省经费，我住进了条件简陋的小旅馆。为了切实把课上好，不辜负领导的期望，我对着旅馆的墙壁反复试讲，彻夜未眠。功夫不负有心人，在课堂上，我精确无误的实验操作，规范公正的板书设计，设计独特的小组学习、合作探究、交流展示，赢得了评委老师和学生的一致好评。我所执教的课被评为山东省第九届青年物理教师优质课一等奖。

2011年，我参加了山东省教学能手评选，提前10天告诉了讲课的内容，一看讲课的内容，傻了眼，评选提供了两章12节新课的内容，到正式讲课的前一天抽取讲课内容。为了做好各方面的准备，我在这10天中全部备好了这12节新课的教案、学案，并逐一设计了教学课件。但最难的是这12节课的实验器材，很多实验器材实验室中都没有，就是有，那装这12节课的实验器材得装多少箱？都准备好都带去几乎是不可能的，不准备好如果恰好抽到没有准备实验器材的那节课，没有实验器材又怎么上课？于是，凭借多年的教学经验，我重点准备了6节课的实验器材，为了设计上的新颖，还需要自制实验器材，于是我跑遍了卫生院去找空针、针管、输液瓶等，几乎跑遍了莱芜各实验器材店去买辅助器材和药品、各大超市去借真空包装机、各个中学去借抽气机。当时我校只配了两个抽气机，又跑了张家洼一中、寨里中学、花园中学、陈毅中学等学校才凑够了10个抽气机。当时17个地市共有26位物理教师参赛，5天讲完，到了临沂九中讲课的前1天晚上抽课，伸手抽出了第一天第一节上课，讲课的内容是——《声音的产生与传播》，只有一天的准备时间。其中有一个实验是演示真空不能传声，创造真空的环境是绝对不可能的，上课的前一天上午我到超市里购买了真空水杯、真空饭桶，试了很多遍但效果都不理想，只好改为抽气机。为了把物体的振动放大，我想出了一个妙法，就是在正在播放的录音机的音箱上，放一块小镜子，用激光灯照射，根据光的反射原理，会在天花板上看到光斑在晃动，效果非常明显。于是，下午我到超市购买录音机、小镜子、激光笔等，到了晚上才静下心来进行备课，光是导入就改了好几遍，其他环节更是精细设计，一宿彻夜未眠。早上第一节上课，我和妻子到楼下吃饭，平时一见就爱吃的饭菜，那天早上是一口也吃不下，自己偷偷地到冬青后面去回忆上课的内容。妻子看在眼里急在心里，默默地在饭桌边流泪。讲完课后有很多其他地市的老师在网上纷纷发表评论，其中两位教师的评论让我至今记忆犹新。

一是威海的李加智老师写道：

给我印象最深的是第一位老师，李寿岸老师居然是位独臂人！一只右手拿起话筒讲课，时不时地把知识框架写在黑板上。他在讲解《声音的产生与传播》这章节内容时，颇有创意地从市场上买回了几只手压式抽气机，说白了，就是喷雾器上的那个压柄把手，它能很快地从一只小小的集气瓶里把空气抽走，以便证明真空不能传声。下课后，我们威海去的老师呼啦一下围上主席台看他们自备的教具，"土电话"、抽气泵、音乐铃、单弦琴……更精彩的一幕是李老师趁着学生用"土电话"对话时，顺势把连接两个纸杯的绳子剪断，通话中的两个学生一下失去了联系工具，彼此不知到底在说些什么了。通话前，李老师曾在纸板上写下"老师好"几个大字，对着"土电话"轻声念稿的同学能看到这几个字，而另一边的同学是背对着大字的，只能通过念稿的同学的宣读听到内容，这让每个学生都感受到了"土电话"神奇的传导声音的功能！同学们跃跃欲试，都想尝试对讲一下，课堂学习气氛相当活跃。

声音的产生来源于振动，我们听课的都是同行，对放大振动的转换法耳熟能详，而李寿岸老师独辟蹊径，居然把这种振动转换成了光斑的跳跃——在播放着乐曲的音箱上粘一面小镜子，固定在地面的激光器射在随乐曲起伏的音箱纸盆上的镜子上，光反射在天花板上，乐曲响起，节奏鲜明，此时天花板上的光斑随之"伴舞"，引得众人开怀大笑，顿时感受到科学的转换法与美妙的旋律结合起来是如此和谐……这些细节彰显出李老师这位独臂人深厚的讲课功底，为我们树立了良好的学习榜样。

二是山东临沂九中的刘敬哲老师这样写道：

  坚强的意志：每一位讲课的教师都具有坚强的意志，否则是不会被层层推荐到省里来讲课的。然而，第一位讲课的莱芜教师李寿岸，更让人敬佩，他是一位40岁左右的中年教师，左臂缺失，是一位残疾人，当我发现其左臂缺失时，我着实大吃一惊。在如此不幸的情况下他还上课，而且是上省教学能手这种高级别的课，课堂设计又这样的惟妙惟肖，环环相扣，值得学习，并且在物理讲台上做出了骄人的成绩。他的意志是常人无法想象的，他会付出比健全人更多的辛勤和汗水才能有如此的收获，实在令我佩服。

让教研为课堂插上腾飞的翅膀

为了适应素质教育的新形势，我结合莱芜区倡导的"单元主题教学"模式，摸索出了"一案三段"探究式教学法。2010年列为省级课题立项，我作为课题主持人，进行深入研究，取得了显著效果，2014年顺利结题。学生以学案为抓手，经历"预习形成""合作展示""检测反馈"三个阶段学习。预习时，学生在学案的引导下，带着问题，阅读课本，利用参考资料或网络等资源，充分利用原有知识和生活体验，初步形成对所学知识的基本认识。合作展示是展示、交流预习环节的学习成果，并进行知识的迁移运用和提炼升华。各小组把分配到的任务进行合作探究，把自学生成的重点、难点、疑点，通过说、谈、讲、演、辩达到组内统一，形成共识。检测反馈是在展示内容结束后，学生独立完成学案中的"达标测试"，通过组内讨论、组间交流，进行反馈矫正。

由于教学得法，我连续十年二十个学期教学成绩都是全镇一等奖。我所设计的综合课教学流程也独具特色，在全区进行推广，并多次在市、区物理教师培训会上执教公开课和观摩课。近几年来，先后 8 次在省、市、区现场会上做典型发言，作为区师德报告团成员之一，为 13 个乡、镇、街道办事处巡回演讲，被 8 个乡镇或区直学校邀请做经验报告，多个乡镇的骨干教师到我校来专听我的课。

2012 年，《鲁中晨刊》《莱芜日报》及中国文明网、人民网、新华网刊登了我的事迹。同年 12 月莱芜电视台、山东公共频道对我的事迹进行了专题报道。我应邀参加了《山东省物理教学设计》的编写工作，我的教学设计《电功率》在上面发表。我创造条件，克服身体上的不便，自制教具进行科学探究。如自制杠杆、自制潜水艇、自制焦耳定律演示器、自制塑料泡沫切割器等。我的"探究式教学"经验，2009 年 7 月 17 日在济南举行的山东省物理新课程教学改革研讨会上进行交流，受到省教研室领导和与会的 500 多名各地市优秀骨干教师的好评。由于各项工作比较突出，2014 年被评为山东省优秀教师，2015 年 10 月荣登中国好人榜。2019 年 7 月被评为山东省第三届齐鲁名师。2020 年、2021 年、2022 年先后三次被评为济南市莱芜区教学工作先进个人，业务能力和奉献精神得到社会和领导们的一致认可。

"十年付出心自甘，一路走来一路歌。"三尺讲台虽不宽，但我手持教鞭心系明天；一间教室虽不大，但我热爱学生甘愿奉献。今后我会继续怀着一颗感恩的心，真心教书，真爱育人，我要用全部的热忱演绎我的人生，竭力在奉献中把青春升腾，永不言弃，更不言败，我要用爱去践行育人的使命，我要用责任挑起教书的天职，在平凡的工作中谱写更加绽丽的华章。

青春献乡村教育　丹心铸红专师魂

——做一名有情怀有格局的体育教师

杨　军

人物扫描

杨军，现任济南市莱芜区花园学校体育教师，被评为山东省特级教师、齐鲁名师、省级领军高层次人才等，出版专著1部，完成8项省、市级课题，获国家专利1项，市级以上成果奖3项，发表论文10余篇，被聘为山东省课程指导专家、济南市体育特级教师工作坊主持人、济南市课题管理与指导专家、济南市教育学会理事。

我叫杨军，从教25年来，始终根植教育一线，矢志教育事业，以"立德树人"为育人宗旨，培育孩子健全人格，锤炼意志；引导学生全面发展；以科研创新引领教学改革，帮助孩子享受乐趣，发展特长。我在自己钟爱的教育事业里，不断地开创新局面。

从无到有，白手起家，促进乡村体育发展

1997年我大学毕业，踌躇满志，意气风发，满怀教育强国梦想，回归家园，立志要在教育这片热土中奉献自己的青春和热血；当然，父母也为我即将拥有一份体面的工作而感到欣慰。我憧憬和规划着美好的未来，然而一纸调令把我分配到了一所贫困山区的小学。我是在盘山公路上俯瞰到一面飘扬的五星红旗，才找到了这所学校。围绕校门三面是一人高的石砌院墙，院内只有两排平房，整个校园空荡荡的。一位老者接待了我，他和蔼热情，目光中满是真诚与渴盼。他就是这个学校的老校长，在今后的岁月里他成了我最尊敬的良师益友，是我成长的引路人。

经老校长介绍才知道，我要负责的是四所村办小学的体育教学。学校条件极其简陋，苦于无师资，我来后才有了体育老师；无体育意识，无锻炼基础，无上课的场地，无体育器材，更无体育教材，纯粹是一个"六无"。我当时就蒙了。又听有的老师说，反正体育是副课，有没有条件无所谓，一下子犹如一盆冷水浇在我头上，激灵灵打了一个冷战；又犹如天降暴雨浇在燃烧正旺的火焰上，火灭了眼前却是雾气弥漫，一片茫然。面对"副课"的地位和"六无"的现状，我深知贫困山区的客观条件不是一年两年就能改善的，体育课和业余训练也不是靠热情和空想能解决的，只有坚守初衷，攻坚克难，脚踏实地一点点做起来才能实现梦想，改变现状。于是我立足实际，调整思路，经过一个月的观察与思考，针对"六无"，我初步拟定了解决问题的"六条"：1. 无体育师资，我就骑着自行车，一个人"跑教"四所学校的体育课，每天一校一校地连轴转；2. 师生家长无体育学习锻炼意识，我就用自己的行动影响带

动他们；3.学生无体育学习基础，我就从体育基本知识、基本技能开始教；4.无场地，我就因地制宜，利用地形地势等自然资源进行教学；5.无教材，我就"忆、看、仿、编"，自创教材；6.无器材，我就借与"造"。我把方案汇报给老校长，得到了老校长的全力支持。

我每天加班加点工作，课堂教学和业余训练齐头并进，从课堂常规、队列队形开始，我不厌其烦地一次次讲解，一遍遍示范；我改编整理了《春种秋收》《打鱼摸虾》等游戏，孩子们做起来乐此不疲；借崎岖不平的羊肠小路，我带着学生练变速跑，借上坡练步幅，练后蹬，借下坡练步频；借沙滩练跳高、跳远，捡鹅卵石练投掷；借树林带孩子们练攀爬、钻绕。在化肥袋内装入麦秸或玉米皮当体操垫，做前滚翻、后滚翻、横叉、纵叉、仰卧起坐。借来的绳，短而细的就用来练单摇、双摇，长的就用来集体跳绕"8"字，粗的就用来拔河；用废袋子、麻团、线团缠在一起就是"足球"，两棵树、两个学生即可组成球门……

渐渐地，孩子们变了，体育课上，孩子们守纪律、遵常规、历严寒、经酷暑、互帮助、同提高；业余训练，顶星光，冒寒风，流大汗，勇拼搏。第二年乡里春季运动会，我校一举夺魁，还打破了小学女子 400 m 记录。抱着奖状，孩子们沸腾了，老校长激动了，我流泪了，工作热情被催升到了极点。

2000 年，我被选派到与新泰市接壤的莲花山四所小学支教一年，每天骑着自行车往返 60 公里，跋山涉水，雨雪无阻。这期间，我创造了"二二四"培养模式，即每校培养两名兼职体育教师，每班培养两名体育班长和两名体育委员，共 4 名学生骨干，从而结束了本乡镇学校不能开齐体育课的历史，体育教育教学由"开起来""动起来"到"强起来"，逐步开创了新的局面。孩子们从中享受到了运动乐趣，增强了体质、磨炼了意志，喜欢上了我这个老师。领导、老师乃至村民对全民健身运动有了新的认知，尤其让我感动的是村支部书记把自家的菜地无偿贡献出来让我当操场用。尤其意外的是我所实行的"跑教"模式，和"忆、看、仿、借、造"教学理念在全市推广应用，解决了当时英语、音乐、体育、美术等学科因师资短缺无专职教师的问题。

2020年农历新年将至，新冠疫情突发，全社会似乎按上了暂停键。我立刻带领团队的体育教师克服种种困难，学习喀秋莎录屏软件、钉钉群、腾讯会议等现代信息技术，开发了"居家锻炼也是贡献""'宅家'也快乐""生命健康教育"等系列课程，宣传防疫抗疫政策和措施，指导师生家长居家锻炼，缓解师生家长的焦虑。学生线上上课天天盯在电脑、手机上面，我开始思考如何帮助学生预防近视，保护其视力健康。得益于我长期对预防近视方面的积累与研究，我立刻对4万余字的国内外眼科专家的观点和成果进行提炼，运用戏剧的形式，自编自录了微课《如何帮助孩子预防近视》。集编剧、导演、剧务、演员等所有工作于一身，白天嘈杂，为保证效果，所有录制工作均在夜深人静之后，我单独在一个房间关上门悄悄地录，声音小了害怕学生听不到，大了担心扰民影响人家休息。我一遍遍调试话筒输入音量，一次次拼接视频，于2月5日完成整个微课的录制，马上在学校公众号、家长微信群发布，并通过我们工作坊传递给其他地区学校使用。该微课通过山东省教科院相关专家的审核，于25日在山东教师队伍公众号发布，立刻引起强烈反响，十条预防措施以歌谣的形式呈现，易懂易记，当天的点击量就过万，取得良好效果。

培根铸魂，全面育人。没有理想信念，学生就没有未来，国家就没有希望。围绕"培养什么人、怎样培养人、为谁培养人"这一根本问题，我创新"以体育育人"的理念，将体育品德、运动能力和健康行为，及社会主义核心价值观教育融进学生的生活情景，内化于学生的言行之中。我带领学生去鲁中抗日纪念馆、"小三线"等红色教育基地寻根铸魂，教育学生珍惜来之不易的和平安定的生活，勉励学生努力学习，继承革命先烈遗志，为中华民族的伟大复兴贡献自己的智慧和力量。带学生去山东博物馆等教育基地接受中华优秀传统文化的熏陶，感受中华优秀传统文化的源远流长、博大精深，增强文化自信。带学生去山东省科技馆体验科技的神奇，激发学生科学探究兴趣，培养学生科技创新的勇气，体验科技对生活带来的巨大影响，教育学生立志掌握先进科技，为人类文明发展做贡献。带学生到田间地头，春种秋收，锄草施肥，亲身体验"锄禾日当午，汗滴禾下土"之艰辛，以亲身体验教育学生珍惜粮食，杜绝浪费，落实"光盘行动"。组织开展节约一滴水、一度电、一张纸"三个一"等多项活动，培养学生勤俭节约的好习惯。带学生去济南植物园、动物园等地学习实践，走进大自然，亲近大自然，教育学生保护生态平衡，维护人与自然和谐相处的生态文明环境。

自觉学习，不断充电，促进自我发展

学高为师，德高为范。教育是面向未来培养人的事业，教师必须具备适应未来的终身学习能力。我每天读书学习，已成为习惯。读书必读经典，我把《论语》《孟子》《管子》《道德经》等书籍纳入了我的读书计划进行研读。对我而言，古文艰涩难懂，我只能借助于注释去理解和体会，书中内容涉及范围极为广泛，有学习之道，有管理之道，有为人处世之道，还有内政外交之道，不一而足。"泰山不让土壤，故能成其大；河海不择细流，故能就其深。"中华优秀传统文化如此巨大的包容性是其他民族的文化不可比拟的，正是这种包容性维系了中华优秀传统文化的命脉绵延不绝，它所哺育出来的民族精神维系了我们民族的生生不息。我被中华优秀传统文化的魅力所吸引，并为之折服，我将其精神内涵融于教育教学之中，浸润学生心灵，树立文化自信。

学习必明方向，专业要领潮流。我电脑收藏夹列前的是中国政府网、教育部、山东省教育厅、中国教科院、中国知网、山东教科院、济南市教育局等常用网站。我自费购买了《教育心理学》《教育政策学》《中小学体育教学绝招》《中国学校体育》等专业书籍，订了报刊《中国教育报》。我还积极参加各级各类培训与学习，三年累计达1000多学时。我学习国家教育法规、政策、文件、报告，随时浏览关注教育政策动态，紧跟时代步伐，把握政策导向，找准发展方向，提升格局，与国家同呼吸共命运。聚焦时代需求和发展，我学习教育教学科研前沿理论，开拓眼界，提升专业素养，提高专业话语权，引领专业发展。

2020年，我有幸被省教育厅遴选为新加坡教育管理硕士培养项目人选，我已近"知天命"之年,能有机会到国际知名学府学习,倍感荣幸,满怀期待。然而,新冠疫情突发,赴新加坡求学行程受阻,在省教育厅和南洋理工大学的支持下我们以 ZOOM 系统为载体进行云端学习。一身在鲁,心有两系,学习、工作、生活互为交织,唯分秒必争,极限应对,三更未眠,五更已起,学习不停,奋斗不止,排除万难,最终以全部科目优秀,其中 4 科满分的成绩完成了学业。这段特殊学习历程,使我放眼国际,开阔了视野,磨砺了意志,收获了人生至理。

学生经常看到我在读书、学习、备课、写论文、做研究。八年级六班小闫同学说:"我以为体育老师就是在操场上上课、打打球、带带操、搞点比赛,原来体育老师也要看这么多书呀。"我也总是趁机让学生看我学习的内容或自己写的论文,一是让学生提提意见,使学习和研究更有针对性,更加贴近学生的生活和学习实际,二是以自己的行动为学生做示范,让学生看到已过不惑之年的老师仍然奋进在学习征途中,用这种孜孜以求不断进取的精神感染学生。我跟学生们说:"江海汇于百川,坚金成于百炼。你们要从点滴做起,不要怕吃苦,抓紧这美好时光,刻苦学习,奋勇拼搏,为中华民族的伟大复兴积蓄能量。"因为学习和工作需要,我每天都提着手提电脑往返于家与校,时间久了,学生送我一个雅号:"手提哥"。我也通过"手提"将自己的所学、所见、所思、所得整理分享给我的学生们,分享到线上和线下的团队之中。

结合实践,自立课题,促进教科研发展

借力平台,改革创新。我坚持理论联系实际,将所学知识与学校、学生实际相结合,立足课题研究拓展学科发展内涵,拓宽学生成人成才路径,助推体育教育走向新的高度。2009 年,并校合班使我到了中心小学,结束"游击战",进入新平台,我有了机会外出学习,能与专家、名师进行交流,我的专业发展进入了快车道。我们两个体育老师负责全校 1000 余名学生 25 个教学班的体育教育教学、训练比赛。面对学校规模大、班额大、场地小、器材少,学生肥胖多、近视多,学校迎检多等新情况新问题,教研组建立课题

组进行专项研究，我们边工作、边学习、边实践、边思考、边改进，逐渐摸索出了六创、七学、八研的"678解决方案"，即："六创"，创制度、创模式、创器材、创教法、创组织、创安全；"七学"，学政策、学理论、学科研、学课标、学方法、学名师、学专家；"八研"，研学情、研家长、研社区、研资源、研团队、研核心、研问题、研对策。课题组构建了自主互助式"六步教学法"，规范了教师教学行为和学生学习行为，引导学生自主合作探究，使学生能学、会学、乐学，改变了课堂生态。学生在情境中尝试，在创新中发展，在指导下突破，各类体育比赛获奖无数，体质健康测试合格率在90%以上，实现了体育技能与意志品质的互惠双赢。学校体育工作一年一个新台阶，一年多个新突破，育人和健体同步实施，不仅收获了山东省教学示范学校、体育传统项目学校等奖牌与奖杯，更收获了好的口碑。对我个人而言，我不仅形成了自己的教育思想和教学风格，还更加坚定了教育强国的理想信念。2014年，这一研究成果获山东省中小学优秀教育科研成果奖。2017年，我被评为山东省特级教师。

  2019年，入选齐鲁名师建设工程人选是我专业发展的突破期。在省教育厅搭建的这个高端平台上，我向国内外专家学者请教，向名师学习，增益良多。以名师研修课题为抓手，立足于教育教学的热点和难点问题，编制学校及联盟学校的体育工作三年发展规划：一年保基础，两年有精品，三年出特色。课题组紧扣学科核心素养和三年发展规划，研究真问题，探求真措施，取得真成就。开发了家校社"三位一体"评价量表，构建了"233位道"晋级体系和"四方"支持保障体系，为学生的体育学习创造良好条件。我自主研发的一种"体育教学用足球练习装置"获实用新型专利。我主持及参与的省、市级课题顺利结题，获济南市教科规划研究成果奖一项。基于课题研究撰写的论文也在《中国学校体育》《天津教育》等期刊发表，其中关于"中考体育"的研究成果为济南市2021年中考体育评价改革决策提供了参考。

心怀责任，播撒仁爱，促进社会和谐发展

播撒仁爱，无私奉献。我始终模范遵守《中小学教师职业道德规范》，为人师表，严于律己，真诚公平地对待每一个学生，关爱每一个学生，从不放弃一个学生。针对不同孩子的学情和基本运动能力的差异，我设计出适合不同层次学生的活动方式，或降低难度标准或给他们做好帮助与保护，使学生体验成功带来的快乐。2008年汶川地震，我三次捐款捐物，又主动献血（无偿献血证记录：2008年6月3日，400 ml）。学校规定义务献血者可以在家公休三天，为了不耽误学生课程，我跟校长"撒谎"说家中有急事，献完血当即回校上课。2014年，我发现班级一名留守儿童心理健康出现问题，我就主动学习心理咨询师课程，不到半年的时间就考取了国家心理咨询师资格证书，用专业知识和爱心帮助孩子度过危险期，从此开启了义务为师生、社区人员开展心理咨询的历程。

作为教育志愿者，用自己的行动践行社会主义核心价值观，促进社会和谐发展。我积极落实《健康中国2030规划纲要》《体育强国建设纲要》的要求，大力推行全民健身运动，业余时间为国家电网莱芜分公司、农商银行等单位组织职工运动会，提供裁判工作。我组建社区和学校"毽球队""八段锦"等健身团队，指导市民和师生健身，促进全民健康，为健康中国服务。新冠疫情期间，我冒着被传染的风险，积极协助学校、社区宣传防疫政策，落实管控措施，分发防疫物资，帮助核酸检测……

提挈后学，着眼未来，促进青年发展

作为学科带头人，我长期担任学校"青蓝工程"导师，承担培养青年教师成长的任务。我构建了"114"学习平台，引领示范，锻造骨干教师，辐射带动区域内学校共同发展。该平台包括一项"青蓝工程"、一个工作室和四

个工作坊，共六个学习组织。为更好地开展工作，我自费购买了手提电脑、移动硬盘、打印机、摄像机等相关设备。还通过指导编制个人发展规划、志愿服务、读书学习、讲示范课、案例激励等方式方法，塑其师德，育其技能，10位青年教师已成长为市、区级骨干教师。功成不必在我，功成必定有我。我致力于"114"平台建设，使其成为体育教师专业成长的孵化器，推动教育改革的推进器，打造体育名师的新平台，使更多的青年教师受益，让更多的家长学生放心，为教育事业的高质量发展提供源源不断的动力。

作为齐鲁名师，我担任"杨军工作室"、山东省"互联网+教师专业发展工作坊""齐鲁名师艺体组工作坊"主持人和团队组长。近三年提供线上线下展示课6节，专家报告5场，点评8节省级公开课；评选山东省优质教育资源展示课62节，推荐入选资源库累计44节。积极上传课件、论文、音视频、简报、文章、教育政策法规等有关教育教学的课程资源160余项，助力山东省体育教师专业发展。

作为山东省特级教师，我被选为"山东省体育特级教师工作坊"成员，在主持人泰山学院崔运坤教授指导下与山东省其他15地市的15位专家一起学习、交流、研讨和工作，打造省级名师品牌，带动全省体育教育高质量发展。2020年，我被聘为"济南市体育特级教师工作坊"主持人，我将市教育局遴选的骨干教师和有志于教育事业发展的中青年教师纳入团队进行培养。因疫情原因，无法开展现场培训活动，排除困难开展了线上培训、研讨、展示等活动12场次，时间全部安排在节假日和双休日，从未耽误自己和团队成员的正常工作。

近年来，我执教各级公开课10节，主持各级线上线下培训会、研讨会16场，上传网络工作坊各种资料累计40余万字。毫无保留地分享教育教学成功经验，共享教育科研成果，累计培养指导济南、青岛等市21位中青年教师成长为省、市、区级骨干教师，他们在自己的岗位上开拓出了一片新天地。胸怀家国，把握时代脉搏，主动与国家同频共振，坚定信念，为国育人，为党育才，是教师的天职。道阻且长，行则必至千里；山高峰险，攀则必达峰巅。我们要感恩美好的新时代，感恩我们伟大的祖国。我们要坚守梦想，久久为功。立足岗位，履职尽责，踔厉奋发，成就教育强国梦想，助力中华民族伟大复兴。

一路追问　踔厉前行

梁　丽

人物扫描

梁丽，现任济南市安生学校小学部教学主任，被评为全国优秀教师、山东省特级教师、齐鲁名师、山东省教学能手、济南专业技术拔尖人才等，获山东省语文优质课评比一等奖。兼任国家名师培训团培训导师。

我是一名师范生，也是当年济南市第三批五年一贯制"大专班"文科生，1999年毕业参加工作至今，一直在语文教育的沃土上劳作，不曾离开半步。一方面是缘于对语文的热爱，一方面是缘于对"价值实现感"的执着。工作以来，我一直在思考以下几个问题，虽然始终也没有获得明确的答案，愿以此为教育生涯的回顾，与大家一起分享。

问题一：为了谁而工作？

为了谁而工作？这个问题，在我刚刚入职的时候还真的没有想过。那时候只是凭着一腔热血，做着自己喜欢的事情。没有老人需要照顾，也没有孩子分心，正是一心一意投入的好时光，可以把一切精力都放在工作上。感觉自己所有的时间都跟学校，跟我的学生联系在一起。

一次偶然的机会，我发现学校的电教资料室简直就是一处"宝藏"，不仅有各种做课件的素材，还有历届全国阅读教学观摩课一等奖的课例。那时候不是光盘，还都是录像带，一盒录像带就有砖头一样大小，每一盒里面只有一节课。每到星期五下午下班的时候，我就一头钻进学校的电教资料室借评优课录像带，通常一借就是两三盒。周末两天，我就在家里反复观看，揣摩这些评优课。一般来讲，一节课，我能够反反复复看半天。因为我要把课堂上老师说的每一句话，学生的每一次发言都记下来，一字不差。然后我就在家里"开讲"，把这节课照着实录讲下来。我对着镜子讲，模仿着刚才录像里面老师的语气、语调和节奏感，一遍又一遍。我把自己关在小卧室里练，刚开始，父母还不习惯，不知道我一个人在屋里念叨什么，后来知道了也就见怪不怪了。

不只在家里空练，等过完周末回到学校，我就在征得学校同意后，用我们班的学生"实战操练"。那时候，一所学校里只有一个多媒体教室能播放课件，我提前做好课件，把学生带到多媒体教室，然后就把周末学来的东西，在课堂上操练一遍。我感觉在这个过程中，成长和收获特别大。所以从这个意义上来说，我真的要感谢我的学校和那一批学生，是他们给了我一次次成长的机会。

也许自己的课堂教学能力就是在这一周周的听课和模仿中成长起来的，但是当时自己是不自觉的，纯粹就是单纯的喜欢，觉得好玩儿，感觉能照葫芦画瓢把课"演"下来，这本身就是一件很有意思的事情。所以当时有同事问我"累不累"，面对这种关心，感激之余有点茫然，做喜欢的事情，怎么会累呢？

除此之外，我还做"剪报"。那时候家里还没买电脑，更别说网络了，所有的消息全都来源于报纸。当时《齐鲁晚报》是极抢手的，要托朋友找门路才能订上。每天晚上吃完饭，我就看报纸。只要是看到关于教育教学的信息、经验、校长访谈、教育随笔等，统统剪下来。然后再分门别类地贴在一个个本子上，一本是一类，有教学类、教育类、学校管理类、家庭教育类。贴完以后再读，用红笔在上面标标画画，写下自己的感受和思考。有时候自己也有感而发，写写稿子投到报社，竟然偶尔也能发表。我觉得这也是一个学习的过程。有人说：没想到你能坚持下来。我说：喜欢的事，无须坚持。世界越纷扰，"往里走，安顿自己"的能力就显得越重要啊！

回到刚开始提出的问题——为了谁而工作？我觉得，没有白走的路，自己走过的每一步都算数。付出了，当时感受不到什么，走过以后，回过头再看一看，你会发现不知不觉间已经积累了一大笔财富。所以，现在看来，每个人就是为自己而工作的。如果，对于这个问题没有一个清醒的认识，那么，自己将会停滞不前。

但是，有人会过于执着"为了谁而工作"这个问题。那么，他会丧失很多成长的机会。比如有的青年教师，学校的研究课不屑讲，区级的评优课也不想讲，说要讲就讲市级的公开课、评优课，那张证书才有用。目标是很明确，但是学校的课不练，区里的课不讲，专业本领怎么才能得到提升，又怎么有能力参加更高级别的赛课？为了谁而工作，为了什么而工作？功利心，反而使自己丧失了很多修炼的机会。

所以现在回过头来想一想，刚刚工作的那几年，真的是把所有时间都用在了自身的成长上，自己才是那个最"自私"的。为了谁而工作？不为别人，就为自己而工作，看清了这一点，一切付出都心甘情愿。

《你到底为谁工作》，很多年前曾经读过这样一本书，今天看来仍很有意义。"在工作中，不管做任何事情，都应将心态回归到零，把自己放空，抱着学习的态度。将每一次任务都视为一个新的开始，一段新的体验，一扇通往成功的机会之门。千万不要视工作如鸡肋，食之无味，弃之可惜，结果做得心不甘情不愿，于公于私都没有裨益。"

很多年前，老校长说："你们今天所做的一切都是为自己而做。你的价值就是创造自己的价值！"要想走上专业发展的道路，我认为，首先要想好、要明确你为谁而工作！

问题二：机会，留给有准备的人？

机会，留给有准备的人？我感觉这句话只说对了一半。强调自身的付出和努力本没有错，但一个人的成长、发展，仅凭个人的主动进取是远远不够的，更多的是得益于身边的人。

在我的专业成长过程中，有这么两个人起到了至关重要的作用：一位是原济南市小学语文教研员江洪春老师，一位是全国著名特级教师贾志敏老师。他们对我的引领培养举足轻重，是我专业成长路上的贵人。

得遇江洪春老师，还要从我参加工作的第三年说起。那一年学校举办"家长开放日"活动，由我面向全校家长代表展示一节观摩课。讲课的那一天，我发现听课领导里面多了一个陌生的面孔。下了课才知道，这正是学校为此次活动请来的重量级人物——济南市小学语文教研员、小语界大名鼎鼎的专家江洪春老师。这是我第一次见到江老师。也就是从那一天开始，江老师对我的培养伴随了我整个语文教学成长的始终，一直到现在。我的专业成长跟江老师是密不可分的，济南市评优课、山东省评优课，市教学能手、省教学能手……一路走来，每一步都凝聚着江老师的心血和智慧。

2008年的春天，是艰辛而幸福的春天。这一年，我参加了省优质课评比。由市级选拔到走上省评优课的讲台，史俊校长亲自挂帅，为我组建了"备课组"，这绝对是史无前例的"豪华阵容"，有严谨治学的当时的区教研员张勤老师和胡晓颖老师，有才思敏捷的刘漫凝校长，当然最不能少的就是可亲可敬的江洪春老师了。在连续三个月每日每夜不停地备课、试讲过程中，史俊校长和备课组中的每一位成员都为了我全力以赴。参赛前一天晚上，又备了个通宵。半夜11点，大家都劝当时还抱病在身的江老师该去休息了，但是，江老师仍然情绪高涨，思维飞速运转着……直到凌晨一两点钟，教学思路总算有了眉目。咖啡和浓茶的力量开始消退，大家都已经支撑不住了。趁大家小憩一会儿的工夫，我开始整理详细的教案，两个小时后，教学设计出来了，江老师又带领备课组开始听我一遍遍地空讲，一边听一边再次提出具体的修改建议。

这三个月，所有人都围着我这个"小麻烦"不眠不休地备战，舍家撇业地奉献。回首这三个月的经历，一个个夜不能寐的夜晚，一声声艰难的叹息，一遍遍修改教案，一次次辩论碰撞，一节节日益成熟的试讲，一番番鼓励的话语，一个个会意的眼神……每每想到这些，我的眼泪就再也控制不住了。这是艰辛的泪，喜悦的泪，幸福的泪，感激的泪……这份"万千宠爱于一身的爱"实在太美好！

我庆幸，在这条艰辛的路上，有这么多真诚的领路人伴我征程，有这么多智慧的明灯照我前行；在这条幸福的路上，我并不孤单，江洪春老师率领的这群专注、专业的小语人对工作的热情和执着始终激励着我，让我有勇气拥抱每一轮朝阳，让我做教师的每一天都充满勇气和希望。

与贾志敏老师结缘，得益于济南市槐荫区教育局的"名师培养工程"。为了提升每一名名师人选的业务素养，槐荫区教育局为人选精心选择了带教导师。我的导师，是一位让我一生都无比敬仰的师者楷模，他就是来自上海的全国著名特级教师贾志敏老师。

师从贾老师的八年，我也的的确确从恩师那里获得了终生受用的至宝，这，不仅是业务本领的提升,更是思想精神的鞭策。我十余次外出向贾老师学习,贾老师也不顾高龄,五次专程到济南给我指导,每次与贾老师见面,他都会毫无保留地把毕生的教学经验倾囊相授。在这个过程中,我渐渐领悟着"语文"二字的真谛。教学观念的根本性转变直接带来的是教学行为的变化。在教学中,我努力实践着这些真知灼见,每每总结出一点小火花便如获至宝,业务能力也在这其中慢慢提高。

对贾老最深刻的记忆,还是在上海访学的半月时光。就是这短短的半个月,在我的记忆中却是那么久长。仅仅15天,贾老师领着我,先后参观了九所学校,他在其中的四所学校讲了七节课,做了六场报告。也许这个数字对于大多数专家来讲并非难事,但是当时的贾老师已年逾古稀。当我看到贾老师做完报告后深陷在椅子中的身影时,我问:"贾老师,您累吗?"贾老师却说:"不累,我喜欢!"晚上回到住所,我在自己的笔记本上写下这句话:"贾老,是一种精神!"

贾老常挂嘴边的一句话是:教育,是一种影响。对学生来说如此,于我而言亦然。江洪春老师,贾志敏老师,以及以他们为核心的小语团队,他们身上有着相同的特质:无私奉献的职业操守,一览众山的学术智慧,厚德载物的学术境界,坚韧不拔、滴水穿石的学术毅力,还有匹夫有责的社会担当……这些无不深深地影响着我,让我们这些晚辈深受鼓舞。在前辈的激励下,我提升了对专业的忘我追求,激发了对专业的敬畏,涵养了对专业的情怀。

我想,江洪春老师和贾志敏老师带给我的财富到底有多少,是他们自己都想象不到的,我的成长甚至也已远远超出了他们的预期。他们馈赠给我的,绝不仅仅是专业的进步,更是精神的传承!

回到刚开始提出的问题——机会,留给有准备的人?一个积极进取的人,仅凭单兵较量、一己之力,能迈上这么高的台阶吗?也许能。然而,一个人成长的背后,又承载着多少幕后英雄默默无闻的托举呢?所以,如果你的生命中恰好也有这样的贵人,那么你就太幸运了,请一定记住他、善待他、感谢他,并尽最大努力让自己最终——成为他。

问题三：读书，到底读什么？

刚刚参加工作的时候，我读得最多的书是课程类、教学类、教育类的书籍，了解诸如"情境教学法"等教学策略，魏书生的教育方法等，那时候，感觉自己就像海绵，不断地吸收这些新鲜的、前沿的做法。与此同时，也在教育教学实践中尝试运用着这些前人总结的经验。经过一段时间的摸索、模仿之后，逐渐有了自己的心得，同时也被不断涌现的各种理念、新的方法策略迷乱了眼睛。到底哪些才是更适切的呢？到底哪些才更适合我的学生呢？出于这些思考，我又开始回归到"教育学""心理学"理论的阅读，回到起点开始思考，社会上诸多教育教学理念的出发点和落脚点分别是什么，厘出头绪。后来，在各级各类培养培训期间，不同领域的专家又为我们推荐了哲学类、方法论类的经典著作。这些著作虽苦涩难懂，但却指向了思考的源头，解释了很多"为什么"的问题。

除了读纸质书，我认为读书还包括"行万里路"。有很多时候，我们只在案头读书，还只是纸上谈兵，如果我们能够深入到教育教学实践中去，走出自己的学校，走到更广阔的天地里去，看看别人是怎么做教育的，对于我们来说会有很大的启发。在这个方面我是特别受益的。在省、市、区各级名师培养工程中，我先后去上海、北京、南京、无锡、苏州、成都等教育前沿地区深入学习。去过不少大学校园，也在很多小学挂职访学。不仅获得了理论的滋养，更多的是来自教学一线的老师带给我的一些启发。通过参观学校的文化，观摩他们的课堂，通过与领导、老师座谈，通过深入他们的课题，参与他们的研究，我把读书中获得的真知与教育实践——对应，思路逐渐明晰，这是仅在案头读书无法实现的。

读书本身不是目的，输出才是目的。从这个角度上说，读书到底有没有用，关键要看能不能把吸收进来的东西落到实践中。愈学习愈知不足，愈吸收愈知天地宽。书读得越多，就越发感受到强烈的敬畏之心，越发敬畏生命、敬畏自己的专业。

我认识到，教育首先考虑学生的特点、学生的需求。一切理念的提出，一切方法策略的选择，都要以"人"为出发点来考虑。最起码要做到"三个有人"：眼中有人，心中有人，脑中有人。"眼中有人"指的是能够看到人、发现人，遵循人的成长发展规律；"心中有人"指的是要本着尊重人的原则，尊重应当是育人的前提和基础；"脑中有人"强调的是师者要有教育智慧，要用头脑来育人，绝非简单粗暴。

课程教育指向人的成长，看到人，尊重人，聚焦人，时刻考虑如何发展人，如何改变人。课程理念要由学科教学转向学科教育，由关注老师的教转向关注学生的学。所以，学科教育是尊重生命的教育，把学习的主动权还给学生，让课堂成为学生成长的阵地，让学生成为课堂的主人，在自主、合作、思辨的学习中收获自信，实现主动的发展、生动的发展。

所以，我越来越坚信：教育，是一种影响。从这个意义上说，教育的外延永远大于教学的外延。学科教学，更多承载的是教育的责任，也就是说我们要通过学科教学达到育人的目的。学科教育是尊重生命的教育，老师应该是"心中有爱，眼中有光"的生命呵护者。

以语文教育为例。若干年前，我认为只要教会学生识字写字，会做练习，考个好成绩，我就教好语文了，就是好老师了。通过几年的学习思考，我发现，原来那样教只是在做语文教学的事，而比语文教学更重要的应该是语文教育。语文教育比语文教学的外延要广，它不仅仅是传授语言文字知识，更是对学生进行文化的熏陶影响，形成高尚的人文理想和审美追求，从而提高学生的语文素养和公民素养。所以，我日益感觉到，我的语文课不能再仅仅关注语文教学那一方小天地，给学生的也不能仅仅是词法、语法、章法，而应放眼更重要更广阔的语文教育，通过熏陶感染、潜移默化，把语文内化到人的身心与品质之中去，成为一种素质修养，影响人的一生。思想决定行动，教育理念转变了，我的教育行为就与过去的自己截然不同了。

回到刚开始的问题——读书，到底读什么？自己专业成长的经历一次又一次证明，教育能力的增长仅仅靠读书是行不通的，继承前人的经验固然重要，还必须在教育实践中多练、多想才能成长得更快。毕竟，难做的事和应该做的事，往往是同一件事。

感谢济南市教育局给我这个回顾与反思的机会，20余年的专业成长之路，回忆起来，都是难忘的片段，从片段中梳理、反思，我幸运地发现了自己专业成长的路径。有艰辛，有困惑，更有感动与收获……自知经历不可复制，唯愿谨记以自勉。

最后，用多年前写下的几句感言来结束这篇案例分享：

>我们的工作很平凡，
>平凡得像一滴水，
>不为世人所知晓；
>我们的工作很渺小，
>渺小得像一粒沙，
>不为众人所关注。
>然而，
>我们有追求，
>我们在努力——
>愿这滴水，
>在苦苦的追求中闪光，
>让这粒沙，
>在不懈的努力中成金。

课　还可以这样上

丁　莉

人物扫描

丁莉，现任济南市营市东街小学副校长、数学教师，被评为齐鲁名师、山东省齐鲁名师领航工作室主持人、济南市青年技术创新能手等。先后在全国教材培训会、山东省"名师名课"再设计研讨会上做展示课，主持参与多项国家、省、市级课题并成功结题，撰写的多篇论文在《小学数学教育》《中国教育报》等刊物发表。

我从小就喜欢数学，因为简单，一通百通，尤喜不用死记硬背；喜欢数学，因为系统，精准，循着路径研究下去，像是被勾了魂一样，冥思苦想，终于找到答案时，豁然开朗的感觉让人甘之若饴；喜欢数学，因为有趣，神奇，千变万化却又万变不离其宗……

上学时，我曾经在生物课上悄悄地拿出一道难舍的数学题目来琢磨，被老师没收转到班主任处，课下怯怯地去要，没承想班主任竟没有批评我，只笑眯眯地叮嘱一句：以后下课的时候再研究，回去吧。班主任是我们的数学老师，那一刻，被理解的感觉瞬间充盈了整个心田。数学如一颗温暖的种子种在了一个孩子的心里。

长大后，数学已不仅仅是魅力无穷的题目。有人说：科学和人文是一枚硬币的两面。数学的魅力不仅限于解决问题，它让人的思考更容易接近事物的本质，在严谨完美的厚重中，更有魅力的是它的透彻。于是在师范学习面临选择时，我毫不犹豫地选择了数学。数学如此，想必数学教学也是魅力无穷，或许我也可以教出一批如我对数学有同样情愫的学生，于是我就成了一名数学教师。

1998年9月，初为人师，那时的数学公开课，追求的是一种精致。教师精心的设计，精美的课件，学生流畅完美的回答，打下课铃时写下最后完美的一笔板书，一切尽在教师把握之中，这样的课堂让我们这些菜鸟老师为之惊叹，羡慕。我们眼中的数学课堂是漂亮的水晶娃娃，抑或是精致高超的教学表演。最初，我努力地去模仿，而随着年龄的增长，经历的增加，我却时常感到迷惑不解：孩子眼中的数学是怎样的？数学的巧妙和美丽，是否真的呈现在了学生的面前？我的课堂是否真正吸引了我的学生？

王国维有云："诗人对宇宙人生，须入乎其内，又须出乎其外。入乎其内，故能写之；出乎其外，故能观之。入乎其内，故有生气；出乎其外，故有高致。"诗如此，数学教学亦如此。为了让孩子们如我般感受到数学的快乐，获得数学的力量，我坚信：站得高才能看得远、看得透彻。我利用业余时间，考取了山东师范大学本科继续学习，后又考取了中学数学教师资格，研读各种书籍期刊，以各种方式访名家，读名课，读进去，深进去，以求"入乎其内"。

如何出乎其外？如何让数学以一种简单、充满魅力的面貌呈现在学生面前？偶然得到的两盘录像带让我找到了方向。2006年，为了备战济南市教师素质大赛，那时网络还没有如今发达，好不容易找到了两盘全国著名特级教师刘德武老师的录像带，还要借录像机才可以看。那个晚上，刘德武老师的一节"相遇问题"和一个专题报告，我看了数遍，毫无倦意，激动不已：原来课，还可以这样上，娓娓道来，轻松有趣，处处精心却又不留痕迹。就那样和学生们看似随意地玩着，聊着，让学生成为课堂的主角，知识就那样润物细无声地浸入学生心田，连我也深陷其中，更何况孩子们呢？比如在课上使用人字形小教具，让学生当司机，置身其中感受相遇。再比如通过学生自选小棒搭建长方体这一过程，让我初次感悟到怎样才是真正放手让学生自主探索。接下来，我们进行模拟参赛，24小时备课演练，大家都说我的课堂发生了说不出的变化，只有我自己知道：曾经的迷惑不解，在那两盘录像带中找到了许多答案。

从此，我就成了刘德武老师的粉丝，反复学习刘德武老师的课堂，他总是可以呈现出最简单的、最朴实的数学，处处匠心独具，数学魅力扑面而来。也许这样的课堂恰恰诠释了"入乎其内，出乎其外"这一古语。在成长的路上，得遇一位自己喜欢的真正的名师，真的是一件幸事。虽然和刘老师交流不多，但是因为看了刘老师大量的课例、报告、文章，深感神交已久，每听一节课、一场报告，都会有诸多收获。由此我也开始关注更多的大家，吴正宪、柏继明、朱乐平、张齐华、华应龙，等等，走进他们的课堂，走进他们的思考，真正"入乎其内"，滋养自己的头脑，博取众家之长，在自己的课堂中实践，努力学习，可以像他们那样"出乎其外"。与大家同行，每一位大家都是一本厚重的书，无论是课堂还是报告，总是可以汲取到丰厚的营养。我深切地感受到，名师大咖们的特色各异，但却有一个共同的特点，那就是既能"入乎其内"——沉浸于其中，乐此不疲，又能"出乎其外"——置身更高处，探索新境界。

教着想着，我循着孩子们的成长路径，愈发喜欢数学。比如耳熟能详的十进制计数法，简单的十个数字因这种聪明的方法而变化无穷，大数小数全部搞定。我们的古人是何等的智慧！每次教到这部分内容，我都努力把自己的这份佩服，这份激动传递给学生。多年前，我曾经用一学期的时间，把这部分内容打造成一节精致的网络课呈现出来，由数的发展历史引入，为学生精心准备了资源库，进而推出十进制计数法，借助网络多媒体，帮助学生体验其神奇与作用，获得了山东省网络优质课评比一等奖，并由出版社出版发行。后来又遇到一批学生，课程教学依然由数的发展历史引入，恰逢合校之初，投影及电脑都没有到位，无法用画面展示，只能口头介绍，效果大打折扣，而孩子们的眼神告诉我，他们很感兴趣，于是游戏上场，我让学生变身计数单位，每个人的座位自然就是数位，按顺序排列，一排就成了一个生动的数位顺序表，每个孩子置身其中，乐滋滋地接受组数、解释数的任务，以此让学生真正走进了数位顺序表，理解数位、计数单位、数级，不再是枯燥无味地死记硬背。与此同时，我还让学生来当数字，分别走到不同的数位，由其他同学来说出代表的意义，趣味盎然，师生同乐间轻松理解：同样的数字在不同的数位上意义是不一样的。我一向不主张让孩子死记硬背，"己所不欲，勿施于人"，为了让孩子们记住数位顺序表，我教给孩子们：用左手四个手指头表示个级，大拇指表示万位，然后类推，这样就把数位顺序表戴在了手上，随时都可以用。每次看到孩子们遇到计算困难伸出小手，我就颇为得意。

同样的内容，不同的处理方法，学生的获得，教师的成长，清晰可循。教师一旦站在学生的角度去思考，去设计，就会让数学以简单明了的样貌呈现在学生面前。我想这正是我们作为小学数学教师，作为数学知识的传递者所追求的境界。当孩子走出数学课堂，他眼中的数学不该是晦涩的，而应是简单的，快乐的。

2013年，当我从济南市优质课的赛场上走下来，一位老师跑过来，激动地跟我说，丁老师，真没想到加法交换律这节课还可以这样上，真是太好了！

这节"加法交换律及其推广"是我第一次打破课本单元内容的原有编排，重新整合内容设计的一节课。从2006年起，我作为课题负责人，带领数学团队先后进行了济南市教师专项课题"小学数学文化资源的发掘与应用"、济南市规划课题"小学数学中高年级学生数学学习能力的教材整合点的研究",积累了一部分教材整合的策略。在研究过程中,切实感受到教学中由于缺乏系统思考与整体性设计,出现头疼医头、脚疼医脚的问题。教学内容的碎片化,学生研究知识的路径和方法经验的缺失,导致学生对知识缺乏真正的理解,无法借助类比的方法研究类似结构的内容,实现方法迁移。学生不得其法,缺乏对数学本质真正的理解,越学越累,进而对数学学习失去兴趣,在后续的高层次学习中动力不够,学习能力不足。

"加法交换律及其推广"一课就是基于上述思考进行的一个尝试。先是与之前的知识勾连,回顾之前的"交换",带领学生从四年级的角度,深入探索"交换"。在探究出加法交换律之后,立足交换,应用推广。在自主尝试应用过程中,加法交换律的强大功能由学生已有的经验——验算拓展到简便计算中。学生不知不觉地运用加法交换律使有些加法变得简便,进而推广到减法、加减混合运算,从而初步体会到加法交换律的强大功能。原本教学设计习惯于先发现规律,后集中综合应用多种规律,着力点在于如何应用运算定律解决问题,对学生而言是一种点对点的解决方法的获得。而目前的整体设计则着力于探究路径的习得,对于具有典型的共同特征的例子,感觉其规律,做出猜想,进而探究验证发现其规律的合理存在性,在应用中发现它的功能。随即由加法推广到其他运算的交换,于内容上和探究方法上对学生的后续学习都是一个冲击和鼓励,在为学生提供可循的探究思路的同时,为学生打开了一个广阔的探究世界。

作为济南市规划课题"小学数学中高年级学生数学学习能力的教材整合点的研究"的典型案例,我从这一节课出发,我们对运算律这一模块的相关内容进行了重新编排。即以"建模"为核心观念,将交换、结合、分配作为三个模块,每个模块从探索定律开始,推广到其他运算的定律或性质,进而到应用,使计算变得简便。这里的推广既包括运算的推广猜想验证,还包括应用的推广。将课本中散落的运用点予以整合,学生得到的是一种核心思想；在探究的过程中获得猜想、验证，运用的是一种对知识探究的通法。学生由此感受到知识解决问题的成功感，被激发出对数学领域的探究兴趣。此研究相关的论文先后发表在《山东教育》《基础教育改革论坛》等刊物上。

2019年，借助齐鲁名师建设工程的平台，在徐云鸿导师的专业引领下，我和我的数学团队基于之前的整合经验，结合大观念的提出，开始进行小学数学整体性教学设计的实践研究。该研究以提升学生的数学核心素养为目标，以小学数学整体性教学设计为载体，以单元(模块)为单位展开。通过实践研究，寻求基于提升学生数学核心素养的小学数学整体性教学设计的策略，实现结构化地教，有关联地学，促进学生数学核心素养的提升。

基本的教学设计应该围绕"为什么做"——学习目标的确立，"做什么"——学习内容的展开，"如何做"——教学方式的选用，"做得怎样"——教学评价四部分内容展开。我们初步确立单元（模块）整体性教学设计，基于教材分析、学情把握，以核心观念为引领进行整体架构的呈现，梳理形成单元（或模块）整体性教学设计的操作流程。从提炼核心观念，确定单元目标，在单元内容上进行融通设计，在课型上匹配设置，然后再进入基于整体设计的课时设计，初步形成整体性教学设计。

仍然以"运算律"模块为例，在进行课标解读、教材分析、学情分析的基础上，确定核心观念、模块目标，然后进行模块设计。

从内容看，加法交换律在纵向上，上有三年级加法的验算，下有乘法交换律；横向上，前有加法的意义，后有加法、减法、加减混合简便的推广，这样就形成了关于加法交换律的块状知识结构。

从课型上，"加法交换律及其推广"作为种子课，可延伸为生长课"乘法交换律及其推广"，加法结合律、乘法结合律、乘法分配律都可如此迁移学习。这样教师结构化地教，学生有关联地学，形成块状的整个单元的学习。学生获得的不仅是运算律的知识技能，更重要的是规律学习探究路径的获得。

循着这样的操作流程，我们开发了一系列整体性教学设计的单元（模块）资源，多节课例在山东省教研大讲堂、一师一优课等多个平台进行展示。随着研究的深入，课程从最开始的单元内整体性设计，到跨单元继而发展到跨年级的整体性设计。其实在这里的部分案例，还可以延伸到其他年级类似结构的单元，比如小数加减法的思路可延伸到分数加减法中，多边形的面积可以延伸到体积中去。

有了这样的思考与设计，结构化地教、有关联地学成为可能。学生眼中的数学不再是散落的，而是连成线的，互相关联的，由此数学变得简单。2022年版义务教育课程标准中关于教学内容结构化的诸多阐述给予了我们更多的信心，我们相信，我们的实践可以让我们的课堂教学更具有整体性、关联性、创造性，能够真正促进学生数学素养的提升。

随着新课程方案和新课程标准的颁布，我们有了更加明确的目标，学什么，怎么学，学到什么程度，清晰明了。课应该怎样上？还可以怎样上？只要目标明确，教无定法，学无止境。

2021年4月，在导师徐云鸿的指导下，我在山东省基于数学文化的"名师名课再设计"教学研讨会上执教了"周长的认识"一课。作为一节概念课，这节课与以往的设计截然不同。传统的周长教学设计通常从概念出发，先出周长概念，再从"一周""长度""封闭图形"三个词着手，逐一揭示。教师通过教具演示，先学习概念，再学习计算的思路，按照长——一周的长——图形的周长——如何测量周长——怎样计算周长的路径进行教学。而徐老师对周长的思考从算法到定义则另辟蹊径。即让学生在解决一个现实问题的过程中，通过计算图形一周的长度，产生研究周长的必要性，在计算的过程中感悟周长的定义，从而掌握周长的概念。恰巧，在山东省小学数学教研大讲堂的会议上，上海市特级教师曹培英教授在他的"数学文化融入小学数学教学的实践研究"报告中，结合认识扇形的案例提出"历史相似性"的观点，再一次印证了徐老师的设计理念。于是，我们沿着专家的足迹，从数学文化和大观念的角度，找寻周长的核心，寻求最佳的学习方式，对"周长的认识"一课进行了再设计。

汪晓勤教授在《HPM：数学史与数学教育》一书中提到了"历史相似性"，

汪老师指出，数学概念的历史发展过程与学生对数学概念的认知过程存在一定的相似性。本课设计将"历史相似性"当作一面镜子，从学生角度思考问题，遵循从算法到概念的思路，让学生先通过量一量，算一算，解决求周长的一系列实际问题。再回过头来反思解决问题的过程，通过画一画，指一指，说一说，逐步感悟周长，理解周长的概念。这样的设计遵循了数学发展的规律，也更符合学生的认知特点，与传统教学设计相比，舍弃了斟字酌句的细碎，于解决问题的过程中，充分感悟概念本质，在归纳总结中概念呼之欲出。

周长属于长度的测量，是长度单位的累加，是封闭图形一周的长度。对于学生而言，与之前简单的线段测量相比在理解上有一定的难度。一方面图形多条边的长度合起来，是一个整体的认知，另一方面曲线图形需要化曲为直。为了突破难点，除了在具体的问题解决中逐步体会"一周的长度"外，小结时教师按边顺次揭下荧光带，师生共同数着边数，最终拉直呈现：这 56cm 就是所有边的长度之和，也就是荧光带所需的长度。一揭一贴，让周长"看得见，摸得着"，之前的操作感悟在此刻具象成清晰可见的线段。在揭下拉直的荧光带时，学生的眼睛一下就睁大了，周长这一概念真正走进学生心中。

教是为了学，如何让学习真正地发生，是我从事数学教学永恒的思考。正如吴正宪老师所说：深度学习是引发儿童不断发现和提出问题、分析和解决问题并持之以恒地追问和不断深入思考，获得深刻理解的学习过程。如果学生能够在教师的引导下，进入深度学习状态，让学习真正地发生，学生对数学，便会由知之——好之——乐之，继而获得终身可持续发展所需的数学素养。

用音乐开启全方位育人之路

朱玉红

人物扫描

朱玉红,现任历城区智轩学校小学部负责人,音乐教师,被评为山东省特级教师、齐鲁名师、山东省教学能手、济南市优秀教师,曾获山东省优质课评比一等奖,任山东省小学音乐兼职教研员、历城区小学音乐兼职教研员。

搭乘济南教育近30年快速发展的列车，我从一个偏远乡村教师成长为一名特级教师、齐鲁名师，是济南教育、历城教育给了我成长的志气、底气和勇气。在济南市优质教育资源均衡发展的大潮中，我持续驱动自己的努力与积累，蓄势待发，不放弃每一个让自己成长、让团队成长的机会，借区域教育转型大发展之势，一路欢歌、一路收获、一路成长。

我的乡村音乐教育生涯从一架破旧的脚踏琴启程

1998年，师范专业毕业的音乐老师是当时的稀缺资源，城市学校的需求量非常大。大部分师范毕业生都进入了城市工作，而我却怀揣自己的教育梦想，走进了一个偏远农村学校。

破旧不堪的低矮平房，下雨就一脚泥的校园环境，冬天教室里点燃的柴火炉子，上完课还要去庄稼地里干农活的民办教师，还有看似"脏兮兮"的却又充满活力的一群农村娃，这就是我教育生涯中最深沉、最美好的一些回忆。

相较于城市的教育资源，无论是在硬件、软件，还是在师资方面，城乡之间的巨大差异，让我产生了一种责任感与使命感，我要用我所学、我所见、我所能，引领这些农村娃见识不一样的课堂、不一样的世界。

音乐专业出身的我担任了数学、音乐、科学、体育等多门学科的教学，这种包班教学的经历让我成了一个"围着桌子转一圈"的全科老师。我带领学生在简陋的教室里大声朗读，在尘土飞扬的操场上疯跑，与他们一起到学校的池塘里观察蝌蚪的蜕变，一起歌唱四季的美好，那时的我完全沉浸在与孩子们一起的快乐时光中。

教学生涯中的第一节音乐课是在一间破旧的仓库里上的，因为学校里唯一的一件"大乐器"就在这里。当一群孩子探宝一样地带我来到仓库时，发现了那台落满尘土的脚踏琴，我如获至宝，迫不及待地找了一把椅子坐下来给孩子们弹琴，孩子们第一次听到了课本上的旋律居然可以从脚踏琴里传出，他们异常兴奋，不禁手舞足蹈起来，那一刻我落泪了。农村孩子对于音乐教育的需求是那样迫切，而我来得正合时宜！

教育均衡把乡村音乐教育送上快车道

毕业的两年间，历城区教育局在济南教育前进的洪流中开始摸索争创全国"教育资源均衡县"这条路子。通过合班并校、三制改革，政府及教育部门向农村学校进行资金投入等一系列举措，让我所在的乡镇教育教学条件得到了极大改善，那所条件艰苦的小学搬到了有着明亮教室、宽阔操场的新校舍，孩子们脸上的笑容更加灿烂了！

同时，硬件条件的提升让我有了更加广阔的平台施展自己的才能。2000年，我调入了乡镇中心小学担任音乐老师，开启了我的专职音乐教师之路。同年，历城区教育局在大力推进学校校舍等硬件条件改善的同时，开始以前所未有的力度关注艺术教育的发展，为每一所农村学校购置了钢琴及音乐教室专用音响和配套打击乐器，在提升国家音乐课程教学品质的同时，鼓励各个学校组建管乐团、合唱团、舞蹈团等多个艺术社团，历城区农村艺术教育呈现出了勃勃的生机。

"脚踏琴时代"结束了，我和孩子们迎来的是"和声齐鸣的交响乐时代"，我的内心既兴奋又激动，我一定要带着有艺术梦想的孩子们在这样的一个舞台上，尽情施展才能、尽情享受音乐带来的美好。于是我认认真真地教授着全校24节音乐课，并在一学期内组建了管乐、舞蹈、合唱三个社团，一人组织、一人排练、一人带领孩子们参赛、演出，人送外号"痴狂的疯丫头"。20多年前的农村艺术教育还属于教育的"蛮荒之地"，学校投资近10万元的管乐队在那时的农村学校绝对是一个新鲜的存在，成为村里的爆炸性新闻。但往往期望越高失望便会越大，我和孩子们在初学乐器的过程中，被围观的学生、家长嘲讽，他们说那动静像杀鸡宰牛，像鸡鸣狗叫……孩子们失望伤心，我心疼极了！我必须做点什么，于是在周末我借了朋友的摄像机，跑到北京，来到天安门广场录了一段升旗仪式上军乐团演奏的视频。我要向孩子们证明，那是催人向上的正能量，那是任何事物都代替不了的音乐艺术，那是我们人生中的必需品！当我把这段视频放给他们看时，我看到了他们眼里的光，那是对于音乐的渴望，那是对于舞台的期望，那是对于外面大世界的好奇，那也是偷偷许下的一个个诺言。于是我和孩子们约定，我们一定悄悄努力，然后惊艳所有人。一学期后，孩子们终于迎来了他们的高光时刻。那天的升旗仪式因为这些学乐器的孩子而变得与众不同！一大早，几个最调皮的孩子早早来到排练教室，认真擦拭着自己的小号、小鼓、长号、萨克斯、长笛……紧张地不停问我："老师你说我们像那些军乐团的战士吗？老师你说今天我们能演奏好国歌吗？老师他们不会再嘲笑我们的演奏像驴叫吧？"我哈哈大笑起来："小小男子汉要自信才有魅力呦！"迎着初升的阳光，一道清脆的小号声响起，整个校园似乎瞬间明亮起来，国歌那雄壮有力的主题旋律从一群稚嫩的小学生手中喷薄而出，震撼了全校师生，吸引了校园外的村民驻足，这次我分明听到的是一阵热烈的掌声。在孩子眼中那天的国旗似乎更加鲜艳，那天的国歌声似乎响彻云霄，那天他们的心情无比骄傲自豪！这就是音乐带给他们的成长与力量。

路虽漫漫，但因为挚爱，所以孩子们创造了很多不可能。经过近两年的努力，这个乡村学校的三个社团均获得市级、区级奖项，合唱团在市合唱比赛中唱响，舞蹈团跳到了山东电视台的舞台上。经过音乐艺术浸染的那些农村孩子，似乎褪去了脸上的羞涩，他们自信而又专业的艺术表现，为许多孩子一生的成长注入了高雅、幸福的基因。而我在这样一个奋斗的过程中，也不断积累着自己的专业素养。天时地利人和的教育大发展，让我和孩子们成为教育均衡发展的最大受益者。

一群人让乡村音乐教育走得更远

教师队伍建设是教育发展的基础，为促进农村等薄弱地区的教育发展，带动青年教师的专业成长，历城教育在济南教育的引领下，从十几年之前就开始为骨干教师搭台子。通过成立名师工作室、骨干教师工作坊等多种团队协作方式，让优秀的教师成为团队的领路人，撒下教科研的种子，通过团队教研的勃勃生机带动更多的青年教师快速成长。

就是在这样一个团队协作的共进环境中，我和区教研员携手组建起"正声雅音"名师工作室，开始踏上了十年如一日的团队教研之路。"独学而无友，则孤陋而寡闻"，只有在集体教研中才能够发挥集体的智慧和能量，才能促使老师们更快更好地走向专业化。

一个团队能够走得长远，文化是根基。热爱、奉献、理解、珍视是我们这个团队的文化底蕴。聚起来的一群人凭借对音乐教育的执着，一起走过了十年，在每一个寒暑假、每一次集体教研活动、每一次培训讲座里都有大家洒下的热爱与汗水。

与团队同行的日子是充实而美好的，那一幅幅、一帧帧画面串成我们踏实走过的每一步，成为每一个人内心最引以为傲的回忆。难忘七年前第一次七天的封闭式教科研活动，我们苦中作乐，意犹未尽！难忘寒冷的学校宿舍，难忘低矮的板房式备课室，条件虽艰苦，但每一个人内心却都充满着"把课程构建好"的强烈愿望，因为在来年的期许里我们似乎能看到孩子们在音乐课上的欢愉。十年来，每一次的教科研活动，我们都在争鸣、商议、实操、合作、深思中度过，这一组在争辩着作品应该如何分析更适合学生；那一组在亲自演唱、演奏、舞蹈、律动中体味着方法策略的设计是否科学；还有沉浸式进行音乐创作的年轻才子，用自己的即兴灵感为课程内容增添着浓墨重彩的旋律；每一个都沉浸其中、乐在其中。十年来，山东音乐教育的"掌门人"李东老师都不会缺席。他为我们指点迷津，与我们共商方向，一起分析音乐作品，一起研究孩子，一起弹琴唱歌跳舞，他与我们一起站着匆忙吃完快餐接着研讨的场景是我内心最温暖的回忆。一路走来，最让人欣喜的还是年轻教师们的成长，经过一段时间的历练，年轻教师从起初的疑惑到侃侃而谈，我能看得见他们教育理念的生成、教育情怀的沉淀与教学主张的自信。

这样的一群人不求名利，坚持十年做一件事情，就为解决"学生音乐能力形成"这一个问题，始于热爱、成于坚持。我们得到了历城区教体局领导们的大力支持与盛赞：在这里，每个人都如长琴，闻天地欢歌，为最美乐风。在这里，每个人与书为友，做最好的自己，静待花开的时刻。在这里，每个人聆听内心的声音，我们坚信教育就是爱，教育乃最大的行善。在这里，每个人都是一盏灯，亮一点，我们的学生就能走得更远一点。在这里，我们依然坚信十年的美丽——水滴石穿。我们一起在坚持中，在同甘共苦中体验着教育教学研究的美好。

在带领名师团队的十年中，我们一直把"学生、课堂、课程"作为研究的主线，以"基于儿童、基于学科、基于常态课堂"为框架进行音乐课程的二次构建。在教学方法策略的选择上充分考虑以学生学习音乐的规律与儿童的特点来设计课程。同时，尊重学科学习的规律，顺势而行。将音乐课程的构建基础定位为"聆听、体验、实践、创作"。在低段通过游戏的体验输入，完成对于音乐要素的学习。高段则更加注重音乐要素的运用，强调音乐感觉的输出。同时基于音乐学科的"他律性审美机理、自律性审美机理、文化性审美机理"展开感性与理性相结合的科学构建。

将常态课堂看成教师的生命场。我认为课堂不是一两节公开课，而是一天一天学生和老师的生活，是生命的一种存在方式。作为一线的研究者，我们珍视每一节常态课堂，在一节节常态课中实现真正有质量的音乐教学。我们不仅要上好每一节音乐课，更要有把课堂联合起来的能力，让课堂更有体系性、持久性与生命力。因此我们把系统化的学科知识技能拆成了许多的音乐要素来让学生进行体验学习，我们把单一的知识技能串成系统的学科能力来整体推进，使学生的音乐能力呈现递进式螺旋上升的态势，不断向着培养学生音乐核心素养的目标大步迈进。

十年来，我们带领工作室教师把研究的根扎在课堂，以"落地落实国家音乐课程"为课题研究主线，通过扎实开展"国家课程二次构建"的研究，积淀青年骨干教师的教育教学理论素养，增强实践创新能力、个人可持续发展能力。充分发挥团队的示范引领作用，极大促进了区域内年轻教师的专业成长及历城区小学音乐教育的发展。我和许多老师一起，引领团队成员的教育视野由单一的学科教学扩展到了全方位育人，由遵循已有教学研究规律到自己探寻创新教育之路，培养了 20 余位会研究、勤思考的专家骨干型教师。这种"授之以渔"的快乐，是无与伦比的。

"激励惠师"工程为农村教师独留一方平台，让乡村教师站在了舞台的中央

教育是一方期望的田野，最忌讳根浮叶衰，揠苗助长，教师的专业成长亦是如此。在市、区教育局对农村教师的关注下，我耕耘不辍，便有了"春之繁华、秋之收获"。而今天的我也正用讲座、送课、培训等各种方式反哺着让我成长的农村音乐教育这方土地。正是各级教育行政部门对于农村教育、农村教师的格外关注，才让许多优秀的教师甘于清贫，不负韶华，以梦为马，坚守在落后的农村教育战线，为振兴乡村教育奉献出了青春与才华。

成为名师没有捷径，在济南教育发展的洪流中，扎根泥土，蓄势待发，顺势而行，成就学生、成就教师，同时成就自己。感恩国家、感恩社会、感恩时代，让我能成为一名优秀的教师，让我们有勇立潮头的机会与勇气。面对今天的新任务、新征程，我将继续扛起时代的责任，引领凝聚青年教师，在实现国家教育方针的道路上不断创新，不断前进！

读—研—写 成就教师专业人生

徐 欣

人物扫描

徐欣,现任济南市历城区王舍人实验小学副校长,综合实践活动、劳动教育教师,被评为全国优秀教师、山东省特级教师、山东省教学能手、济南市教书育人楷模、济南市学科带头人等,获得山东省学科优质课评比一等奖。兼任历城区兼职教研员,济南市教育学会理事,济南市特级教师工作坊主持人,曲阜师范大学兼职教授。

教师专业化成长的过程是教师自我认识、自我提升的过程，是师生教学相长的过程。优秀的教师，不仅有知识，有学问，而且有理想，有道德，有专业追求；优秀的教师，不一定是高起点的人，但一定是终身学习、不断自我更新的人！

自然界万物千姿百态，给予我们启示：所谓成长，一是逐渐长大的阶段，这一阶段个体从幼苗逐渐变为成株；二是逐渐成熟的阶段，这一阶段个体逐渐开花结果。成长不一定是成熟，但成熟一定是一个成长的过程。教师专业成长也是这样一个逐渐走向"成熟"的过程。这一过程的发展取决于内、外两个因素，从内在因素来看，阅读——研究——写作，是教师专业成长的有效路径。阅读，厚实专业底蕴；研究，提升专业内涵；写作，凝聚专业智慧。三者对教师专业成长互相作用，协调促进，教师专业成长要形成"读—研—写"（即"阅读—研究—写作"）循环的教育生活方式。

阅读，厚实专业底蕴

书籍是人类进步的阶梯。读一本好书，就是和许多高尚的人谈话。阅读对于一个人心智的成熟、思想境界的提升等方面有着独特的效用。当读书成为一种生活方式，教师的研究就有了根基，经验提升也就有了达到期待高度的可能。只有热爱阅读，勤奋阅读，让读书成为生命的需求，才能真正促进教师专业成长。

我于2002年起担任综合实践活动指导教师，时值新课改初期，综合实践活动课程既为亮点，也是难点，我的脑海充满了疑问：综合实践活动是一门什么样的课程？依托活动培养学生哪些方面的能力？怎样帮助学生选择有意义的主题？综合实践活动教师要具备哪些方面的能力？教师如何指导才能确保活动的常态实施？怎样实现综合实践活动课程由常态化实施向特色化转型？

带着疑问去阅读，"博读"与"专读"相结合，"博"体现在阅读的广度上，既要阅读人文社科知识也要了解自然科学知识。"专"体现在阅读的深度上，既要认真研读学科专业知识，也要熟知教育理论知识。于是，"博读"天文、地理、历史、文学等典籍，明理启智，知行合一；"专读"综合实践活动课程创始人郭元祥老师的《小学活动课程设计》《综合实践活动课程设计与实施》《综合实践活动课程与教学论》，田慧生、冯新瑞老师的《综合实践活动有效实施与评价策略》，沈旎老师的《小学综合实践活动课程能力表现目标序列及教学设计》等学科专著及课程，帮助我在专业成长的路上扬帆起航！

"胸无点墨神难聚，腹有诗书气自华。"通过"博读"，人文历史、社会科学等各类知识，积聚沉淀于我的心底，使我受益匪浅。通过"专读"，我更为清晰地认识到，综合实践活动较之于学科课程，有其明显的特质，更强调"做中学"，是可做的实践性课程，为师生提供了更广阔的自主实践的空间。学生是综合实践活动的主体，教师由教学权威转向"平等参与者"，由传授者转为"指导者""促进者"，由管理者转为"组织者""策划者"。坚持不懈地"博读"与"专读"，令我找到了前进的方向，更看到了未来和希望！

研究，提升专业内涵

教师的专业成长离不开深度反思研究，当反思研究成为一种工作习惯，教师也就完成了由经验型教师向研究型教师的蜕变，并从中获得有效的教育方法，形成正确的教育思想。只有用思想行走的教师，才会越走越高、越走越远。

（一）从研"教"到研"学"

1. 研"教"，苦学技能，塑造魅力课堂。

2002年春，我任教数学兼综合实践活动。初识综实，因为没有固定的教材，没有固定的教学模式，只有一部试行的指导纲要，我感到了教学的困难与压力，所以每天读报、看新闻成为我的必修课；每周浏览学科网站、打理工作室成为我的常规工作；每项活动都用尽心思设计是对自我的严格要求。我在全区执教了首例"小专题研究"开题课例"美丽的校园",获得一致好评,迈出了走向综合实践活动课程领域的第一步。

2002至2023年,我坚守综合实践活动课程的百花园,由兼职到专职,在考察探究、社会服务、设计制作、职业体验等方面都做了较为深入地研究。我利用课余时间学习了多项技艺,如请教市级非遗传承人柳森林老师,学习了葫芦车子、翻猴、啄木鸟等十余项济南老玩具的制作;请教市级非遗传承人李军老师,学习了面塑技艺;利用网络、书籍的丰富资源,学习了纸艺、结艺、木艺、布贴画等多项技能,努力做到"一专多能"。"三尺讲台没有彩排",教师教学技能的自我提升过程,充实的是自我,受益的是学生,是塑造魅力课堂的关键!

2. 研"学",倾心指导,打造经典主题。

学情分析是教学系统中影响学习系统最终设计的重要因素之一,它可以优化教学过程,提升教学效率。教师的教尽可能贴近学生的学,搭建学生通往课堂的桥梁,唤起学生学的动机和愿望,因学定教,因学施教。

教学中,我努力做到在真实开放的情境中,以多样化的体验方式为途径,切实发挥课程"立德树人"的作用,师生一同走进综合实践活动,共创无限精彩时空。通过开展"百花洲""山东省博物馆"等研学活动,加深学生与自然、社会、文化的亲近感;充分利用周边社会资源,开展了幸福柳广场、市立三院老城墙、济南新东站等地的寻访活动,学生既了解了家乡的悠久历史,又感受到了家乡的时代巨变;以非遗为主线开展了刻瓷、剪纸、泉城老玩具、面塑等多项特色活动,带领学生感受非遗文化魅力,学校于2018年10月被济南市非物质文化遗产保护中心列为"中国梦·非遗行文化传承系列公益活动实践基地";围绕中华民族源远流长的传统文化,开展了"走进传统节日""中华一家亲"主题实践活动,引导学生了解祖国悠久的传统文化,增强学生民族自豪感与自信心;在神舟系列发射、喜迎国庆这些激动人心的时刻,开展"我与神舟共飞翔""童心祝福祖国"主题实践活动,引导学生感受祖国的蓬勃发展,争当热爱祖国、理想远大的好少年。

（二）从研"课堂"到研"课程"

1. 研"课堂"，优选主题，事半功倍。

由一个真实事例说开去，2011年我参评山东省教学能手，从抽取主题到现场上课，仅有一天时间，既要完成教学设计、课件制作，又要准备活动材料，我倍感压力与紧张！我抽取的主题是"传统节日的研究"，我选取了中华民族最隆重、盛大的传统节日春节，设计了"欢欢喜喜中国年"主题实践活动。短短35分钟的课堂，带领学生探究了春节的来历、习俗、诗歌，还带领同学们体验春节的传统习俗包饺子。课堂上，同学们头戴厨师帽，腰扎小围裙，呈现出热热闹闹包饺子、有滋有味品饺子的场景，更有零点的钟声和发自肺腑的真诚祝福，多次赢得热烈的掌声。这次参评，让我深刻领悟到——绚烂多姿的生活，有情，有形，是综合实践活动课程的不竭之源，作为教师应努力做到回归生活，学会生活，给孩子一片晴空。

这次参评，让我更加坚信，好主题事半功倍。活动主题可以从纲要推荐的目录中直接选择，也可以从学生情况、校本实际和地域特点出发，开发主题，但一定要规划、建立起学校的课程框架体系，努力做到：（1）基于时代发展，结合学校理念；（2）主题选择要体现地域原则；（3）主题选择要遵循有利于学校对学生整体培养目标的达成，有利于组织实施并形成成果的原则；（4）选择与我们生活密切联系的主题；（5）选题要符合学生"学会认识、学会做事、学会与他人共同生活、学会生存"以及终身学习的要求；（6）主题选择既要能够发掘个人的内在潜力，又要能够培养团队的合作精神。

实践中，我创建了一条"逐层递进"的选题方式，即在低年级采用"综合实践活动专题超市"，由教师从学生生活出发，结合年龄、心理特点准备一些有代表性的主题供学生选择；中年级可由学生和教师共同讨论，将选择活动主题的自主权逐渐交给学生；高年级则由学生自主提出主题，自主选择探究方法，教师做好参谋，当好指导。

2. 研"课程"，常态实施，特色转型。

自2002年起，我与教研团队稳步推进综合实践活动课程的常态化实施。

2005年9月，学校荣评"山东省教育科学'十五'规划重点课题'中小学综合实践活动课程研究与实验'省级重点实验基地"。2007年11月，我校教研组荣评"济南市先进教研组"。2009年，学校鉴于我本人在学科教学方面的点滴成绩与经验，批准我成为综合实践活动专职教师。这既是对我过去工作的认可，更是对我未来工作提出的新希望、新要求。于是，我又产生了新的思考，课程要由常态化实施向特色化转型。于是，我与教研团队开启了《争做非遗小传人——基于非遗的综合实践活动课程资源的开发与实施》研究。

"争做非遗小传人"课程资源建设研究项目的实施，旨在让学生了解非物质文化遗产的种类、特点、保护现状等；寻访非物质文化遗产传承人，学习其工匠精神和道德品质；开展非物质文化遗产的传承、体验活动，让学生理解、认同家乡传统文化，并乐于传承。通过课程开发与实施落实劳动教育理念，创新实践教育形式。具体开发途径有：（1）邀请非遗项目和传承人走进学校，依托学校固有场地进行的活动；（2）发挥学校或区域内教师的特长，共享优质资源，自主开发的课程；（3）非遗研学，通过走进非遗文化的原生环境，真实感受、体验非遗文化魅力。具体实施策略有：（1）灵活安排课时，确保课程实施常态化；（2）注重学科整合，挖掘课程实施深度；（3）依托实践基地，拓宽课程实施广度；（4）团队协作指导，实现优质资源共享。

经过教研团队群策群力，"争做非遗小传人"课程体系初步形成，主要课程包括："非遗研学""节气与生活""面塑""泉城老玩具""吕剧""刻瓷"，等等。课程在实施过程中积累了丰富的活动成果。课程实施经验先后被历城区"五有"好学堂亮点展示会、山东省非遗类校本课程研讨会做典型发言。

（三）从研"学科"到研"育人"

1. 研"学科"，课题引领，以研促教。

自"十一五"起，我积极参与或主持各级各类规划课题，先后完成"综合实践活动实施策略的研究""综合实践活动常态化实施的研究""综合实践活动与地方课程校本课程整合的研究""小学生居家学习综合实践活动资源建设与使用的市域经验研究"等多项省、市级课题。

课题引领，以研促教。通过课题研究，查找出影响课程实施的症结有：（1）主题选择不恰当；（2）活动方案设计欠妥；（3）师生评价不到位；（4）没有做好活动成果的收集整理；（5）教师自身素质与人格魅力影响不够。通过课题研究，剖析症结形成的原因，归纳出解决问题的对策如下：（1）优选主题是关键，力求"真、实、新、活"；（2）教师科学指导，帮助学生拟定可行的活动方案；（3）关注活动过程，科学评价师生；（4）注重过程性资料的收集与整理；（5）教师不断提高自身涵养，学习掌握多门教学技艺。

2. 研"育人"，五育融合，赋能成长。

2020年7月，教育部印发了《大中小学劳动教育指导纲要（试行）》；2022年4月，《义务教育劳动课程标准》正式颁布施行。

作为历城区兼职教研员，我面向全区进行了问卷调查，劳动课程多数仍由综合实践活动老师兼任。于是我开始思考综合实践活动与劳动教育，劳动教育与德智体美融合实施的策略，研究并总结出有效整合模式：整合资源，整合专题，整合课时，整合教学人员（教师、家长、社会人士、专业人士等），整合评价方式（学生成长档案评价）。

基于历城区教研中心倡导的"五有"好学堂的研究背景，教研团队探索出在综合实践活动、劳动教育领域的主要创建路径有：（1）学有兴趣，优选主题，做到真、实、新、活；（2）学有习惯，关注倾听、分享、感恩等良好习惯；（3）学有思维，微课落实劳动技能难点要点，恰当指导，主动参与；（4）学有动力，课堂随机评价和劳动实践小能手评选，关注体验获得；（5）学有所得，活动成果丰富，关注过程，积累成果。

历城区坚持开展青年教师"两学一过关"（即学课标、学教材，课堂教学过关）展示活动，在历次的展示中，教研团队先后展示了"学编中国结——平安结""走进茶文化——识茶""走进茶文化——泡茶""走进茶文化——调茶""花好月圆饼飘香""走进非遗——泉城老玩具""走进非遗——掐丝珐琅"等精彩课例，筑梦、励志，赋能青少年健康成长！

（四）从"独"研到"共"研

1. "独"研，专业成长，职业幸福。

2002年，我是一名数学老师，兼任少先队辅导员，时值综合实践活动的试行阶段，区里要组织小专题研究开题课例展示，我主动请缨，结合学校周边即将发生的巨变，执教了《美丽的校园》，带领同学们了解学校的昨天（历史），今天（现状），明天（未来），获得了一致好评，也是我迈向综合实践活动领域的关键一步。时隔21年，再看这个选题，依然有研究的意义，王舍人位于济南迅速发展的东部新城区，我们的学校虽然还在原址，但已经由建校初期的12个教学班400余名师生，发展至35个教学班1500余名师生，校园也越来越美丽，一种"草绿花香春常在，书声笑语乐满园"的感觉油然而生。

2009年起，我成为综合实践活动专职教师，除精心指导活动、打造经典主题外，还以教研科研为抓手，积极承担市区级研讨活动，开展规划课题、微课题研究，对综合实践活动的教学探索使我逐渐向科研型教师迈进。

"十年磨剑终成锋"，我想说的是坚守课程领域二十余年，"梅花香自苦寒来"。独研的过程，有成功，亦有失败，有欢笑，亦有泪花，教师专业成长的道路没有坦途，越磨砺，越奋进，越能感受到职业的幸福感。

2. "共"研，团队共赢，携手同行。

2015年，我成为市级学科平台的管理员，在任职期间，我积极做好市级微信公众平台的通讯工作，已处理和发布信息千余条。通过这些信息，与其他区县教师互动交流，宣传特色活动、出彩师生，展现课程魅力。

2015年起，我先后担任山东省、济南市教师远程研修课程指导专家；2021年起，担任济南市特级教师工作坊主持人。利用远程研修平台，无私共享课程资源，展开话题研讨、问题解答等。

2021年起，我担任历城区综合实践活动兼职教研员，面对线上教学的新要求，建立起"一轴两线"教研体系。"一轴"：区域内已有的"名师+骨干"，作为线上教研的主轴力臂，主要承担区级教研任务，包括设计指导意见、任务清单等;"两线":一是学校成立的"教研组长+任课教师"的课程实施线,一是"课题主持人+骨干教师"的课题研究线,主要承担校本教研任务,包括教学、巡课、成果指导等,确保课程有序实施。

开辟了"学校+基地"劳动育人模式,区域内多所学校积极进行"学校+基地"劳动育人模式的探索,对校园进行"微改造",构建起"多彩实践"教室、"多彩实践"农园、匠心工场、陶瓷作坊、学校科普种植园等实践基地,并依托山东省农科院、幸福柳广场、济南新东站等社会实践基地,开发校园劳动、家庭劳动、社会劳动三个维度的资源云平台,让校园成为学习生活的乐园,成为劳动实践的舞台。

2010年5月,学校教研组荣评"历城区青年文明号";2012年2月,再度荣评"济南市优秀教研组";2020年9月,学校因课程研究成果卓越,被评为第一批"济南市小学综合实践活动学科教研示范校"。自2020年起,教研团队先后为济南市空中课堂建设贡献了近60节优质课程资源。

这些成绩,值得我骄傲与自豪;这些成绩,更是团队的智慧与荣耀!共研,我们实现了团队共赢,我们将在幸福的路上,携手同行!

写作,凝聚专业智慧

如果说阅读是吸收、积累的过程,那么写作则是一个内化沉淀的过程,是自我提升的过程,更是一个对外进行智慧输出,发挥名师教育思想影响力的过程。一个教师如果不写作,很难使自己不断站到新的高度上,作为名师的辐射带动作用也会受到限制。

近年来,我有多篇论文在《综合实践研究》《求知导刊》《济南教育》《现代教育》等刊物发表;参编的校本教材《吾乡吾土——家乡王舍人》在王舍人8000余名师生心中播下热爱家乡、建设家乡的种子。

生活感悟、教育叙事、教学随笔……如果我们也把日常教学的成功之处、不足之处,老师教学、学生学习的过程及时写好总结与反思,那这不也是我们教学经验的积累、思想的沉淀吗？有了这些积淀，我们专业素养肯定会不断提高，这些写作的方向正是教师成长为教育名师、教育名家的方向。

综上所述，"读—研—写"三者是互相作用、互为因果、不可或缺的一个整体；积累、践行和提升是这个整体的三个引擎；读书、研究、写作是循环的教育生活方式。

"读—研—写"路径，促我专业成长，我深知"青春似卷凭心绘"，我坚信"痴心一片终不悔，只为桃李竞相开！"

用最美的初心做好为师的事
——我的小学数学教育研究之路

胥庆兰

人物扫描

胥庆兰，现任济南市莱芜区教育教学研究中心小学数学教研员。曾获山东省优质课一等奖，执教的《线段、直线、射线、角》入选教育部精品课；"小学'实验数学'课程建设与研究"荣获山东省教学成果二等奖；出版论著《小学实验数学课程建设与实施的理论及实践》，被评为第四期"齐鲁名师"。

"小时候我以为你很美丽，领着一群小鸟飞来飞去。小时候我以为你很神气，说上一句话也惊天动地。长大后我就成了你，才知道那间教室，放飞的是希望，守巢的总是你。长大后我就成了你，才知道那块黑板，写下的是真理，擦去的是功利……"大学毕业时，唱着这首歌，带着对为人师的美好憧憬，我走上了三尺讲台。

转眼间，已经过去了25个春秋。我始终记着身为教师的父亲的谆谆教导："一定要干啥像啥，当老师可不能误人子弟。"值得欣慰的是，我始终保持着最初的热情，踏实工作在教学第一线，专注于数学课堂，没有轰轰烈烈的事迹，只是用一串串坚定而执着的脚印，不停歇，不倦怠，去诠释教育世界的美好，用最美的初心做着教学的事！

用学习的初心做教师

"一辈子做教师，一辈子学做教师。"这是全国特级教师、教书育人楷模于漪老师的至理名言。一个"学"字彰显的是态度、信念，更是一种为师从教的境界。

为了提高教学水平，我认真钻研教材，构建年段知识框架，涉猎其他版本教材，丰富教材的前引后拓；我研读吴正宪、刘德武、华应龙、曹培英等名师名课，关注他们对文本的解读，剖析他们个人风格的形成和教学中折射出的教育思想，研究名师如何架构一堂课；我抓住一切培训机会，不断为自己充电，提高自身素质和业务能力，及时将培训所得与同事交流，大胆尝试，在一堂一课的教学中习得能力，锤炼功底。学校的图书室教学资料丰富，成了我最爱的去处，一有空便深入其中，咀嚼其中的精华，了解教育动态，眺望教改前沿，将最新的知识与教学理念融于心中并理解感悟；在平时看书、读报时，见到那些与教育、教学相关的文章，总要做一些笔录，或者把它剪下来做成剪报收藏好，一有时间就翻出来看看，以使自己经常受到激励和启迪。随着网络时代的到来，我获取优质信息的渠道日益增多，足不出户，就可以借助各种媒体、公众号、专题讲座和大咖专家对话，关注最前沿的教育教学理念，丰富自己的教育教学手段。每当学习到一些好的做法、先进的理念，我都十分珍惜，并尝试着借鉴过来，内化后在教育教学中试用践行。

比如，学习了邱学华老师的"在尝试中学习，在尝试中成功"的尝试教学理论后，我就构思出"让学生也来当老师的"换位教学构想。虽然同事们表示了很大的质疑，但是，孩子们对此表现出了极大的兴趣。于是我要求孩子们认真观察和领会老师上课的言谈举止、提问技巧、上课基本过程等常规动作。为了学会当"小老师"，孩子们上课都特别认真。不仅仔细观察老师上课的一举一动，课下还主动向老师探讨怎样备课，怎样批改作业，有个别同学还学习制作课件。这期间，我每节课有计划地让同学们多登台表达锻炼胆量，并练习板书。经过几周的准备，我出示课题，让孩子们各自去准备。一周过去了，孩子们纷纷把自己精心准备的"教案"交给了我，还有几位同学在家长的帮助下制作了课件。通过筛选，我确定了最终的几位"教师"入选。正式上课了，"起立——老师好——"，接下来的一幕让我久久不能平静。"小老师"面带微笑，朗声说道："朋友们好，请坐下。"她竟把我常说的"同学们好"改成了"朋友们好"。这虽是一个小小的变动，但却表达了孩子们一种多么强烈的意愿啊！学生主讲，人人都有讲话的冲动和展示的欲望，这样的角色互换不仅激发了学习热情，还增进了师生的相互理解。正如有的同学在课后的心得体会中说道："当老师真不容易啊！为了上好一堂课，我足足准备了一周的时间，而老师一生中要上多少堂课啊！老师，您太辛苦了！我们一定好好学习，用优异的成绩来报答您……这次当'老师'的经历，我一辈子都不会忘记的。深深地感谢您！我的老师！"

"小老师"主持课堂的初步成功尝试，让数学课堂焕发了生命活力，激发了同学们自我发展的愿望和潜能。从此，我们的数学课堂变"教"为主体到"学"为主体，变"师本"课堂到"生本"课堂。实现了陶行知先生提倡的课堂三"还"：解放学生的头脑，把思维权还给学生；解放学生的嘴巴，把话语权还给学生；解放学生的双手，把行动力还给学生。

学海无涯，学无止境。我坚持"学做教师，学教数学"这一信念，像草原上的一棵尖毛草一样在不断地学习中成长、积淀。

用实践的初心做教学

课堂，永远是老师的主阵地。"小老师"主持课堂激发了一部分学生的自主学习能力，但是，数学课没有语文课深情，没有美术课炫丽，没有英语课活泼，没有音乐课动听，学生们对数学学习明显缺乏兴趣成为制约学生思维发展的瓶颈。数学不应该是枯燥无味的代名词，要致力于全面提升学生的数学素养，我尝试通过多种途径努力让数学课堂既充满着情趣，又洋溢着智慧。

（一）数学阅读——打开数学的另一扇窗户

不能让数学学习掉进分数的陷阱，应该以数学为介，架起生命智慧的桥梁。我首先在"智趣文化氛围"的创设上下功夫，以数学文化为载体，对学生进行气氛熏陶。我把平时从图书、网络上搜集到的中外数学史中的有趣故事作为礼物送给大家。最初时，讲得最多的是数学家们的童年成长故事，如陈景润在童年痴读数学书，华罗庚从学徒成为数学家的经历，祖冲之计算圆周率的故事，高斯从顽童成长为"数学王子"的精彩片段……数学家的人生成长轨迹，给孩子们的心灵以极大的震撼。随后的小欧拉智改羊圈、阿凡提智斗巴依老爷，小木头游魔数世界、马小跳学数学、数学谜语竞猜……又把大家带进变化多端的数学天地。

在数学阅读中，一个个蕴含深奥道理的数学故事令人感叹！每个人能感受到数学的美——质朴深沉，令人赏心悦目。越来越多的同学产生了亲近数学的渴望与动力，央求着让我把这些书借给他们看。适合小学生阅读的数学课外读物不像文史类读物那样丰富，考虑到学生的年龄特点和对数学阅读的实际基础，我推荐给孩子们一些图文并茂、生动有趣的数学读物，比如：《数学帮帮忙》《数学就是这么简单》《我是数学迷》《李毓佩数学童话集》等。

学生在有趣的故事中不知不觉被数学文化所感染。

经过几年的阅读实践，同学们从没有读过一本真正的数学课外读物，到现在去图书馆抢着借、到书店买、到网上查最新的数学读物。为了扩大阅读量，同学们把最喜欢的优秀图书带到学校来共同分享，班级图书墙成了最美的风景线。孩子们由最初的囫囵吞枣，变成了现在的细嚼慢咽，对数学阅读产生了浓厚的兴趣，这是一个多么大的飞跃啊！

学生的数学基础不同，学习自觉程度也不一样，但志趣相投的同学之间的影响，是形成班集体学习气氛的无形力量。我想起了这样一句话："你有一个苹果，我有一个苹果，相互交换一下，还是一个苹果；但是你有一个思想，我有一个思想，交换后就都拥有了两个思想。"由此萌生了我们飞翔班每周五的"数学活动日"。每次活动前，同学们都精心准备，有的还会借助网络，或者制作幻灯片展示，有的制作学具……在交流中相互感染，增进理解，发现不同，分享快乐。每每有新发现，大家都会兴奋得像小燕子一样。

在一次家长会上，小瑞同学的妈妈告诉我，这孩子研究《可怕的数学》这套丛书都入迷了，去卫生间都得带着一本书去！

最近一位已经上初中的同学家长在微信上给我留言："胥老师，孩子上初一了，一直特别喜欢数学，成绩也挺好，这次期中考试得了满分，这得力于小学时您的启蒙教育。现在他看的数学课外书，还是您推荐的呢，爱上阅读真的改变了孩子。"

2020年春天线上教学期间，我正好任教一年级，孩子们识字量少，部分同学自主阅读能力还不够，为了让同学们居家学习也能听到他们喜欢的数学故事，我就每天录制一个数学故事小音频发到班级群里，或者把绘本做成微视频分享给大家，许多家长给我留言："老师，听您讲的数学故事，别说孩子们喜欢，我都听上瘾了，故事里包含着数学知识，真是太有趣了。"

家长的认可就是对我最大的鼓励，让我觉得再多的付出也是值得的。我相信，初步形成的数学阅读习惯将使同学们终身受益。在"泉·悦·读"——名师公益讲堂，我和现场的孩子们一起分享了《好玩的数学》，为推动全民阅读尽一份绵薄之力。

（二）实践活动——体验看得见的数学精彩

教材并非唯一的课程资源，课程资源的概念是非常丰富的，因此我尝试走出课堂、走出课本，为学生搭建一个广阔的实践舞台，为学生指明数学学习的另一条通向"罗马"的大道，这也是发挥教师和学生创造性的一个巨大空间。我根据教学内容需要经常开展数学实践活动。如：学习了《认识图形》的知识后，我班开设了"有趣的七巧板"活动课，同学们不仅知道了七巧板是7块板，它们的形状分别是三角形、正方形和平行四边形，还了解了七巧板悠久的文化历史。在研究5个三角形之间的关系时，有的同学因为用剪刀剪得不整齐，认为两个大的三角形的大小不一样，通过反复比较、拼组，同学们发现了两个小的三角形拼成一个大一点的三角形与中等的一个三角形的大小一样。在拼图过程中，分别完成了用2个、3个拼成一个三角形，用七巧板拼成一个长方形，有的同学还设计了妙趣横生的七巧板作品。

再比如：学习"度量"时，同学们到校园大操场"丈量测定"跑道的面积、树木的间距、球场的长度；认识了人民币后，同学们进超市"购物记账"，在家里"实地运算"争当"家庭小管家"；学习"百分数"后，同学们到银行实地开展"存取计息"活动……在数学实践活动中，一个个数字，非但毫不枯燥，而是生机勃勃，鲜活亮丽！每个人能感受到数学的奇妙。

同学们乐此不疲，把书本知识运用于日常生活实践中，过去的数学题仿佛一下子被激活了似的，平时畏惧数学的同学也行动起来，锻炼了解决具体问题的能力，还慢慢养成了在日常生活中时时、处处留心，多看、多听、多问、多想和多记的好习惯。一篇篇洋溢着浓浓生活味道的数学习作从孩子们的笔端流出。利用节假日，我在家长的支持下，选编了一部分同学的数学习作装订成集，命名为《插上智趣的翅膀飞翔》，同学们看着自己的文字被编入了册子，成功的喜悦充溢于心，这本小集子成为同学们最爱的阅读内容之一。

（三）数学游戏——建立数学与快乐的链接

当代著名教育改革家魏书生有句名言：每件事都有一百种做法，只要我们不断思考，大胆尝试，总能够想出好方法的。每个儿童都有好玩的天性，我想办法把课本的知识转化成"玩"的活动，把日常生活或是科普读物中的游戏拿到课上和学生一起玩，在学数学中玩游戏，在游戏中学数学，体会数学的无穷奥妙。在数学游戏中，根据法则、规律，运用严密的逻辑推理演化出的各种神机妙算，显示了数学思维的出神入化！每个人能感受到数学的趣——醇浓如酒，令人如痴如醉！

如24点游戏。寒假期间，同学们每天坚持玩24点游戏，对于成功的例子，同学们还做了记录。假期过后，在班里成功举行了24点游戏大比拼，一批数学小明星脱颖而出。我和孩子们一起玩莫比乌斯带。这条神奇的纸圈，就像变魔术一样，学生会先想：一个纸条剪开当然是两个分开的纸条，一动手却发现猜错了，一串"为什么"在学生的心中升腾！这时候观察、重做都是学生急不可待的事情。第二次再猜的时候不像第一次那么草率，学生看了又看，想了又想，才说出自己的看法，动手实践后结果又是出乎意料……

师生一起玩数学游戏，在玩中把数学知识渗透给学生，把数学多样性介绍给学生。在奇妙的数学之旅中，师生共同探索数学百花园的奥秘，像咀嚼百味果一样品尝着数学的浓浓趣味。过去不爱数学的同学也惊呼："想不到数学这么有趣！"同学们在不知不觉中学到了数学知识、思维方法，激发了学习数学的热情。

用创新的初心做科研

"驽马明知征程远，不需扬鞭自奋蹄。"多年来，我坚持用科研来指导教育教学。在教学实践中从"草根"课题做起，不断总结、积累，积极撰写论文，笔耕不止。为了让零零散散的教学实践设计体系化，我们在继承和发展"单元主题（模块）整体教学"的基础上，引进150余种益智器具，建立"数学实验室"，率先提出了"实验贯穿课程、凸显操作实践、指向学科育人"的"实验数学"课程建设理念。让"实验"有效辅助常态数学教学，学生通过动手操作、合作探究、交流反思等活动，像数学家一样经历数学知识和方法的来龙去脉，提高学生的数学认知能力和数学实践能力，发展学生的应用意识和创新意识。

（一）构建了小学"实验数学"完整的课程体系

经过不断地修改，构建起了较为完善的小学"实验数学"的课程架构，包含学科基础课程和学科拓展课程，使得"实验数学"课程内容更加丰富和完善。

首先，整合学科基础课程。遵循知识逻辑顺序和学生认知规律，对国家课程标准中规定的内容进行单元主题（模块化）整体设计，将相关或相近内容整合成为一类知识（方法）模块，注重知识（方法）的整体性、系统性。主要目的是利用知识的迁移规律，打通知识间的前后联系，既顺应学生思维的逻辑顺序，又促进学生深度探究和结构化学习，帮助学生建立起"一类知识和方法"体系，实现由"知识点"的学习转向"知识团"的学习，提升学习能力，提高学习效率，为拓展课程节省出时间和空间。"实验数学"教学模式不是要取代其他教学模式，而是对传统教学模式的有益补充，借助"实验"将一类数学知识更容易形象化、可视化，符合小学生从具体到抽象的认知规律。

其次，补充学科拓展课程。遵循与时俱进和开放性的原则，既基于本学科，又要跳出本学科，侧重于对学生"数学意识、思维品质、数学精神、实践能力、创新意识"等素养的培育，适度增设"数学与生活""益智广场""数学阅读""数学游戏""课外实践""名题赏析"等学科拓展课程。

由此，两种课程的学习交互在一起，促进学生形成勇于探索、敢于质疑、善于思考、严谨求实的理性精神和思维品质，发展学生核心素养。

（二）形成了"做中学"的"实验数学"课堂教学策略

实验数学课堂最大的特点主要是通过使用学具进行活动化、游戏化的学习。

1. 学习活动设计"大问题化"。

注重"模型意识"的培养，大多数课时都是以学生玩转益智学具切入，站在引领学生如何"学习与思考"的角度，设计3个以内的富有挑战性的"大问题",并用问题清单的形式,引导学生在实验活动中去探索、去发现、去体验、亲身感悟、自主建构数学知识。

我们确立了"实验数学"课堂教学的基本流程:"创设情境,提出问题——实验探索,建立模型——巩固拓展,应用模型"。让学生完整经历"发现问题、提出问题、分析问题、解决问题"过程,注重数学建模意识培养。每个学生都能亲历数学知识发生、发展过程,都可以大胆猜想和验证,感受发现的喜悦,感知数学思想形成的过程,实现了"学数学"到"玩数学"再到"创造数学",从被动学习到主动学习再到创造性学习的飞跃。

2. 多样化的课型,保障了因材施教、分层达标。

遵循因材施教的原则,经过多年来的不断研磨,我们围绕"实验数学"课程一个主题的各个板块内容,配套开设相应的课型,采取长短课时相结合的弹性课时制加以实施。保证了"人人都能获得良好的数学教育,不同的人在数学上得到不同的发展"。

3. 优化了多元化的评价方式。

依据课程标准,结合我区实际,遵循重素养、易操作的原则,以及对数学素养的有关论证,探索"纸笔测试和成果展示"相结合的评价方式,将考和赛相结合,笔试、口试和面试相结合,逐步丰富评价的内容和途径,如成果展示、益智闯关、数学节等活动,更好地发挥了评价的激励性作用,契合了当前"双减"新形势、新要求,为培养学生素养发挥了正向推动作用。

评价结果采用灵活的方式,包括教师评价和自我评价以及学习材料(成果)展示,根据具体的评价指标描述,学生和老师进行自评和互评,利用"小学生数学素养评价手册"中的学习评价表对学生实际情况进行过程记录。

(三)建立了"实验数学"课程资源体系

在学具的不断使用中,根据学具的使用频率,我们优选益智器具完善了学具配备目录,确立了数学实验室的配备标准,满足了课程实施的环境建设体系;研发的《小学实验数学课程纲要 – 教学指导手册》《小学实验数学单元(主题)教/学设计案例汇编》及微课视频,从内容标准、课程目标、课程实施、课程评价等方面全面指导教师的教学,形成了课程实施的参考体系;《小学实验数学学生活动用书》及数学游戏视频资源,形成了学生体验式学习的指导体系。值得欣慰的是,该研究成果在2022年荣获了山东省教学成果二等奖,这成为我们继续研究的新起点。

用担当的初心做教育

成长路上,得益于有一群志同道合的教育同仁,风雨兼程,相互扶持。我先后荣获学科带头人、优秀教师、教学能手、优秀班主任、齐鲁名师等各种荣誉称号。我深知,荣誉是对昨天最好的肯定,也是对未来最好的鞭策与鼓励,更是肩上一份沉甸甸的责任。

"一花独放不是春,百花齐放春满园。"为了带动更多的年轻教师共同成长和提高,我们一起组教学联盟、建工作室,传授教学技艺,切磋带班经验,指导年轻教师,用自己的热情和担当实现着教育的薪火相传。

顾泠沅教授说过:名师之道不在乎"名",而在于"明"。明白社会责任是教师情怀之魂;扎根实践是教师能力之源;深入钻研是在职教师知识更新之基。

因此,在未来的教育之路上,我会时时记住自己努力的方向,静心教书,潜心育人,与大家携手并肩,让教育生活因学习而丰盈,因实践而丰硕,因科研而精彩。

不断追求教学的高境界

——做一名科研型语文老师

李香菊

| 人物扫描

李香菊,济南高新区金谷小学语文教师,山东省特级教师、齐鲁名师,多次被聘为山东省远程研修课程指导专家,山东省"互联网+教师专业发展"小学语文工作坊主持人,曾任滨州学院教师教育系兼职教授。

看到征集教师成长案例的通知，我想该怎样下笔呢？仔细想来，我的教学生涯已有近30个年头，大致经历了"懵懂""觉悟""探究"几次认识上的飞跃，而我所从事的"小学语文学习活动整体设计"的研究过程，也正好与这几次飞跃同步。一路走来，那些人、那些事，历历在目。想着，想着，记忆越发地清晰起来。所以，怀着感恩的心情，我结合"小学语文学习活动整体设计"的研究历程，谈谈自己成长的切身感悟。

埋下"单元整体教学"科研的种子——被动懵懂

如果这也算一次飞跃，那是因为我受到了当老师的第一次震撼，掂量出了"老师"这个称谓的分量。朦朦胧胧地意识到什么是语文，语文应该怎么教。

（一）第一次教学视导

记得上班第一年的冬天，学校迎来全区的教学视导。区教研室一直采用随机抽课的形式，调研学校课堂教学情况。第一次面临这种检查，有人说我们这些刚毕业的学生老师不用准备，因为学校一定不会让我们这几个"菜鸟"代表学校去接受检查。虽然这样，但我还是认真做了准备。视导当天，教务处传来消息说，抽到了平行班张老师的课。正当我积极帮张老师准备教具，上课铃就要响了的时候，忽然又说弄错了，是要听我的课。什么！毕业第一年就要代表学校迎接检查，还是突然"袭击"，心里那个紧张就别提了。在忐忑之中，我仓促上课。第一环节，导入新课，板书课题："鱼和潜水艇"，竟然紧张地忘记了写"和"字。课上了一大半，心也逐渐平静了下来，回头一看，糟了！课题少个"和"字，怎么办？一边继续上课，一边琢磨办法，终于在总结鱼和潜水艇的关系时，引导学生把那个"和"字补上了。课后，教研员老师评课，大部分内容我没记住，只记得他问我，最后这个"和"字补得挺恰当，是特意设计的么？我老老实实地承认是紧张得忘记了，结果他没有批评我，反而是一句赞扬："挺机智。"

这次上课的经历，这个"和"字的插曲，拨开了语文教学迷雾，启迪了我钻研教学方法的路径，成了我参加语文教学研究活动的开端。从此，学校给了我更多的学习和锻炼机会。

（二）第一次参加课题研究

1996年秋季，滨城区教研室开展"全市阅读教学模式改革"的研究。这项研究包含"一组教材的宏观模式、一篇课文的中观模式、一篇课文某个环节（活动）的微观模式"。三个模式从宏观到微观，呈现三个层次。它类似今天的"大单元整体教学"，在当时算是一次全新的探索。而我作为青年教师有幸被吸收进了研究小组。这是我最早参与的课题研究。当时教研室规定每个周六下午和晚上是固定活动时间。每次会议，教研室宗老师都会对当周的研究活动进行总结，然后布置下一周的理论学习任务和交流话题。当时的我，因为年轻，没有教学经验，理论底子又薄，总觉得前辈们的发言那么高深，我听得云里雾里，一知半解。每周要准备发言，更是不知道怎么说才好。我只好每天晚上反复阅读学习资料，连吃饭的时候都在想着如何完成交流话题。整整一个学期，每周都这样过。这期间我又得了重感冒，长达一个多月头疼不止，长这么大第一次打上了吊瓶。即使这样，我也始终坚持参加研讨会，没有耽误一次讨论。后来我才发现，每次研讨我们这些年轻老师不用发言，只要认真听就行。但我并没有因为这个发现而应付。相反，课题组布置的理论学习书籍和篇目我都认真读，认真写心得体会，对交流题目也都认真思考。一段时间下来，对我产生了很大的影响。到了97年春天，课题研究进入课堂实践阶段，我觉得自己豁然开朗，备课似乎轻松了许多。用课题组长宗老师的话说，虽然不太懂理论，但上的课已经褪去了原先的"青涩"，能体现一些研究的理念。

为了全面展示研究成果，滨城区教学研究室举办了面向全市范围的"整组教学课例展示"推广活动。课题组考虑执教老师的人选时，我有幸被选中，成为五位上课教师中最年轻的一位，执教了我教学生涯中的第一节市级观摩课——《董存瑞舍身炸暗堡》。尽管如此，我知道我仍处在盲目阶段，是属于"自然王国"，距离"自由王国"还差得远。我同时意识到教学上的"懵懂"

即将离我而去，我在追随前辈们的研究中逐渐长大，科研的种子正悄悄地"破土发芽"。

从青涩懵懂到成熟知性，是每一个教师都要经历的过程，无论什么时候，都要以积极向上的态度对待自己的工作，不要甘于平庸，尤其要分清什么是平庸，什么是平凡。要把教学当成一生的事业，这就是教学的境界。教学有境界，那才是"师"，真正的教师。

探索"单元整体教学"的路径——逐步觉悟

之所以称之为第二次飞跃，是因为我开始主动思考教科研的问题，领悟到老师的职责不只是照本宣科，应该给学生多一些更高的更有意义的东西。由此我确定语文课堂教学为了自己的研究方向，以此逐步形成自己的教学理念。

（一）第一次和专家面对面

在经历了长达9年的"三线结合，综合发展"课题研究之后，2006年，特级教师宋道晔老师成为区语文教研员，我成为她的山东省"十一五"重点立项课题"三三九快乐作文教学研究"课题组的主要成员。在她的引领下，我们开始了习作领域的教学研究之路，这正好可以弥补我在语文教学研究中过于倾向阅读教学的不足。2010年，山东省启动中小学远程研修工作，宋道晔老师接到了开发习作培训资源的任务，我有幸执教习作公开课，全程参与资源开发。为了做好这项工作，省教育厅聘请了吴忠豪、沈大安两名教授担任指导，他们两次来到滨州，对我进行现场指导。一年多的资源研发过程，宋老师面传身授，教授们循循善诱，他们平和严谨的工作态度，深深影响着我，引导我对语文教学的认识由"自在"进入到"自觉"，使我进入到一个新的境界。

跟随宋老师开展研究的过程中，我掌握了课题研究的思路和方法，学会了如何进行课题界定与规划设计，以致自己能甄别选择立项课题。这期间，我完成了两项研究：一项是教育部课程教材发展中心的立项课题《小学生口语交际能力评价研究》；一项是省教研室的立项课题《邀请式听评课——基于校本教研的新型听评课研究》。其中《邀请式听评课——基于校本教研的新型听评课研究》的课题研究成果在《中小学管理》上发表，并获省级教研成果一等奖。这一段时间的科研实践，也为我独立申请"单元整体教学"课题创造了条件，奠定了基础。

（二）印象最深的一次高端培训

2010年，教育部启动"国培计划"，我有幸作为第一批参训教师到上海参加培训。全班近60名学员，大部分是特级教师。主讲专家大多是当时全国顶尖的语文教学专家和特级教师，像上师大的吴忠豪、王荣生，"小语会"的崔峦，浙江教科院的沈大安，特级教师于永正、徐鹄等。学习期间，我坚持每天写学习日志，多年的经历与积淀，在这次学习中均被唤醒。我开始主动思考：语文到底是什么？我到底要怎样引导学生学语文？

从此我真正走上了思考教学理论的专业成长之路。2013年开始，我主要做了一件事：研究小学语文课程内容体系，并以此为基础进行了课题《小学生语文课程内容校本化整体设计研究》的申报，着手探索语文课程体系的架构与逻辑性，以及与学生生理心理发展的关联，构建起"单元聚焦、整体推进"教学模式，探索每册书，乃至整套书的阅读课型，补充丰富多彩的语文校本课程，配合以习作练习，以促进学生语文综合素养的提升。

经过不懈的探索，课题研究取得阶段性成果，学生们陆续在各级报刊上发表习作，在各类大赛中获奖。课题研究的成果在中文核心期刊《语文建设》上发表，相关论文在《山东教育》《小学语文教师》等报刊发表。我本人撰写的《语文素养的自我生长》一书也在光明日报出版社出版。团队里的年轻教师迅速成长，仅在课题研究的三年里，他们执教市区级公开课、观摩课20余节，10余人在一定范围内做专题发言，5人被评为教学能手、区级名师。我本人也被评为山东省特级教师。

这一时期我的收获是：如果想让自己的职业生涯有所成就，就必须有一个较高的教学境界。在这个境界的指导下，聚焦一个方向，然后持之以恒地探索。

从"单元整体教学"到"学习活动整体设计"——主动探究

这应是第三次飞跃，更有意义的飞跃。我主动探究，要做一名科研型的小学语文老师，把自己的研究与学生的生理心理特点、学校的发展，以及国家的需要紧密结合，使自己的教学研究走向更高的境界。

推进"单元整体教学"的过程中，我的认识也在不断更新和深化。促使我们产生这种转变的原因主要有两个：一是整个国家教育政策和研究方向的大转变；二是学校文化建设和办学理念的引领。

首先，我的研究视角经历了"从阅读出发"研究单元整体教学，到"从核心素养出发"研究单元整体教学的转变。最初的研究，我接触到许多前辈的著名研究成果，像窦桂梅的"1+x课程"是从增加学生的阅读量这一视角来研究单元整体教学的。随着北师大林崇德教授研究的"核心素养理论"的公布和课程标准的修订，我觉得"单元整体教学"不应该只是"扩大阅读量"这一个切入点，海量阅读的背后更要注重阅读品质，注重语文核心素养的整体提升。因此，我的研究从提升听说读写各项能力，转入强调核心素养的发展，开始了整体规划设计单元学习活动。

其次，我们经历了从研究教师的"教"，到注重研究学生的"学"的转变。2003年，我走上教学管理岗位。我的岗位要求我既要关注自己的语文教学，还要关注学校全面的教学工作，以及教师的专业发展和学校的课程建设。因此，我们管理团队围绕着"美以养正"的办学理念，打造"三美课堂"，培养"四美教师"，建设"五美课程"。把学校文化理念落实到每一门课程，每一节课堂，这是学校文化建设落地的关键。于是科研团队协助学校管理团队制定了各学科"三美课堂"标准、"三美课堂"模式，以推进"三美课堂"的落地。这个过程中我特别思考了语文学科该如何体现"三美"。这促使我更深入地研究学生的语文学习活动，研究如何在课堂上充分展示学生的活力、思维和语言发展过程。于是，2019年春天，我们在市教研室立项了"以学为本"语文课堂教学研究课题，深入学习有关理论，并进行探索，也从此开启了从研究教学活动到研究学习活动的转变。

此后，为了解决两地分居，我放弃了集团东校区执行校长的职位来到了济南，离开了我的"实验田"。然而作为一名纯粹的语文教师，这让我更有机会静下心来思考语文教学规律，研究语文教学的发展。

多年养成的思维习惯，促使我研究了托马斯实验学校的办学理念及其课程。托马斯实验学校提倡的是"学科融合课程"。其本质就在于"融合"二字。以高瞻教育的视角，将这些课程和学习方式有机"融合"在一起，这是其意义所在。我由此明确了下一步的研究方向，据此提出了基于"主题实践"的"小学语文学习活动整体设计"研究，进入了一个新的高度。这也是我在齐鲁名师培养期间的研修课题。这项研究在原来的单元整体教学基础上进行了升级，通过链接生活、创设情境，设置学习任务群，以学习内容为内核，以任务为驱动力，开展各种类型的，甚至跨学科的学习活动；大量增加学生的语言实践机会，促进学生语言的建构与运用，思维的发展与提升，从而提高学生的核心素养。概括起来研究内容主要包括：核心目标的确定、学习情境的创设、学习任务的设计、学习工具的研发、学习活动策略、学习成果的展示评价。目前，已经取得了一些成果并在山东省齐鲁名师论坛中和大家做了交流，应邀对河南的老师进行了分享。

一座山的高度相对说是不变的，但攀登者的位置是随时变化的，只有不间断地向上攀登，才能感受到"无限风光在险峰"的幸福。把自己的教科研活动与办学理念紧密融合，把个人的价值与国家需要密切结合，这是每一个老师都应该有的境界。社会在发展，国家的需要在发展，对教育的要求也在发展，对老师的要求更是不断更新提高。因此，新时代的老师就要不断地提高自己的教学境界，与时俱进，永做教育战线上的排头兵。

苔花学做牡丹开

徐希红

人物扫描

徐希红,现任济南高新区小学语文教研员。曾获济南市优秀班主任、济南专业技术拔尖人才、山东省教学能手、山东省特级教师、山东省高层次人才、齐鲁名师、全国优秀教师等荣誉称号。所撰写的论文曾发表在《人民教育》《小学语文教师》《小学语文教学》《语文建设》等刊物上。

"白日不到处，青春恰自来。苔花如米小，也学牡丹开。"这首孤独了三百年的小诗，被乡村支教教师梁俊和山里孩子在《经典咏流传》的舞台上重新唤醒。孩子们质朴无华的天籁之声，唱哭了评委，也让亿万中国人都在这一刻被感动，更是被一度刷爆了朋友圈。为什么只有20个字的一首小诗，却让我们热泪盈眶，久久难忘？因为它不光是写给梁老师和他大山里的学生们，也是写给你我，写给绽放在天地之间的每一个平凡又尊贵的生命。做一名人民教师，真的很平凡，但是生命从来不怕平凡，但惧平庸；人生从来不拒艳丽，但耻空放。

1997年，我毕业于济南第二师范学校，被分配到一所农村小学任教，带着几许青涩、忐忑、热情和憧憬走向工作岗位，转眼就是20多年。时光的鱼尾纹悄悄爬上眼角，岁月的平行眼悄悄爬上额头，当看着身边一张又一张年轻又青春的脸，才发觉时光真的是连声招呼都没打便从身边溜走了。回顾自己走过的教学之路，欢乐和辛酸同行，收获与遗憾同在，有教学事务、教学教研、学生管理、上级检查带来的疲惫，也有精彩课例、研究成果、学生成长、家长认可带来的欣喜，日子就是在这样平凡而又鲜活中走过，没有轰轰烈烈的成绩，也没有催人泪下的事迹，看似日复一日的辛苦劳作，实则在鲜活的工作中不断壮大了自己。

读书学习，成长的加油站

每一名教师都应是"春蚕到死丝方尽，蜡炬成灰泪始干"的教师精神的践行者。但忙碌中，我们却渐渐发现，由于疏于读书和深入学习，我们已不能为自己的课堂教学、学生管理找到坚实的理论支撑和依据，对一些教育理念知其然而不知所以然，课堂教学实践已跟不上课程改革的步伐……

"教书就是教自己"，教师应当在奉献自己的同时不失时机地充实自己和发展自己，让读书和学习伴随整个教育生命的周期，支撑起自己的教育教学和专业成长。

于是，我捧起一本本书，尤其是在被确定为齐鲁名师人选之后，在导师的引领下，读起一本本为我们量身推荐的书籍。我清楚地记得，在启动会上，领导对我们说，作为齐鲁名师，我们所读的书不能只停留在技术层面，要读一些深刻的教育理论方面的书。但是，读起这些磨脑子的书，对自己来说还是有一些吃力的。从开始的读不下去，逼着自己像小学生一样出声朗读，到渐渐在卢梭的《爱弥儿》中了解到了"自然教育"的思想，在《我们如何思维》中知道了课堂教学中怎样培养孩子的思维。书，越读越感觉自己读得少，即使读过的，有的也没有完全理解与内化。所以我更虔诚地打开心扉，刷新大脑，用心读书，聆听古今中外教育大师不朽的声音，让教育经典走进内心。除了阅读整本书，报刊、微信公众号以其具有信息量大、方便快捷的优点也进入了我的阅读范围，伴随我的教育生活。

2008年9月，我远赴北京清华附小，跟随全国特级教师窦桂梅老师进行了为期半年的学习。与窦老师在一起的每一天里，听她讲、看她做，在一节节课堂中、一次次报告中我觉得她带给我的不仅仅是语文学科教学的知识，我更从她身上获得了教师专业尊严的获取路径和做人的勇气与力量。2016年，被确定为齐鲁名师人选以来，我认真参加省厅组织的培训活动，先后赴华师大、北师大参加研修。在华师大学习的过程中，对于"移动学习、选择性学习、自控式学习、线上线下相融合的混合学习、个性化学习、优质教育资源共享、教育公平"等教育理论有了新的认识，对课题研究的条件过程有了更加明晰的理解，对学习方式的变革，小组合作学习的组织有了更深刻的体验。在北师大学习的过程中，对于学科核心素养、未来教育的变化、教师专业发展、教育政策理论有了进一步的认识；2018年12月，我参加了中英合作项目——高新区教师发展中心英国剑桥专家培训。经过选拔我有幸成为首批学员，脱产参加了两期培训，共计20天。在专家的指导下，通过参与体验式的培训方式，对教育教学进行深入探讨，对学生主体地位进行深刻反思，感觉受益匪浅。

线上资源不断丰富，小学语文名师、部编教材培训、小学语文、凤凰语文、千课万人等优质平台推出的资源，刷新着自己的学科本体性知识，拓展了自己对语文学科的结构化认知。人民教育、教师博览、光明社教育家、课改中国行、中国教育三十人论坛等分享的优质资源丰富着我对课程的认知，加深了我对教育的理解。在这样一个人人皆可表达输出、处处皆可学习成长的时代，我秉持内心对知识的热爱而学，为儿童、为未来而教、而学，怀着职业的责任感，一步一步前进。

优秀的教师应当是一盏不灭的灯，而那"开关"就在自己的手里。其"亮度"在于表面的修饰；但如果有"电源"，或是不断充电，这盏灯就能一直发光，一直在照耀着学生面前的道路。教师的进德修业应当一直到教育生命的终止，所以，我们不做蜡烛，我们要做灯塔，照亮别人也壮大自己。

关键事件，成长的催化剂

在教师的生命历程中，那些改变其人生轨迹、影响其命运格局的事件，可谓教师成长中的"关键事件"。事情不在大小，可能是一次成功或失败的课堂教学，可能是对一个困难顺利或者不顺利地解决，还可能是一次与专家、同行的交流研讨，或是仅仅看了一本好书、听了一句名言。

2004年，我参加教师选调通过笔试面试进入县城小学工作。学校安排我教一年级语文，当时心里有很大抵触。一是不理解作为骨干教师为什么安排自己教一年级；二是从没教过一年级的我不明白简单的"aoe"为什么还要讲三课时。我就这样硬着头皮进入了一年级的课堂，然后完全惊呆了：一张张天真又无辜的脸，任凭你怎么要求，好像都与他们无关。上课喝水的、告状的，各种情况此起彼伏。最崩溃的是教拼音"a"，教了三节课愣是没教会二声的"a"……真的是崩溃了，怎么办？只能多请教，向书本学习，向有经验的老师学习，慢慢懂得了"一二三、请安静；三二一、做端正"这些口令对规范课堂常规的作用，也明白了声调的学习不必拘泥于这一节课全部学会……慢慢地我找到了感觉，尤其是在教学中，能根据学生的年龄特点融入游戏和活动，在期末学业质量评价中，我们班的语文成绩名列前茅而且非常突出。我也从一开始接班时的焦虑变得越来越自信。这是我成长道路上的关键事件，让我深切感受到了态度决定一切，有时候不能改变环境就适应环境，不能改变事情就改变对事情的态度。态度就是竞争力，一个人的工作态度，就是自己的生命态度。

2011年5月，山东省第六批教学能手评选工作启动，从学校报名到县级选拔再到市级选拔最后到省级角逐，整整半年的时间。在这半年的魔鬼般的训练中，我几乎没有睡过一个好觉，两个月的暑假也都是在研读教材、设计教学中度过的，校级、县级、市级、省级四轮赛教展评，多次名师指点打磨，无数次教研组集体备课，几百页磨课笔记，6个月日日夜夜的磨砻淬砺、百锻千炼，参赛前的焦虑紧张，学校领导的鼓励指点，师长同事的支持嘱托，家人的期待付出，比赛的紧张激烈，临场的稳定发挥都成为我刻骨铭心的人生记忆。其实，任何教学比赛的基础都离不开对常规教学的潜心钻研，只有把刻苦钻研、严谨求实的学习精神贯穿在日常教学中，化难为易，化大为细，磨砺在平时，才能在比赛时拥有信心和底气。11月，捧着证书，蓦然回首，方觉"慎终如始，则无败事"。

这些都是成长道路上的关键事件。关键事件不在大小，不在于成功或是失败，它常常不期而至，也常常稍纵即逝。因为关键事件带有浓厚的自我体验的色彩，所发生的事件是否关键完全取决于教师的个体主观判断和心理加工。这些事件就是伴生于自己工作中的故事，需要自身发现、感悟进而使之具有"关键意义"，去积极探寻其对自身专业成长的"关键作用"。

环境平台，成长的能量场

学校作为教师成长的重要环境，如果能致力于为耕种者育土，为行远者铺路，便能成为教师成长的能量场。我非常幸运自己置身其中的就是这样的能量场。

2004年，我因成绩优异被选调到济阳济北小学。学校非常重视教师的成长，先后邀请全国30余名知名专家到校现场授课并作理论报告，让老师们与专家零距离交流，掌握课改最新动态。专家的引领，不但开阔了我的视野，也使我开始有了成为名师的梦想。每年暑假为期半个月的培训，成了我最幸福的时光，因为那是专家名师来校最多的时间，也是我如饥似渴地汲取精神营养，向着名师方向快步行进的幸福时期。

在各位名师的引领下，越发觉得外面的世界是何等精彩。一个缺乏眼光与视野的老师，是不可能从井底跃进碧波荡漾的湖泊之中的。于是，在学校的统筹安排下，我和同事们从济阳县出发，走遍大江南北，参加各种各样的教育教学研讨会，领略各家各派的教育教学风格，渐渐开阔了教育视野。

"读万卷书，行万里路"是成就大师的一种规则，也是名师必须经历的一个过程。如果说读书是向未曾谋面的大师聆听教诲的话，"行路"则能扩展教师的胸襟与视野，使老师们的精神世界不断丰富起来，在不经意间提升老师们的思想与文化品位。

除了组织教师外出参加各种业务活动，济北小学每学期还派出中层以上领导到北京、上海等城市的名校挂职培训，我和同事们先后到上海市金苹果学校、北京市清华附小、宁波市广济中心小学、北京中关村三小等名校进行为期半年的挂职学习。除了到外地名校挂职，还有机会拜师于名家的门下，我和学校的36位老师成了于永正、贾志敏、窦桂梅、孙双金、薛法根等专家名师的弟子。这样的拜师不仅仅是向自己的老师学习，更重要的是，因为有了这样的老师，所以有了更大的动力，有了源自心灵的自求超越的声音，也不断自主地行进在专业成长的路上。

课题研究，成长的助推器

曾几何时，我以为科研与我相距很远，遥不可及高不可攀，那应该是学者、专家们涉猎的领域，作为中小学教师只要切实搞好自己的日常教学就够了，甚至认为搞科研是"给老师增加压力和烦恼"。备课上课、作业批改、听课评课，忙不完的工作，看不见的成绩。最后导致了：身体状况堪忧、职业倦怠日益强烈、工作负担日益加重、工作压力难以缓解……怎样改变这一切？如何让自己潜力迸发、活力四射？那就是优化自己的教育生命，让自己的教育生命持续精彩。"任何人都是自己幸福的工匠"，教师可以通过教育科研寻找到真正的教育艺术，成为造就自我幸福的工匠，成就教育人生路的幸福，让自己的教育生命持续精彩。因为幸福的大秘诀是：与其让外界的事物适应自己，不如使自己去适应外界的事物——教育科研正是我们主动而迅速适应外界各种变化的有效手段，只有主动适应了各种变化，才不会忙乱无序。

于是，我走上了科研的道路。主持了济南市"十一五"课题"关于小学生大量阅读策略的研究"，参与了中央教科所研究课题"阅读文化建设中师生与学校同步发展的研究"，这两项研究都成为我所承担课题的基础。被确定为齐鲁名师建设工程人选之后，为了发挥课题引领作用，我根据自己的任教学科，结合个人专长和发展方向，在导师指导下，确定了自己的研究课题"推动小学生经典阅读策略的研究"。在本课题的研究与实践中，我和课题组的老师一起厘清了经典阅读的内涵，确立了经典阅读的地位，从经典阅读篇目的选择，书目的推荐到指导的策略、基本课型的构建、相关课程的开发方面提高了经典阅读的实效性。同时，将课题研究与学校课程开发有机集合起来，并将研究成果应用在实际的教育教学中。学生在"经典"阅读中品味着经典的魅力，全方位提升了语文素养，推动了书香校园的建设，营造了书香家庭的氛围。

示范引领，成长的再生力

我在不断成长的过程中，也在尽自己的努力发挥引领辐射作用。多年来，在担任语文老师、班主任、学校教研组长和区教研员的情况下，徒弟和其他教师随时进入我的课堂听课、取经，听课后一起探讨共同关心或值得商榷的问题，共同促进了教学设计、课堂组织能力的提高。我也常常走进徒弟课堂，课前共同商议徒弟的教学设计，形成切实可行的教学方案，然后进入课堂观察，对照教学设计找出差距，课后师徒共同商议解决方案，这种手把手地传授对青年教师的快速成长起到立竿见影的效果。师徒同上"同课异构"也是促进共同提高的有益途径，在师徒结对活动中，通过执教课例和开放课堂，不仅指导青年教师的专业成长，而且也促进了自身的成长。

工作室活动开展中，我把促进每一位成员的专业发展、提高本学科的教学质量和积累本学科教学经验作为工作的重点。通过课例研讨、集体备课、专题教研、集体会诊等常规教研形式力争达到目标。同时以课题为依托，引领老师们进行教学研究、校本课程的开发。不断发挥教研作用，积累教研经验，形成教研特色。

"苔花如米小，也学牡丹开"，世界万物，环境各异，但是都渴望成长和绽放。即使一米苔花，也有微弱的幽香来证明自己的开放；即使一缕清泉，也要激起一朵白色的浪花。我们可以微小如尘埃，但也要以向上的姿态追光前行。

做一名幼儿园教师 真好！

宋 玲

人物扫描

宋玲，现任山东省实验幼儿园园长。曾荣获齐鲁名师、山东省教学能手、淄博市学科带头人、淄博市优秀教师、山东省实施学前教育行动先进个人等荣誉称号，兼任"互联网＋教师专业发展"工程省级工作坊主持人、山东省学前教育专家指导委员会委员、山东省职业院校教育类专业教学指导委员会委员。

1994年我从淄博师范幼师专业毕业,进入淄博市直机关第一幼儿园,开启了我的幼教之路。像一颗藏在土壤中的种子,渺小的我藏在成长身后,从一名稚嫩的新教师成长为班主任,再到教研组长、教学主任,于2017年9月调入山东省实验幼儿园。星霜荏苒,居诸不息,转眼间我已在幼教战线上奋斗了29载,其中做一线教师13年,做教研组长10年,2020年走上了园长岗位。回望这29年的漫漫教育长路,我在幸福的土壤中发芽、抽枝、开花、结果,在步履不停中守望教育初心与理想。

发现幸福,感悟成长

(一)领会教育之幸,坚守幼教之路

苏霍姆林斯基说过:"没有自我教育就没有真正的教育,这样一个教育在我们教师的创造性劳动中起着重大作用。"因此,29年来,我积极关注自我感受,热衷于与自我相处,勇于并善于自我教育。

"做一名幼儿园教师,究竟好在哪里?"这是我刚刚成为一名教师时常问自己的问题。这个问题促使我更加关注自己的行为状态,关注自己和孩子对话、游戏时的感受。慢慢地,我找到了答案:清晨,伴着初升的太阳迎接孩子们入园,看着他们清澈的眼睛,听他们大声喊出"老师好!"的时候,我感觉做一名幼儿园教师,真好!孩子们毕业时,看到他们都获得了个性成长,我感觉做一名幼儿园教师,真好!当从"幼有所育"到"幼有优育",普惠优质幼教资源快速增加,尊师重教蔚然成风的时候,我感觉做一名幼儿园教师,真好……

在调入省实验幼儿园之前,我与丈夫两地分居14年之久,曾有无数次离开幼教的机会摆在面前,但我还是选择了坚守,因为于我而言,做一名幼儿园教师,被孩子无条件信任的感觉真好,牵起孩子的手一起前行的感觉真好,守护至善心灵的感觉真好,畅游孩童世界的感觉真好……正是因为这些"好",我无法割舍内心深处执着的教师梦和幼教情怀;我也逐渐发现,把心灵的力量献给身边的孩子们是我最开心、最享受，也是我能做想做的最好的事情。

从教以来，我坚持用心执教、用爱育人，充分挖掘、激发每一个孩子的闪光点，珍视每一个孩子的人格和情感需求，和她们一起开心游戏、一起专心探究、一起快乐成长。作为一名幼教工作者，能够耕耘在幼教这片最纯净的土地上，让每个孩子拥有幸福的童年，是我一生的追求，更是我幸福的源泉。

（二）探索儿童所需，转变个人定位

随着社会的发展，幼儿教育步入了更加注重科学性和专业性的新时代。我已经不满足于仅仅思考"做一名幼儿教师的好"，我开始探寻："怎样做一名适应幼儿成长需要和未来发展的好老师？"一开始，我觉得上好课就是一名好老师。我深知"绳短不能汲深井，浅水难以负大舟"，于是，我积极观摩名师上课，精心准备每一节课，认真对待每一次教学活动，一次又一次地向老教师请教上课问题，不断地反思自己在备课、上课中的做法、表现。通过一次次的实践、反思、再实践……我逐渐探索出了教学的门道，在教学上形成了自己的风格。在我的课堂上，孩子们的积极性被充分调动，他们乐在其中，我也倍感幸福。因此，我也获得了省级优质课、省级教学能手、市级学科带头人、齐鲁名师等称号。

那个时候，我感觉自己仿佛是一名好老师。

偶然间，我读到了全国教书育人楷模应彩云老师的书，她的一句话改变了我的观念，她说，"幼儿教育应读懂孩子，研究孩子，要把情感和探索精神埋在孩子心里"。这句话像一颗石子投入我的心里，泛起了阵阵涟漪。原来，好老师要全面了解和理解儿童，只有这样才能体会到儿童的特质和价值，才能敏感于儿童的需求，才能将"儿童本位"落到实处。我的自我教育之路上又迎来了新的挑战：一名好老师上好课就足够了吗？挑战为成长带来了契机，于是，我开始思考"儿童需要什么"这一问题。在与幼儿互动时，我不再仅思考"我能教给孩子什么"，更多的时候，我思考的是"我能从儿童身上学到什么"。想法的转变使我领悟到了"把孩子当成老师"，我积极地蹲下身观察他们、张开嘴请教他们、静下心聆听他们……我与儿童从"教师—学生"

关系下的"俯视"走向"朋友"关系中的"平视",甚至是"学生—教师"关系下的"仰视"。同时,通过主动学习、积极探索,我也认识到课程不是我所预设的教给孩子的,而是应从他们兴趣、需要中生成的。

观念影响行为,我的保教实践行为也随着观念的更新而成长。关注儿童的想法,让儿童成为环境的主人,我和孩子们一起创设环境,我们一起写生,一起探索,一起从绘本、美术中寻找爱的真谛,一起打造属于我们的"幸福天地"。听见儿童的声音,追随儿童的生活经验和兴趣,我和孩子们一起生成课程:"兔子去哪里""蚕宝宝成长记""龟兔赛跑"等,孩子们通过充分的感知体验来探索世界,感受生命力量,萌发保护动物的意识。游戏是儿童最好的学习方式,我和孩子一起学习、探究,"汽车嘟嘟嘟""茶叶探究记""一场关于桥的旅行""恐龙大揭秘""谁是超市大赢家"等,从幼儿最感兴趣的事物开始,让他们在亲身体验、实际操作、亲身感知中,与这些事物建立联系,呈现出一个个生动精彩的学习故事。提供儿童需要的资源,支持儿童的自主游戏,我和老师们一起探究主题之下的区域游戏,我们"用心洞察孩子,用心接纳孩子,用心体会孩子",让孩子成为区域活动的主人。当看到孩子真实的进步时,我体会到了一种发自内心的轻松感和幸福感,孩子成长了,我也成长了。

依托园所的自然资源、生活场景、游戏情境,我带领教师团队将保教研究落实于幼儿园日常生活、区域游戏、主题探究中,建立了以儿童为本,满足幼儿游戏与个体学习需求的园本课程实施模式,我们的园本课程获山东省基础教育成果二等奖。

那个时候,我感觉自己离一名好老师又进了一步。

(三)回归教育本质,着力方向引领

著名教育家雅斯贝尔斯说过,"教育的本质意味着:一棵树摇动另一棵树,一朵云推动另一朵云,一个灵魂唤醒另一个灵魂"。幼儿教育是终身教育的奠基,面对的是最纯净且最稚嫩的灵魂,唯有回归教育本质,用心呼唤心,用爱传递爱,才能促进幼儿的和谐发展,实现幼儿完整人格的塑造。那要如

何回归教育的本质呢？

2020年我走上园长岗位。深知一园之长负有引领和表率之责，我从不敢懈怠，不断学习充电、积极反思改进、勇于实践探索。在成为园长的这几年里，我的工作内容更广泛了，我面对的群体更多元了，我需要考虑各个群体的建议想法，我需要协调多种利益关系，我需要切实地用心理解园内每一个个体，我开始尝试站在不同的角色上思考问题：幼儿、教师、管理者……最初面临一个个复杂棘手的问题时，我常为自己找不到"万全之策"而懊恼，慢慢地，我开始思考这些问题的本质是什么，我发现幼儿园里多数问题的本质都有关于教育，有关于孩子，有关于孩子的成长。那么，最有利于孩子发展、有利于孩子完整人格塑造，能够让孩子幸福成长的办法就是最好的解决办法。

回顾这几年走过的历程，我体悟到作为一名教育工作者，尤其是作为一名园长，需要不断完善自己，具备完整健康的人格；时刻保持清醒的头脑，保持独立思考的能力；永远将孩子放在第一位，将孩子的幸福成长放在心上，只有这样，才能真正带领团队保持正确的方向，从而靠近教育的本质；也只有在扎实的实践与不断的反思改进中保持定力，不盲从、不跟风，才会让教育理念落地，离理想的教育更进一步。

塑造幸福，遇见本真

（一）构建幸福文化，培养幸福儿童

成为园长后，我不仅仅是一名教师，还是一个管理者，面对新的身份和职责，我一直在思考"什么样的管理才是好的管理"，为了完成这一次自我教育的挑战，我充分利用业余时间阅读、思考，为自己充电。我读到余秋雨先生对文化的定义，"文化是一种成为习惯的精神价值和生活方式，它的最终成果是集体人格"。由此我意识到了园所文化的重要性：园所文化的最终成果不是墙上的标语口号，而是这个园子里的"人"，是"我们的精神价值，我们的生活方式，我们的集体人格"。它潜移默化地影响着整个园所的精神

面貌，是园所管理的灵魂。管理需要以文化人，润物无声。那么要塑造怎样的园所文化呢？

古希腊哲学家亚里士多德说：幸福是我们一切行为的终极目标，我们之所以做所有其他的事情，最后都是为了得到幸福。这使我想到了自己作为一名幼儿园教师的幸福感，正是这份幸福感使我对教育工作充满热情！我们的幼儿园也应该是幸福的。在以幸福为主流的园所文化影响下，我园教育的出发点是着眼当下使儿童获得幸福快乐的童年，教育的最终目标是放眼未来培养儿童成为能创造幸福的人，教育的过程是家园共伴儿童成长体验幸福的过程。

我园的办园理念是"润·幸福的种子"，指的是要发现每一个人、每一处空间、每一个事物的美好与幸福，把每一个人卷入"幸福种子"园本探究性课程建设中，支持幼儿在一日活动中自信、自在、自主、自然的精神状态，用发现问题的头脑实现师幼的相生相长，共建幸福的幼儿园生活。理念中蕴含的教育目标是培养幸福完整的"四自儿童"，带给孩子的幸福不仅在当下，更应该是终身相伴的能力，那就是"教幸福，学幸福"和"幸福地教，幸福地学"。园训时刻提醒我们要"相信小种子的力量"，从被动到自主再到不由自主，老师们满怀激情幸福的工作，孩子们如小种子一样更幸福的成长，园子里的每个人都为这样的认同而努力。这样的园所文化价值定位，既明确了我们的园所文化需要引领与凝聚的着力点，更让我们的园所文化有了核心，有了主心骨，有了明确的方向。

（二）创造幸福之境，遇见幸福之人

独具匠心，环境育人。要创设怎样的环境呢？如何让环境承载幸福呢？我带领教师一起做幸福环境的创造者。营造温馨、自然的公共环境，随处可见的生机勃勃的小种子元素凝聚了健康与希望的祝愿。缔造一间幸福的教室，班级里的观望镜、瞭望塔关注着"你和我"的幸福。"一小步，一小步""成为我自己""给童年留白""一米国的故事"等童话，是幸福教室里师幼的约定，是老师对孩子们的期许与祝愿，更是孩子们在幼儿园的三年里要理解并达成的成长初体验。

顺应天性，做回孩子。要建立怎样的师幼关系呢？我和教师一起做幸福心境的体验者。我们园所文化中教师与幼儿不是一般意义上的"你和我"的人际关系，而是在全环境立德树人文化背景下的有特殊使命的"你和我"的关系。用辩证的视角看待师幼关系，支持、丰富和引导幼儿的生活与学习，为幼儿的成长发展"增值"，这是作为一线教师的专业使命。我们借助三个绘本，讲述着"我和你"三年里的幸福成长故事。第一年，《幸福的小种子》。每个孩子都是一颗幸福的种子，就像一个花园，有的向阳怒放，有的羞答低头，让我听见你的声音，让我叫出你的名字，让我认出你的模样。第二年，《想象》。想象，从来没有对错，每个人的故事都靠自己来创造。当我认出你的模样，让我拉起你的手，陪你一起去织梦，一起去实现生命赋予的一切可能，一起去做那个最好的自己。第三年，《我可以做一切》。这里有关于希望和梦想的天马行空，这里有关于生命给予我们的温柔提醒。做就对了，不管行不行，成不成，我始终站在你的身后，当你需要我的时候，我一直在。有所成效的教育都离不开温暖的"师幼关系"，只有先"看见孩子"，理解接纳、支持欣赏，与孩子形成共同的兴趣爱好、共同探究、共同成长的伙伴关系，才能成为"孩子喜欢的模样"。

"善治必达情，达情必近人。"如何做幸福关系的守护者？遇见，既是幸福，为了守护我们的幸福关系，我和教师们一起约定了"四视氛围"和"幸福种子守护法则"。我们营造尊重、赏识、信任、引领的"四视"氛围，"平视"每一位教师，缩短心与心的距离；"仰视"每一位教师，放大亮点产生自豪感；"透视"每一位教师，聆听心声，知人善用；"远视"每一位教师，用发展的眼光引领前行。"幸福种子"守护法则是"每天都有幸福的心情""每天都是幸福的守护""每天都有幸福的收获""每刻都有幸福的发现""每餐都有幸福的味道""每分钱花出幸福的效果"，把教育当成幸福的事情来做！所有园子里的人都是"润"教育的践行者，都是幸福关系的守护者。

这是我们园所大厨邹师傅的手记：

"做饭"不是一个简单的事儿，

给孩子"做饭"更不是一个简单的事儿，

每一个面点菜品，

都有一个美好的名字，

都有一段美好的寓意，

都有一段研究的故事……

把爱揉进我最爱的肉卷饼，酥皮的、油皮的、混糖皮的……

把爱拌进我最爱的炸酱面，鸡肉丁、牛肉丁、青菜丁的……

把爱融进我最爱的甜沫里，甜味的、咸味的、咸甜味的……

把爱锁进孩子们小小的舌尖里，

豆沙馅、火腿馅、莲蓉馅、蛋黄馅……

一应俱全，

满满幸福的味道

溢出……

我们的教职工大会、读书沙龙、教育电影欣赏、生活美学沙龙等一系列活动可以引领老师们从各个方面不断升级自己，做最好的自己。在我们幼儿园，老师们爱自然、爱生活、爱自己、爱家人、爱孩子、爱工作，呈现出积极向上、朝气蓬勃的良好的生命状态。优秀的园所文化为我们的园所发展注入了蓬勃的不竭动力，让幼儿园各项工作百花齐放、硕果累累。更让我们引以为荣的是这些优秀的文化正在成为我们园所的集体价值取向。

（三）坚持儿童本位，共享幸福童年

作为园长，我一直思考的核心问题是："我们的幼儿园能够带给孩子什么样的童年？"这也成了我们全园共同讨论和探索的议题。"在儿童成长过程中，我们是坚守儿童本位还是成人本位，是过孩子的节日让孩子自主快乐，还是任由成年人为所欲为……"一系列的思考、讨论与密集的思维碰撞，让"儿童本位"的意识在全园教职工的心目中建立起来。在"如何给孩子一个属于他们自

己的六一节"大讨论中,我们从关注"园长、老师想怎样"到倾听"孩子们想怎样";从成人本位的"演出"到真正儿童本位的"小种子的畅游日",让孩子体验尊重,感受快乐,自由自在地享受自己的节日,无拘无束地释放自己的天性。摒弃"以前一直就这样""大家都是这样"的想法,让"儿童本位"成为我们衡量工作的一把尺子。紧接着,在这一理念的支持下,我们反思和改进了幼儿园一系列的活动。如毕业典礼我们把程式化的汇报演出改为带给孩子庄严的、充满仪式感的典礼,让他们去感受成长的喜悦,离别的忧伤,对小学生活的向往,对未来梦想的憧憬,学会用一颗感恩的心回报所有爱他们的人……

孩子们在幼儿园三年会经历一个个不断重复的时刻,或寻常,或不寻常。从寻常或不寻常的生活中寻找孩子们关注的、喜欢的,去发现他们的想法,去激发他们的力量,提供丰富和有价值的学习机会,将寻常生活过出幸福感,有更幸福的积极体验。仪式感的生活是寻常日子里的高潮。我们在幸福拥抱日、新年庙会、童话节、中秋游园会等幸福节日里,我们设计的每个活动都以"儿童本位"为标杆,以孩子的真实需求与发展为出发点,回到教育原点,回归教育本真。"自在源于天性、自然启于生活、自主育于游戏、自信利于创造",在与"小种子"的共育生活中,尊重生命自然的状态,顺应成长规律,拥有一双发现的眼睛,获得身边的幸福感,实现师幼的相生相长。

(四)成就幸福教师,传播幸福理念

管理的最终目标就是培养人、成就人,让每个人都能够胜任自己的工作,获得成长,都能在自己的岗位上实现自身的价值,获得成就感。管理的关键问题在于如何把管理人与培养人结合起来。

教师是学校发展的核心竞争力,一流的教育离不开一流的教师,从学生走向教学,从"学有所教"迈向"学有优教",不是一蹴而就的。我带领园所实行了"幸福三人行"教师自主成长小组模式,体现了实验幼儿园教师谦虚谨慎的好学精神,彰显了相互支持、抱团前行的优势互补,形成了分层培养、分类指导的发展导引。三人组同课异构、同课同构的形式,克服教师单一展示锻炼不够的弊端,实现骨干教师、成熟教师和年轻教师三个层面智慧共享、

能力互补的实践磨炼。上好"随堂课"，把好"练兵课"，勇担"爬坡课"，精彩呈现"汇报课"，"三人行"模式鼓励青年教师不断向着成熟教师迈进，成熟教师不断向着骨干教师进军。这是一场场由内而外的蜕变，是一次次触及教育本质解构又重构的过程。一系列培养策略激发了老师们自主成长的热情和动力，一大批优秀的教师找到方向、找到感觉，在教育教学工作中脱颖而出，整个教师队伍也因此而更具生机和活力。

教师队伍质量的提升大大提高了办园质量，如何将"润·幸福种子"的办园理念辐射出去，充分发挥园所的引领作用，是我园在"学前教育优质普惠发展"背景下的重要使命。我们通过项目化学习、传颂中华经典、挖掘节日文化、开展特色文化活动等形式，将优秀的传统文化全面整合到课程当中，努力打造幼儿园人文底蕴，形成园所课程特色，从幼儿园层面为践行全环境立德树人理念展开实践探索，充分发挥"实验性、示范性、引领性"的作用。

这些年，与老师们一路走来，我们在办园方向和办园理念上达成了共识，那就是坚持做"润"教育下的"幸福种子"课程，让老师们能满怀激情地幸福工作，让孩子们能更幸福地成长。我和老师们喜欢说这么一句话：做我们能做的，改变我们能改变的。

我是一名幸福的园长，我更是一名幸福的教师。

赓续初心，勇敢肩负

作为一名幼教老兵，在29年的教育实践中，我深刻体会到，一名好老师的标准，正是习总书记提出的"有理想信念、有道德情操、有扎实学识、有仁爱之心"的"四有"好老师的要求所在。沐浴党恩成长的我们，要以身作则、言传身教，用思想和行动影响孩子，为孩子播下"自信、自在、自主、自然"的种子，为幼儿系好人生第一粒扣子；要以立德树人为己任，牢记"为党育人、为国育才"的使命，真心地喜欢孩子，把对孩子的爱化成具体的教育行动，视每一个孩子的快乐成长为幸福。正是在陪伴孩子成长的幸福中，在和孩子朝夕相处的快乐中，我深切感受着：做一名幼儿园教师，真好！

倾一腔热血　育万朵春花

王　倩

人物扫描

王倩，现任济南市市中区经驿幼儿园执行园长，山东省特级教师、齐鲁名师、山东省教学能手、济南市C类高层次人才、济南市优秀班主任、市中区首席教师、山东省教科院兼职教研员、齐鲁师范学院特聘教授、省远程研修课程专家、省级工作坊主持人。

青青的园圃中，破土而出的幼苗吐露嫩芽，火红的花蕊含苞待放。作为一名幼儿教师，我愿化作阳光，化作雨露，用爱与智慧去滋润每一朵心灵之花。

23年前的一天，怀揣着一份梦想，我走进了济南市经五路幼儿园这方沃土。23年的时间，点滴汇成。回首走过的道路，有坎坷难行，也有大道坦途。正因为心中有不变的方向，才能一路走来，一路风景。

熔铸在我心间的是爱与奉献，是辛勤的耕耘，也是收获的喜悦。从教23年，我用爱心和童心，筑起了孩子心中最美的风景，不知不觉，我的身影竟也成了孩子眼中最美的身影！

业务敢争先——做幼教专业的领头人

（一）深度发展，让自己不断超越

有人说幼儿教师是一份看护幼儿的普通工作，而我深知这份工作里沉甸甸的重量，我愿用"师者匠心"明亮孩子的双眸！23年来，我从未停止专业化发展的前进脚步。要想做一个让幼儿喜爱、家长满意、同事信服、领导放心的好老师，必须要在专业上有过硬的本领，才能实现这一梦想。因此工作中我不断在实践中创新、在创新中实践，从一名年轻教师迅速成长为骨干教师。多年来我积极承担各级展示观摩任务，观摩课、示范课、送教课得到了全国、省、市、区同行们的认可和好评，逐渐形成了自己的教学风格。在园领导的培养帮助下，曾获山东省特级教师、齐鲁名师、山东省教学能手、山东省优质课一等奖等荣誉称号；所带班级荣获市中区优秀班集体称号，连续多年在幼儿园组织的家长师德问卷调查中成绩优异，受到师生和家长的广泛赞誉。

（二）团队支持，赋能专业化成长

回想23年的从教历程，我的专业成长得益于团队支持、师徒帮带，得益于一次次公开课的历练，也得益于自己精益求精的不断追求。

1. 团队力量是我成长的基石。

经五路幼儿园是一所有着悠久历史和文化积淀的老园，这里团队优秀、名师云集，是一个独具特色的舞台，给我们每一个人创设了施展自己才能的空间。经五路幼儿园之所以名师众多，是因为这里有一个培育千里马的团队，不断重复着"相马、养马、赛马"的过程。记得参加省教学能手比赛时，单位同事给我开的一个玩笑：姚明有个"姚之队"，你有个"王之队"。虽然是玩笑之语，但细想之下，却道出了我们这个团队的精诚团结。整合名师资源，汇聚众人智慧，结合老师授课风格，拟定授课方案。一次次的磨课，既是思想的碰撞，也是智慧的融合。这是用智慧养育千里马的过程，也是在赛马中沉淀智慧的过程。一次比赛，就是一次练兵，每一个成功的背后是众多人的智慧和力量。没有我们这个温暖的集体，就没有我专业的快速成长。

2. 师徒帮带是我成长的催化剂。

为帮助年轻教师迅速成长，经五路幼儿园创立了师徒帮带小组，通过这种更为直接的牵手帮带活动，更有针对性地促进每个人的个性化发展。

首先，骨干教师在身边，教育精英在引领，让我看到了优秀教师的风采，同时让我有了更高的理想追求。在教师专业化成长过程中，每一次的帮带小组活动，都会带给我极大的触动。在共同的听评课中，师傅并没有将思考完善的思路直接传授给我，而是通过建议的形式，用引人思考的语言，慢慢地触动着我对教育教学的思索，真正消化成为自己的东西。正是骨干教师蜻蜓点水般的指导，打开了我对教育教学的探索思路，激活了思维，让我受到了更多新教育理念的启示，更多地为孩子的发展而服务，让我更快地成长。

其次，帮带活动小组中同伴间的真诚相助，让我们共同进步。小组的成员来自不同学校，在听课活动中，我们相互关注，寻找着与自己不同的优势相互学习；在评课活动中，我们打开心扉，畅所欲言，交流着彼此的想法，为自身的发展获取更多的信息。

正是在这样一个和睦、温馨的大家庭中，在先进教育教学理念的培育下，我的专业能力快速成长，也逐渐地引发了我对教育教学的独立思索。

3. 不懈钻研是我成长的法宝。

记得刚刚参加工作，园长第一次跟我谈话时说，给你3年时间来当徒弟努力学习，3年后希望你羽翼丰满，也能当师傅，发挥自己的辐射带动作用。想着老园长的话，我定下了"不懈钻研，走专业化道路"的目标。

（1）准确定位，制订目标

程华主任和敖颖老师是具有良好师德、业务能力突出的科研型、专家型的优秀教师。在帮带小组中，我有幸成为她们的徒弟。身边有了这样的优质资源，我该向她们学什么？怎样学呢？在经过仔细思索后我把学师德、学教育教学经验、学教育科研能力这三方面作为我学习的重点。结合我自身的定位，师傅又根据我的具体情况帮我制订了"积蓄实力，蓄势待发"——"抓住机会，勇创佳绩"——"争当骨干，发挥辐射"的发展目标。

（2）积蓄实力，蓄势待发

古人讲："不积小流，无以成江海。"在工作中，我一直坚持每天工作要有计划，有反思，有积累。看似每天只积累下一些零散的沙，但日积月累便可聚沙成塔，当你需要时还可以从这堆沙子里淘出珍贵的金子来。在多听、多学、多想的基础上，我还十分注重知识的积累。专业书籍、网络资源都是我汲取知识的源泉。同时，积累自己主攻学科的精品教案，建立优质资源课件库，并及时上传到办公平台，为自己和大家在使用时提供方便。

（3）抓住机会，勇创佳绩

在教育教学方面：抓住机会，在一次次的比赛中脱颖而出。记得参加省教学能手比赛时，参赛的选手都是来自全省各地的精英，综合素质高。在比赛前，我提前反复学习了新纲要、教学法、幼儿心理学、教育学以及其他的优秀课程，并将新理念努力运用到教学中去。功夫不负有心人，通过不断地钻研教材，研究教法，我的业务能力有了迅速提升，这也为接下来比赛取得好成绩奠定了良好的基础。

在师德方面：我始终努力把争做"领导放心、家长满意、幼儿喜欢的好老师"作为我工作的目标。我在幼儿园举办的家长幼儿满意度调查中获得了满意率100%的好成绩，赢得了幼儿与家长的认可，并取得了济南市优秀班主任的称号。

4.学会反思是我专业成长的助推剂。

"学然后知不足,教然后知困。"面对教学中的难点、堵点,我的方法是在反思中突破,在突破中不断改进。"君子博学而日参省乎己,则知明而行无过矣。"学会反思是我专业成长的助推剂。

因为常反思、常思考,我把自己12年的专业化发展划分为"三步曲"——

前3年:初为人师,执着探索构筑梦想——探索时期。

中间的5年:磨练内功、做好储备、蓄势待发——磨练时期。

后面4年:抓住机会、接受挑战、成就梦想——成熟时期。

要想成为名师,只有走专业化发展之路,在实践中,我觉得同伴互助、园本教研、专家引领、个人反思正是教师成长的有效路径。

爱心献幼儿——做孩子们心中的知心好妈妈

教师是一份需要付出爱心的工作,而热爱并关注幼儿已经成了我的习惯。无论是在幼儿园里还是生活中,孩子永远排在我心中的第一位。我会弯下身来和每一个小朋友打招呼,蹲下来倾听孩子的每一句话。"做事以是否有利于儿童发展为标准"是我的工作准绳。

有的家长说:"王老师不是特工,却能破译每个幼儿心灵的密码;她不是魔术师,却能将全班幼儿家长的心连在一起!"

文文曾经是我班一个漂亮活泼、聪明快乐的小女孩,在爸爸妈妈精心呵护下幸福的成长。然而一场灾难悄悄地降临在这个家庭:文文妈妈被诊断出得了一种非常罕见的淋巴癌,晚期!身为人母的我除了心疼还是心疼,我默默地对孩子及病重的妈妈伸出了关爱的双手:电话中的一次次问候,医院里的探望,鼓励义义妈妈鼓起勇气战胜病魔;孩子在幼儿园里也多了很多默默的关注,生活起居、吃饭穿衣、梳洗头发,天气冷了,我就给孩子买来保暖内衣,孩子想妈妈了就抱抱我……我用爱心与细心扮演着"老师妈妈"的角色,直到7个月后文文妈妈在无限的感激中离去。接下来的日子里,由于缺少母爱，又渴望被关爱，文文经常哭闹甚至不惜以捣乱破坏的行为来引起别人的关注。我细心观察，认真研究，用妈妈的宽容、老师的理智去面对文文。三年的时光转眼即逝，已经毕业的文文时常发来贺卡，贺卡封面的称呼总是"亲爱的王妈妈……"这些爱，如春风化雨，飘飘洒洒，润泽着每一个娇嫩的生命，而我也盛开出属于一个教师的美丽。

"尊重儿童，研究儿童，促进儿童主动发展"是我对"以儿童为本"理念的解读。从孩子们的生活和兴趣出发，根据其发展各个阶段的不同需要提供有利环境，健康发展、全面发展、和谐发展，终将描绘出成长最精彩的轨迹。

真心献岗位——做幼儿园发展的催化剂

作为教师，学习、研究、奉献是成长的基础，全心全意搞好教学，实施素质教育，具有高尚的师德，为孩子的一生发展奠基是教育教学的最终目的。在教科研道路上，我逐渐树立了"自定目标、自我约束、自我调控、自我发展"的研究探索意识，带领着老师们不断地朝着自主发展型教师的目标迈进。

（一）植根教研，带动教师专业化成长

作为经五幼的教学主任和骨干教师，在个人的专业化发展中，我把提高教研水平、扎实有效开展教研作为自己的发展目标，努力发挥凝聚力、号召力、影响力。

（1）用自己的专业引领，成为老师们的专业伙伴、人生知己——凝聚力。

作为教学主任，我勇于进行教育科研的探索与实践，通过科研引领，促进教师不断克服困难，不断总结经验，从而进行有效的自我反思。通过分享与交流，在实践中教学相长，在学研型教师团队建设中促进大家共同的成长！

（2）用自己的精神感召，成为团队领导、学科领袖——号召力。

作为教研组长，我以身作则，始终保持良好的精神状态，以奋发向上、豁达开朗的性格感染和影响每一位组员，在教研组中建立起了互助合作、宽松愉快的人际沟通渠道，充满人文关怀。

（3）用自己的智慧管理，成为学科专家、行业标杆——影响力。

作为幼儿园教科研精神的传递者，我要用自己的管理智慧统筹考虑，综合组织，以获得理想的整体功效。

（二）开发园本课程，提升办园品质

在自身专业发展的同时，我还带领老师们开发了丰富的课程资源："以玩健体、以玩启智、以玩养德、以玩育美、以玩育心"的童玩课程，在玩中促进孩子健康成长，为孩子搭建了健康成长的广阔舞台，呈现出了"课程园本化"的办园特色。

通过园本教研、课程开发，带领老师们走进教材、读懂孩子，让教育改革的成果惠及经五路幼教集团的孩子，让更多的孩子共享课堂改革的成效。深入研究、步步扎实的活动形成系列，呈现螺旋梯度，在构建和谐共生的课堂中，促进了全园教师整体教育教学水平的不断提高，提高了教师的全面素质，引领教师走专业化提升的道路，达到了提升办园品质的目的。

（三）文化传承，开创"乐活"教育沃土

担任新建园园长2年，走进新的岗位、新的环境，肩负新的职责、开拓新的思维，一切从"心"开始，带着新的思考转变角色，带着新的问题寻找方向，带着新的责任开始履职。

爱体现在点滴之处，也体现在更广阔的教育领域中。2021年我走进了经驿幼儿园，走上了管理岗位，力争发挥更大的价值。从建筑工地的黄土飞扬到充满童趣的经驿小院；从空无一物的楼体内部到现代化设施齐全的乐活天地，我见证了经驿幼儿园的成长和蜕变。面对园所处于老城区，家长群体比较特殊的情况，我深入家庭，走近家长，每天早晚在园门口一对一交流，帮助家长答疑解惑。

工作中，我始终以饱满的热情和激情投身幼儿园管理和教育教学工作最前沿，注重环境育人，注重文化引领，注重常规管理，谋全局、谋长远、谋特色。经驿幼儿园传承经五路幼儿园的精深文化底蕴，围绕"以和爱之心、享自然之美、育乐活儿童"的办园理念，通过精心养育、精致服务、精细管理、

精准施策，最终达到精益求精的办园目标。建立健全严格、科学的一系列管理制度，使人人有其责，人人负其责。

以"乐生活、慢教育、真游戏、深学习、可持续"为思路，以"乐玩、乐学、乐动、乐思"作为园所文化载体，积极探索并倡导让幼儿、教师健康快乐的生活；从"生活经验、生活技能、生活态度、生活精神"入手，践行基础课程园本化，逐步打造"三环、五场、六区"的生态活动区布局，为生活化教育开疆拓土。

一年来，我带领着老师们，把"关注儿童当下幸福，放眼儿童长远发展，涵养智慧爱心，凝聚团队同心"放在首要位置，持续深耕"乐活"生活课程的土壤，让课程向下扎根、向上生长，滋养生命活力；让幼儿释放天性，真实地学习与生活，实现身、心、灵的共舞。

大爱献幼教——做学前教育的育花人

深度发展、特色成长、骨干辐射、服务奉献。一方面加快自身专业化发展的步伐；一方面作为省优名师做好科研、帮带工作，不辜负领导的重望，发挥骨干辐射作用，为幼教的均衡发展尽自己的微薄之力。在不断循环、递进中，我不断发展，不断拓宽着自己专业化成长的道路。

（一）抱团发展，蝶变成长

"抱团发展、快速提升、融合共进"是集团的发展愿景，"蝶变成长 各美其美"是集团对每一位教师的期待。2016年，由我主持的"蝶变·蓓蕾"名师坊顺利启动。为扎实有效开展名师坊活动，我还制订了"1234"行动计划。

名师坊的成立，确立了以我为核心的专业发展团队，有效地促进了经五幼教集团各分园老师之间的交流，有力地促进了教育教学质量的整体提升。

（二）帮扶送教，时刻以市中幼教为己任

近几年，市中区学前教育进入快速发展时期，作为特级教师、省教学能手的我也有幸成为区幼教支教交流第一人。2013年，我参与了新建园的支教交流工作，亲身经历了一个幼儿园的诞生、起步与发展，总结出的"四个带去、四个留下"成为市中区名师交流的基本要求。即带去先进的管理理念，留下丰富的教学资源；带去先进的教学理念，留下精品课例；带去科学的研究制度，留下规范的教研流程；带去高尚的师德，留下良好的口碑。

近几年，在市中区幼教集团大发展之际，我时刻以发扬市中幼教精神为己任，协助园长抓好集团园、村办园、10所幼教联盟小组的发展，在帮扶中发挥了龙头园的示范引领作用，帮助更多的潜力园的同行们加速成长，帮助市中幼教这个大家庭中更多的孩子接受更优质的教育资源！

（三）引领辐射，向更好的学前教育出发

作为骨干教师我不断加大辐射广度与深度，带动提高职业道德、业务能力和学术水平。2017年2月，我被聘为省教科院学前兼职教研员，2017年5月被聘为齐鲁师范学院兼职教授，2017年5月被聘为省远程研修工作坊主持人，2020年被聘为济南市学前兼职教研员，2021年被聘为市中区学前兼职教研员，在全省范围内进行一些力所能及的专业化引领。通过师徒帮带、名师工作坊对幼教工作者、教育集团、联盟园教师的专业化发展进行辐射帮带工作。

推进市、区学前教育高质量发展，需要一支高素质、高专业且行走在幼儿园、教师队伍、幼儿游戏中的扎根一线的教研团队，我力争用热情感召、专业力量去带动本区域教师队伍的快速成长、教研水平的逐步提升、办园品质的内涵发展。

"一花独放不是春，百花齐放春满园。"这是我对骨干教师如何发挥垂范作用的理解。所以，今天当走出累累果园的时候，我所能做的就是让姐妹园的教师品尝到硕果的甘甜，品味出人生的价值，这也是我对自己所从事的这份事业最好的回报。我会时刻严格要求自己，高调做事，低调做人，忍得住清贫，守得住初心，双肩有担当，胸襟要宽广，思想要淡定，不断修炼心境，为学前教育的均衡发展贡献自己的力量。

爱，随心而生，随心而动，随心而行！我会永远秉持赤子之心，一路前行！

守望童年　自然成长

于　芳

人物扫描

　　于芳，现任济南市章丘区桃花山实验幼儿园副园长。被评为齐鲁名师、山东省特级教师、山东省百佳教师、济南市优秀班主任等，被聘为山东省"互联网＋远程研修"省级指导专家。先后6次获省优课、省电教优质课一等奖，主持、参研市区级课题5项，20余篇文章公开发表在《幼儿教育》《山东教育》。

时光荏苒，做幼儿教师已经25年，岁月如歌，我从"小于"老师变成了"大于"老师，做好教育教学本职工作，坚守教育初心和教育情怀的执着信念从未改变。这份执着，让我经历了人生一次次有意义的挑战与成长，其中有三次"蜕变"是刻骨铭心的，成为我个人专业道路上值得纪念的"成长点"。

一个"噢"字，引发思考

1998年，17岁的我从济南幼儿师范学校毕业，带着青春的懵懂走进了幼儿园。周围的亲戚朋友问："你做什么工作？""老师！"他们投来羡慕的目光："挺好，在哪儿教？""幼儿园！""噢……"然后便没有然后了。

上班第一天，一位奶奶拉着自己的孙子走向我说："快问阿姨好。"我胆怯地提醒："还是叫老师吧。"身边的老教师告诉我："别人都认为我们就是看孩子的，和保姆差不多。"

为什么说到幼儿园老师，大家的回应就只剩一个"噢"字？为什么把幼儿园老师等同于保姆？——三百六十行，行行出状元，我就要做一名专业的幼儿教师！骨子里的执着与韧劲，干一行爱一行的家风传承，让年轻的我为自己定下了第一个奋斗目标。

（一）用"恒心"学习

非常幸运，我所在的幼儿园有着丰厚的人文底蕴和良好的团队学习氛围。毕业第二年我便在老教师带领下报名参加了全国高等教育自学考试，仅4年时间，我从专科一直读到山东师范大学的本科，并顺利毕业。《早期教育》《幼儿教育》等专业期刊是我每日的"枕边书"，上海学前教育网等为数不多的专业网络平台资源，成为我在寒暑假的"必修课程"；多次跟随团队赴淄博、北京、上海等地观摩省级优课，跟岗学习优秀园所，开阔思维和眼界。从园内到园外，从省内到省外，从线上到线下，不断提升自己的综合素养。

（二）用"韧劲"实践

我自知成长固然有赖于好的环境，但更重要的是取决于自己的心态和作为。我把每次听课、备课当作最好的学习机会。备课时把要说的每一句话都写下来，预设孩子的回应会有多少种，想好应该怎样提问、追问；每个周末至少花一天的时间准备下一周的教具、材料；为了让教学内容展现得更加直观生动，就向小学信息技术老师学习PPT课件制作；每次观摩完优秀老师的课堂活动，一定会在自己的班级进行实践，尤其是精彩的师幼互动成为重点研磨的内容。有段时间我的课堂上常常出现这样的场景：面对孩子们抛过来的"球"，如果没有马上想到好的回应，我会和他们说："请稍等于老师三秒钟。"全班静默，我大脑飞速旋转，兴奋地说出当时认为最恰当的回答，迎接孩子们肯定和喜悦的眼神。

2000年10月，工作两年半的我有了第一次参加区级优质课评选的机会，执教语言活动"秋爷爷"。两天完成了5次"试教——推翻——再重来"的磨课历程，最终通过直观的操作，高效的师幼互动，成功打动孩子和评委获一等奖。次年获区级教学能手、山东省科学活动二等奖、全国案例评选二等奖等。

此时的我内心充满了喜悦和自豪，我相信：付出就有收获，上好课，教好孩子就是一名好老师。

一次投诉，走近儿童

2003年22岁的我竞聘成为幼儿园最年轻的班主任，一心想着要用自己的智慧，打造出优秀的班集体，帮助孩子们更好地成长。当时，我住在幼儿园宿舍，与中一班的直线距离只有10米，经常是上一秒还在宿舍吃饭，下一秒就回到班级工作；从早上7点半上班到晚上10点、12点，夜以继日地装饰环境、思考活动……被小伙伴们调侃是"长在"班上的人。

谁知一个月后，我却收到了至今为止第一次也是唯一一次家长投诉。那是在一个下午的离园接待时，教导处张主任来到班里悄悄把我叫出去："刚才我经过值班室接到一个电话，是你班一个家长打来的，说孩子不喜欢老师、不喜欢来幼儿园，天天上课太累了，一点也不好玩。"我一下就蒙了，眼泪开始在眼睛里打转。张主任看到了我的窘迫，安慰道："没事，我已经和家长解释了，以后我们要多观察孩子的需求和情绪。"

挫折总是会给人反思的契机，成为我们下一次成长的基石。这件事让我开始问自己对"好老师"的理解，重新审视自己的儿童观、教育观。一直以来，我都把更多的精力放在了怎样上好集体教学，怎样让活动"做"得漂亮，眼里更多的是教材和教学，缺失了最核心最珍贵的视角——幼儿！

我开始细心研究每一个来到我身边的孩子，观察他们成长发展的优势，他们情感特征的不同，听听孩子们怎么说，看看孩子们怎么玩……不仅把身体蹲下来，更把"心"蹲下来。

（一）多一些情感联结

壮壮小朋友每天在幼儿园都会闹出层出不穷的新花样——搭积木时撞坏别人的作品，摘下阳台上小帐篷的杆子，哗啦推倒娃娃家的围墙，在厕所里玩水，藏到床后让老师找不着……老师的视线需要如雷达定位般紧紧追随着他。

临近毕业，大家朗读毕业诗："今天是我最后一次站在这里，和老师小朋友在一起，我是多么欢喜……"壮壮抽泣着说："我不想和老师说再见！""壮壮，来！"我张开双臂，他一下抱住了我。哪想这个拥抱让壮壮在毕业前的日子充满了幸福的期待，每天第一件事就是飞奔过来抱住我说："于老师好！"

此时，我想到了一句话："当缺乏与他人强烈的情感联结，孩子就找不到自己控制冲动的积极动机。"孩子们在寻求关注的同时也是在表达渴求与他人建立连接。我愧疚了："对不起，孩子，以前只想到了制止，却忽略了需要！"

古语云："亲其师，信其道。"首先必是与师亲，做一名被孩子喜欢的老师，与孩子建立良好的依恋关系。于是，我开始观看少儿频道的节目和动画片，寻找与孩子们的共同话题；自知幽默对老师来说是一种很重要的品质,我平时就多看小品、相声,琢磨着把一些笑点用到班级教学上去,用声情并茂的故事、夸张幽默的鬼脸游戏、数不尽的经典童谣逗得他们开怀大笑。教师节我会和孩子们互换角色,让他们来当一天的老师。抓住每一个机会,带孩子们亲近外面的世界:春天到幼儿园的小山坡上开野餐会;夏天一起观察大柳树上的鸟巢,一起陪伴小鸟练习飞翔,让幼儿园的每一处角落都成为它的飞行基地;利用周围自然资源、社会资源和孩子们"挖野菜""掰玉米""磨豆浆""蒸窝头""制作青草香水",将阳台变成孩子们的"小菜园",以四季变化和本地乡土文化为主线,让孩子体验"农家小院的春夏秋冬"……

我研究孩子喜欢的游戏,研究孩子喜欢的交流方式,研究孩子喜欢的班级环境,研究主题课程的构建与实施,研究自主学习环境的创设……慢慢地我与孩子们之间的距离越来越近,慢慢地我懂得:和谐融洽的师幼关系是守护孩子成长的基石!

(二)多一些等待守护

班里的轩轩是一名由爷爷奶奶带大的城市留守儿童,小班入园后从不与老师和小朋友进行语言交流,只有简单的点头、摇头。我知道,他还没有找到安全感和归属感,作为老师不能急于求成。于是,不管他是否回复,我坚持每天和他聊聊天、说说话;让他当我的小助手,发图书、摆水杯;我发现他有运动特长,就请他为大家示范动作;发动活泼开朗爱讲话的小伙伴接近他……经过长达2年的陪伴、等待、观察、干预,轩轩终于开口说话,融入集体。

刚入园的萌萌拒绝午睡,我请她当午睡监督员,从卧室巡逻,到坐在床上查看其他孩子入睡情况,不知不觉她自己就睡着了。插班的右右,总是对着水杯、墙壁自言自语,我便做他的"小跟班",跟在身后回答他的问题,成为他在幼儿园的第一个朋友。

我关注每一个孩子,坚持每周撰写个案记录和反思,从手写便签到Word记录再到影像录制,每一个篇章、每一帧画面,都记录着我与孩子们共同成长的历程——《等待属于我们的惊喜》《一个人的精彩》《和宝贝们的"吵架故事"》《虎妈猫娃变形记》等 10 多篇案例在《幼儿教育》和《山东教育》等专业期刊上发表。

我关注影响孩子成长的家庭因素，成功组建幼儿园第一支爸爸助教团，通过讲故事、下围棋、时尚舞蹈、快乐运动、科学实验……让爸爸深度参与童年教育；让单亲家庭的冷酷"虎妈"认同"幼儿园老师也很专业"；让挑剔的祖辈家长放心把孩子留在幼儿园。渐渐地，我看到一名幼儿园老师对于孩子、家长和社会的价值与意义。

（三）多一份梦想情怀

也许有人觉得幼儿阶段讲"立德树人"为时尚早，每当这时，我就会讲这样一个真实的故事：当年我国驻南斯拉夫大使馆被炸，第二天一入园，我班的梦梦就眼睛红红地跑向我："于老师，你知道我们中国被欺负了吗？爸爸告诉我一定要长志气，学本领，让自己越来越强大，我们的中国就能越来越强大。"当这个四岁多的小女孩坚定地告诉我这番话时，我震撼于幼儿园的孩子竟有如此强烈的爱国情怀，也启示我无论在哪个阶段都不能忘记教育的根本任务，不能忘记通过教育来培养人的使命。

实际上，幼儿阶段的行为习惯、文明礼貌、互帮互助、关爱同伴、爱护花草树木、萌发爱祖国爱家乡的情感等等都是"立德"。为此，我在幼儿园一日生活中开展渗透性活动，如在劳动日、自理小达人、小小值日生、快乐小园丁等活动中渗透良好品行和劳动教育内容；利用端午、中秋、国庆、元旦等节日开展活动，引导幼儿体验中华优秀传统文化；结合教育、社会热点事件开展有意义的生成活动。如：2017 年大班毕业的孩子们对幼儿园依依不舍，于是我让家长记录孩子口述的"给未来自己的一封信"，相约三年后开启。2020 年暑假第一天，30 个孩子和家长自发组织"共赴三年之约"。这是一个让我难以忘怀的场景，那一天孩子和家长却为了当年在幼儿园的美好约定再次相聚在一起，孩子们说："幼儿园教会了我们对未来充满感恩与希望。"

幼儿教育是"培根"的事业，引导孩子学会与自己相处、与他人相处、与环境相处，心存善意，常怀感恩，这才是教育本职所在。

此时的我渐渐明晰：一个幼儿教师的专业是什么？那就是你可以看得懂每一个来到你面前的孩子，会观察、会支持、会成全，让他充满信心地跟大家生活在一起！

一次答辩——研以致远

2015年，作为幼儿园骨干教师，我加入了区学前数学名师工作室，基于"思维与趣味共融"的理念，持续对数学活动游戏化和数学游戏材料投放展开系列研究。执教"好玩的正方体""火眼金睛""病毒小怪大作战"等多个数学活动获山东省优课一等奖，主持开展了区级"十三五"课题"福禄贝尔恩物在学前数学中的运用研究"，并参与《玩中学数学——数学个别化学习活动集锦》《幼儿园数学游戏化活动集锦》等园本教材的编写工作，自认为对学前数学的理解和教研活动开展已经具备一定基础。

2019年，我非常荣幸成为第四期齐鲁名师建设工程人选，在三年培养期内，有一个非常重要的项目就是要开展课题研究。我第一次申报的课题是"基于积木建构促进幼儿数学学习的实践研究"，开题陈述后专家们纷纷提出质疑："孩子在积木建构中本身就积累和运用着数学经验，你的研究课题将自然而然的行为变成了刻意的学习，那孩子们的积木游戏是快乐的还是痛苦的？我们的课题研究是为了更有效地促进幼儿发展，不是为了将知识学习充斥在孩子生活的方方面面……"

会后，我的导师郭玉村园长带着我一点点分析：幼儿数学学习的目的是感受数学的有用和有趣，是为了解决实际问题，要跳出原有的思维定式……整整一个月的时间，我们通过微信、电话不停地交流沟通，其间通过阅读张俊教授《幼儿到底是怎么学习数学的》学习基础理念，不断建构起"是什么？——为什么？——怎么做？"的研究思维模式，最终确定将"幼儿数学学习生活化的实践研究"作为自己的课题和研究方向。

研究初期，大家又对数学学习生活化的实施出现争议：能将数学核心经验放在一日生活的入园、喝水、进餐、盥洗等环节分别组织吗？幼儿在生活中积累的数学经验，教师通过集体活动进行梳理提升，属于数学生活化活动吗？如何区分数学游戏与数学生活化？郭玉村园长和山东女子学院的徐伟教授，再次从生活化的教育理念、教育内容、教育途径、梳理形式等方面进行了详细讲解，至今有些要求仍然时常在我耳边响起："做研究不能有半点含糊"，"数学是从生活中来，到生活中去"，"生活化案例的整理要有课程思路、方案，也要有对幼儿行动的细致记录和解读分析"。几番指导，让我渐渐明白如何研究专业，又怎样做好学问。

之后，我下决心放下过去，从头学习。与课题组成员全面学习《从生活到生活化课程》《幼儿园数学领域教育精要》《数学核心经验在幼儿园课程实施中的应用》等专业书，认真研究"生活与生活化""生活世界与生活教育"的异同，并在生活化课程"回归自然、回归生活、回归儿童"的特性下，努力探寻儿童视角下的数学学习与生活的内在关系。

小班的整点报时钟在伴随着美妙的音乐敲响时，孩子们会随着钟声数数："1、2、3、4、5、6、7、8，8点我们要吃早饭啦！"；中班在数字钟表的旁边放置了电子表，除了整点报时，孩子们还可以借助电子表认读时间；大班尝试自己制作班历，制订每周、每月的计划，不断提高计划意识；新学期，中、大班的孩子独立查看图文并茂的路线图找到自己的新班；面对核酸抽检难题，开展"我的核酸日记"活动，自己记录检测次数，推理检测时间……

看到孩子们在真实的生活场景中积累运用数学经验，看到他们在这其中不断体验到快乐和成就，一个清晰的念头渐渐出现：原来，我要做的不只是去推广数学，而且要关注和促进孩子更好地生活，让孩子享受愉快自然的学习之旅，这才是所有研究的目的和意义所在。

我慢慢凝练出自己的教育思想："守望童年，自然生长。"守望是一种教育态度，要坚守自己的教育信念、教育使命，守护每一个孩子的童年，与孩子们守望相助，顺势而为；自然是一种教育理念，希望我们看见自然的力量，在最接近自然的孩童内心，播散下爱和希望的种子；生长是一种理想结果，是教师用智慧之爱照亮每一个生命的自信，帮助其鲜活有力地成长。

从此，我心无旁骛地继续实践教学研究，倾力守护好每一个孩子，倾力引领幼儿园的青年教师队伍壮大，倾力将自己的教育实践经验转化成文字、讲座……伙伴们问我："你为什么有这么多的灵感和能量？""因为孩子呀！"是的，孩子教会了我敬畏专业，做先进理念的实践者；孩子教会我敬畏童年，做守护传播童年价值的沟通者；孩子教会我敬畏教研，做最专业的研究，成为永远的学习者。

来到孩子的世界是我最重要，也是最正确的选择，我愿将我的一生奉献给幼儿教育事业！

后 记

"师者，所以传道受业解惑也。"传道者首先要信道修道明道。教师的教育培训是一个系统工程，为加快提升全市广大教师和教育工作者能力素质，济南市委教育工委、济南市教育局编写了《问道：教师篇》《问道：班主任篇》《问道：校长篇》等"问道"济南市教师发展系列丛书。

目前，丛书共收集了3个系列近90篇优秀案例，涵盖市属高校、高中、初中、小学、幼儿园等学段，从教育管理、教学能力等不同层面，着眼业绩突出、业务精湛、业内公认，选取校长、名师作为优先约稿人，同时邀请了部分经验丰富、群众威信高的老领导、老同志以及有关专家参与案例的修订。此次案例开发着眼立体鲜活、济南特色，力求务实管用、精准有效，用身边人讲身边事，用身边事拉身边理，语言通俗易懂，案例鲜活可践，既是新时代济南教育系统干部教师培训的教材范式，也是向社会各界展示济南教育工作者形象的窗口之作，对于引导和激励广大教师和教育工作者潜心治学、虔诚问道、悉心育人，具有十分重要的意义。

本丛书的编写，由济南市委教育工委常务副书记、济南市教育局党组书记、局长王纮任组长，济南市委教育工委副书记、济南市教育局党组成员、副局长方辉任副组长,济南市教育局组织人事处、政策法规处、教师工作处、思想政治工作处、济南市教师发展服务中心等处室(单位)主要负责同志任成员,济南市教师发展服务中心具体负责。本丛书的出版,得到了省、市各级教育部门和学校的大力支持,并提出了审修意见,在此一并致谢。

由于受编者水平和时间所限,本书难免存在疏漏和不足之处,敬请批评指正。

编委会

二〇二三年七月